캔바 찐 프로 교사 **민주쌤**이 알려 주는

선생님을 위한

캔바

수업 활용

Canva

**캔바 A to Z / 수업 자료 만들기 / 협업 수업과 평가
에듀테크 활용 수업 / 캔바 AI 수업 활용법**

쉬운 설명	왕초보 교사도 따라할 수 있는 아주 자세한 단계별 설명!
바로 활용	수업에 바로 활용할 수 있는 29가지 템플릿 제공
민주쌤 꿀팁	수업에 바로 적용할 수 있는 프로젝트형 수업 실습 예시 수록!
최신 내용	캔바 AI 다양한 기능의 효과적 교육 활용법 실습 사례 예시!

선생님을 위한
캔바
수업 활용

캔바 A to Z / 수업 자료 만들기 / 협업 수업과 평가
에듀테크 활용 수업 / 캔바 AI 수업 활용법

초판 1쇄 인쇄 | 2025년 05월 30일

지 은 이 | 김민주 저
발 행 인 | 김병성
발 행 처 | 앤써북
편 집 진 행 | 조주연
주　　소 | 경기도 파주시 탄현면 방촌로 548번지
전　　화 | (070)8877-4177
팩　　스 | (031)942-9852
등　　록 | 제382-2012-0007호
도 서 문 의 | answerbook@naver.com

I S B N | 979-11-93059-54-8 13000

이 책은 저작권법에 따라 보호받는 저작물이므로 무단 전재와 무단 복제를 금하며, 이 책 내용의 전부 또는 일부를 사용하려면 반드시 저작권자와 앤써북 발행인의 서면동의를 받아야 합니다.

※ 책값은 뒤표지에 있습니다.
※ 잘못된 책은 구입한 서점에서 바꿔 드립니다.

들어가는 글

교실 수업에 작은 변화를 주고 싶을 때, 새로운 디지털 도구를 하나 들이는 일은 생각보다 큰 용기가 필요합니다. 낯선 화면, 처음 보는 기능들, 예전보다 훨씬 빠르게 변하는 아이들의 감각까지. 처음엔 '괜찮을까?', '아이들이 잘 따라올 수 있을까?', '나도 익숙하지 않은데…' 하는 걱정이 앞서는 게 당연하죠. 저 역시 그랬고, 아마 이 책을 펼치신 선생님들도 비슷한 마음일 거라 생각합니다.

하지만 한 번만 아이들과 함께 해보면 생각이 조금 달라집니다. 아이들은 놀랍도록 빠르게 반응하고, 자신만의 생각을 담아내고, 서로의 작품을 보며 자극을 받습니다. 무엇보다, 아이들이 자기 목소리를 낼 수 있는 공간이 생긴다는 것, 그것 하나만으로도 수업이 훨씬 다르게 흘러가게 되더라고요.

캔바는 시각 자료를 만드는 디자인 툴이지만, 그 안에는 수업을 풍요롭게 바꿔줄 기능이 많이 담겨 있습니다. 영상 제작, 뉴스 편집, 상상화 그리기 같은 활동은 물론이고, AI 기능(Magic Write, Magic Studio, Magic Media 등)을 활용하면 수업 준비는 가벼워지고, 아이들의 참여는 훨씬 깊어집니다. '지금 이 시대의 수업은 어떻게 달라져야 할까?' 고민하시는 선생님들께 캔바는 꽤 든든한 동반자가 되어줄 수 있습니다.

이 책에는 실제 수업에서 바로 적용 가능한 활동들과 그 흐름을 구체적으로 담았습니다. '어떻게 시작하지?' 싶은 순간에 바로 꺼내어 따라 하실 수 있도록 실습 템플릿, 예시 화면, 수업 흐름, 돌발상황에 대한 팁까지 함께 담았습니다. 그리고 무엇보다, 이 책은 선생님들께 '새로운 도구를 배운다'는 부담보다는, '아이들과 함께 새롭게 해본다'는 가벼운 기대감을 드리고 싶었습니다. 늘 바쁜 일상 속에서도 더 나은 수업을 고민하시는 선생님들이기에, 그 마음을 응원하는 마음으로 이 책을 만들었습니다.

'아이들과 함께 배워가면 된다'는 마음으로 시작해 보셔도 충분합니다. 변화의 시작은 늘 작고 조심스러운 발걸음이지만, 그 한 걸음이 교실을 바꾸고 수업을 새롭게 할 수 있다고 믿습니다. 이 책이 그 여정에 함께할 수 있기를 바랍니다.

저자 김민주 드림

독자 지원 센터

[책 소스 다운로드 / 정오표 / Q&A / 긴급 공지]

이 책의 실습에 필요한 책 소스 파일 다운로드, 정오표, Q&A 방법, 긴급 공지 사항 같은 안내 사항은 PC 기준으로 앤써북 공식 카페의 [종합 자료실]에서 [도서별 전용 게시판]을 이용하시면 됩니다. 앤써북 공식 네이버 카페에서 [종합 자료실] 아이콘(❶)을 클릭합니다. 종합자료실 게시글에 설명된 표에서 220번 목록 우측 도서별 전용 게시판 링크 주소(❷)를 클릭하거나 아래 QR 코드로 바로가기 합니다. 도서 전용 게시판에서 설명하는 절차로 책 소스 파일 다운로드, 정오표, 긴급 공지 사항, 필독 사항 등을 안내 받을 수 있습니다.

➡ 앤써북 공식 네이버 카페 종합자료실
https://cafe.naver.com/answerbook/5858

➡ 도서 전용게시판 바로가기
https://cafe.naver.com/answerbook/7885

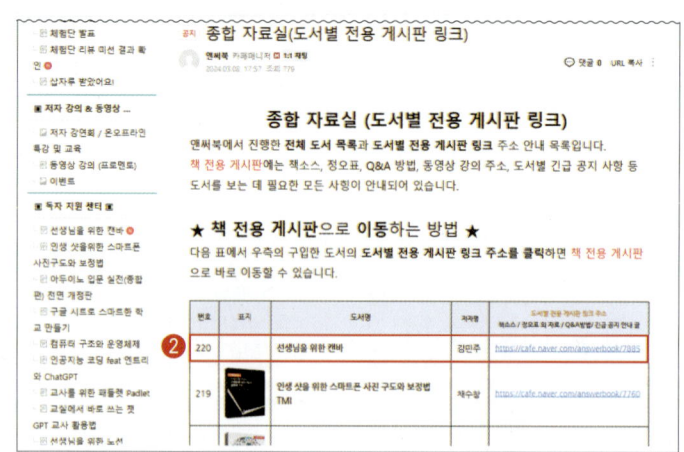

독자 지원 센터

[앤써북 공식 체험단]

앤써북에서 출간되는 도서와 키트 등 신간 책을 비롯하여 연관 상품을 체험해 볼 수 있습니다. 체험단은 수시로 모집하기 때문에 앤써북 카페 공식 체험단 게시판에 접속한 후 "즐겨찾기" 버튼(❶)을 눌러 [채널 구독하기] 버튼(❷)을 눌러 즐겨찾기 설정해 놓거나, 새글 구독을 우측으로 드래그하여 ON으로 설정해 놓으면 새로운 체험단 모집 글(❸)을 메일로 자동 받아보실 수 있습니다.

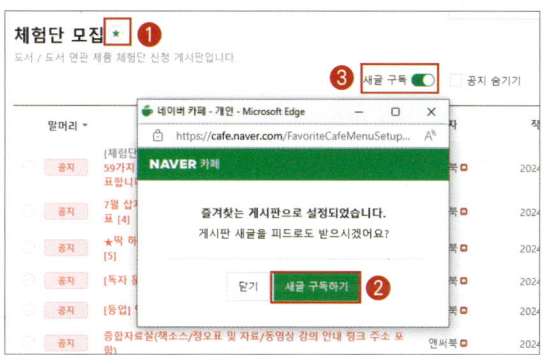

▶ 앤써북 카페 공식 체험단 게시판

https://cafe.naver.com/answerbook/menu/150

▲ 체험단 바로가기 QR코드

[저자 강의 안내]

앤써북에서 출간된 책 관련 주제의 온·오프라인 강의는 특강, 유료 강의 형태로 진행됩니다. 강의 관련해서는 아래 게시판을 통해서 확인해주세요. "앤써북 저자 강의 안내 게시판"을 통해서 앤써북 저자들이 진행하는 다양한 온·오프라인 강의를 확인할 수 있습니다.

▶ 앤써북 강의 안내 게시판

https://cafe.naver.com/answerbook/menu/144

▲ 저자 강의 안내 게시판 바로가기 QR코드

Contents
목차

2022 교육과정과 만나는 디지털 도구

- **00-01 변화하는 교육 환경과 교사의 역할** • 18
- **00-02 캔바, 쉽고 직관적인 디지털 학습 도구** • 19
- **00-03 캔바와 교육과정의 연결: 핵심 역량 기반 수업** • 21
    - 자기관리 역량 • 21
    - 지식정보처리 역량 • 22
    - 창의적 사고 역량 • 22
    - 심미적 감성 역량 • 23
    - 협력적 소통 역량 • 23
    - 공동체 역량 • 24
- **00-04 실제 수업 실습 예시** • 25
    - 자기소개 영상 제작 – 학생들이 직접 만드는 '나의 이야기' 영상 • 25
    - 학급 신문 프로젝트 – 협력적 글쓰기와 다양한 디자인 경험 • 25
    - 도슨트 영상 제작 – 미술 작품을 설명하는 도슨트 프레젠테이션 • 26
    - 협업 프레젠테이션 – 다양한 주제를 조사하고 발표 자료 제작하기 • 27
    - 여행지 소개 프로젝트 – 여행지 소개 자료를 한 곳에 전시하기 • 28
    - 운동회 포스터 제작 – 창의적 디자인 경험하기 • 28
    - AI 상상화 전시회 – Magic Media 활용하기 • 29
    - 뉴스 제작 프로젝트 – Magic Write로 기사 작성하기 • 29

Contents
목차

캔바로 교실 만들기

- 01-00 **변화하는 교육 환경과 교사의 역할** • 32
- 01-01 **캔바 시작하기** • 34
  - 캔바 가입하기 • 40
  - 캔바 교육용 인증하고 무료로 사용하기 • 35
    - 일반 계정과 교육용 계정 구분하기 • 35
    - 교육용 인증 받기 • 36
    - 인증 승인 확인하기 • 38
  - 캔바 홈 메뉴 이해하기 • 40
  - 캔바의 디자인 템플릿 활용하기 • 41
    - [방법1] 분류된 템플릿 선택하기 • 41
    - [방법2] 템플릿 직접 검색하기 • 42
  - 캔바의 디자인 템플릿 편집하기 • 44
  - 템플릿 없는 새 디자인 만들기 • 45
  - 맞춤형 크기로 새 디자인 만들기 • 46
- 01-02 **팀 만들기 및 관리하기** • 48
  - 일반 팀 만들기 • 48
  - 일반 팀을 학교 팀으로 전환하기 • 49
  - 학교 팀 관리하기 (학교 팀을 직접 생성하여 팀의 소유자 되었을 경우) • 50
- 01-03 **캔바로 교실 만들기 첫걸음** • 53
  - 일반 계정으로 캔바 교실 준비하기 • 54
    - [1단계] 그룹 만들기 • 54
    - 그룹 관리 및 삭제하기 • 55
    - [2단계] 그룹에 회원 초대하기 • 57
    - 그룹 관리하기 • 60
    - [3단계] 공유 폴더 만들기 • 63

Contents
목차

학교 계정으로 캔바 교실 만들기 • 66

[1단계] 수업 만들기 시작하기 • 66

[2단계] 수업에 회원 초대하기 • 67

[3단계] 공유 확인하기 • 68

[3단계] 공유 폴더 직접 만들기 • 68

폴더 관리하기(일반팀, 학교팀 공통) • 69

01-04 캔바 교실 효과적으로 운영하기 • 72

개별 작품을 제작하는 수업 운영하기 • 72

상위 폴더 만들기 • 73

하위 폴더 만들기 • 74

공유 폴더에 팀원 초대하기 • 76

공유 폴더 활용하기 • 81

협업하여 함께 작품을 제작하는 수업 운영하기 • 86

대량 제작 준비하기 • 86

대량 제작 실행하기 • 93

작품을 공유할 사용자 초대하기 • 98

화이트보드로 협업 수업하기 • 103

일반 슬라이드를 화이트보드로 전환하기 • 104

화이트보드 전용 템플릿 활용하기 • 105

화이트보드에서 포스트잇을 활용한 활동하기 • 106

화이트보드의 화면 비율 조정 및 이동하기 • 108

화이트보드 전용 템플릿으로 수업하기 • 109

민주쌤의 미니 특강 돌발 상황이 많은 협업 수업 원활하게 하는 비법 • 112

CHAPTER 02 캔바 디자인과 수업레시피

02-01 캔바 디자인 편집 화면의 구성과 기본 기능 이해하기 • 118

　디자인 편집 화면 구성 이해하기 • 118
　　메인 메뉴 살펴보기 • 118
　　[파일] 살펴보기 • 119
　　크기 조정 실습하기 • 120
　　되돌리기 / 자동 저장 기능 살펴보기 • 123
　　'공유' 살펴보기 • 123
　　디자인 메뉴바의 주요 항목의 기능 • 124
　　도구창 숨기기 • 124
　　디자인 캔버스(슬라이드) 살펴보기 • 125
　　편집 화면 하단 도구 살펴보기 • 125

　디자인 템플릿 활용하기 • 126
　　디자인 템플릿 찾기 • 126
　　템플릿 적용하기 • 127
　　'템플릿 스타일' 활용하기 • 128
　　템플릿 스타일 복사하기 • 130

02-02 디자인 편집 화면 보기 방식 3가지 이해하기 • 131

　썸네일뷰 이해하기 • 131
　　슬라이드 순서 변경하기 • 132
　　슬라이드 제목 변경하기 • 132
　　썸네일뷰의 슬라이드 관리 도구 살펴보기 • 133
　　슬라이드 다중 선택하기 • 134

　스크롤뷰 이해하기 • 135
　　스크롤뷰로 전환하기 • 135
　　스크롤뷰의 슬라이드 관리 도구 살펴보기 • 136
　　썸네일뷰로 전환하기 • 136

Contents
목차

그리드뷰 이해하기 • 137
    그리드뷰 전환하기 • 137
    그리드뷰의 슬라이드 관리 도구 살펴보기 • 138
    그리드뷰 해제하기 • 138

수업에서 활용하기 • 139
    썸네일뷰 활용하기 • 139
    스크롤뷰 활용하기 • 140
    그리드뷰 활용하기 • 141

02-03 캔바 디자인 요소 정복하기 • 142

디자인 기초 다지기 • 142
    [디자인 만들기]로 새 템플릿 만들기 • 142
    요소 간 위치 조정하기 • 143

텍스트 요소 - 카드뉴스 제작하기 • 144
    카드뉴스 템플릿 준비하기 • 145
    텍스트 요소의 크기 조정하기 • 145
    텍스트 요소 삭제 및 복제하기 • 146
    텍스트 수정하기 • 147
    글꼴 변경하기 • 147
    민주쌤의 미니 특강 텍스트 요소 편집 기능 정복하기 • 148
    새로운 텍스트 상자 추가하기 • 150

그래픽 요소 - 책갈피 및 포스터 제작하기 • 151
    책갈피 제작하기 • 151
    학급 행사 포스터 제작하기 • 157

사진 요소 - 여행 책자 표지 디자인하기 • 162
    (사진과 글자가 중첩된) 여행 책자 표지 가로 디자인 • 162
    (사진과 글자가 구분된) 여행 책자 표지 세로 디자인 • 165
    (사진과 글자가 중첩된) 여행 책자 표지 가로 디자인 • 168
    (사진과 글자가 중첩된) 여행 책자 표지 세로 디자인 • 171

영상 요소 - 여행지 소개 프레젠테이션 만들기 • 175
    여행지 소개 PPT 표지 제작하기 • 175

여행지 소개 동영상 인트로 제작하기 • 178
　　민주쌤의 미니 특강　영상 요소 편집 기능 정복하기 • 182
유튜브 영상 삽입하기 • 184
프레임과 그리드 – 학급 앨범 만들기 • 186
　템플릿 선택하기 • 187
　프레임 비우기 • 188
　프레임 채우기 • 188
　프레임 활용하기 • 189
　프레임 직접 추가하기 • 190
　배경과 텍스트 요소 활용하기 • 191
　그리드 직접 추가하기 • 192
　그리드 서식 변경하기 • 193
　텍스트 상자에 효과 적용하기 • 194
　앨범 템플릿 활용하기 • 195
　학급 앨범 완성작 공유하기 • 196
표 차트 요소 – 통계 자료 시각화하기 • 196
　표 요소 활용하기 • 197
　차트 요소 활용하기 • 204
　표와 차트를 활용해 통계 결과 페이지 완성하기 • 208

02-04 디자인 임베드 • 213
공유 폴더에 모둠별 작품 저장하기 • 214
모둠별 작품 전시 슬라이드 준비하기 • 214
디자인 임베드하기 • 215
댓글 감상 활동하기 • 219
　협업(초대) 링크 생성하기 • 219
　댓글 달기 • 220
　댓글 확인하고 답글 달기 • 221

02-05 링크 삽입 – 여행 책자 목차 생성하기 • 222
템플릿 준비하기 • 222
슬라이드 이름 변경하기 • 223

Contents
목차

'슬라이드 이동 링크' 삽입하기 • 223
링크 연결 확인하기 • 225
홈으로 돌아가기 버튼 삽입하기 • 226
홈 버튼 링크 연결 확인하기 • 227
홈 버튼 복사하기 • 228
외부 웹 링크 삽입하기 • 229
웹 링크 연결 확인하기 • 229
연결된 링크 수정하기 • 230
연결된 링크 삭제하기 • 231

캔바 AI 기능 200% 활용하기

03-01 애니메이션 및 전환 효과 _ 자기소개 프레젠테이션 제작하기 • 234
　'요소 애니메이션' 활용하기• 234
　　동영상 템플릿 이해하기 • 234
　　동영상 템플릿과 일반 템플릿 전환하기 • 235
　　애니메이션 실습 템플릿 준비하기 • 236
　　요소 추가 및 편집하기 • 237
　　자기소개 템플릿 완성하기 • 239
　　요소별 애니메이션 적용하기 • 240
　　원하는 경로로 움직이는 요소 애니메이션 적용하기 • 242
　　클릭으로 제어하는 애니메이션 효과 설정하기 • 243
　　여러 요소에 동일한 애니메이션 효과 한 번에 적용하기 • 244
　　요소 종류에 따른 애니메이션 효과의 차이 이해하기 • 245
　'페이지 애니메이션' 활용하기 • 245
　　페이지 애니메이션 적용 및 삭제하기 • 245
　　AI Magic Animate 활용하여 페이지 딱 맞는 애니메이션 적용하기 • 246

슬라이드 전환 효과 활용하기 • 247

전환 효과 추가하기 • 247

전환 효과 변경하기 • 248

전환 효과 삭제하기 • 250

작품 완성하기 • 250

동영상 템플릿 작품 재생하기 • 251

03-02 동영상 제작하기_ 자기소개 영상 제작하기 • 252

동영상 편집 화면으로 전환하기 • 252

클립 재생 시간 조정하기 • 253

클립 순서 변경하기 • 254

클립 도구 목록 활용하기 • 254

요소별 타이밍 조정하기 • 256

영상 클립 만들기 • 259

AI로 동영상 편집하기 • 260

AI '배경 제거' 알아보기 • 260

AI '하이라이트' 기능 알아보기 • 261

AI '자동 다듬기' 알아보기 • 264

오디오 요소 활용하기 • 265

오디오 요소 검색하기 • 266

오디오 요소 삽입하기 • 267

오디오 요소 편집하기 • 268

민주쌤의 미니 특강 오디오 요소 편집 기능 정복하기 • 269

03-03 AI와 영상 촬영을 활용한 콘텐츠 제작하기 • 273

미술 작품 모음집 제작 및 도슨트 되어보기 _ '직접 녹화하기' 기능 • 273

템플릿 준비 및 내용 수정하기 • 274

AI Magic write를 활용하여 미술 작품 소개하기 • 276

AI Magic write로 생성한 결과물 활용하기 • 277

Magic로 생성한 결과물 수정하기 • 278

Contents
목차

민주쌤의 미니 특강 Magic write의 편집 기능 정복하기 • 279

'직접 녹화하기' 기능으로 도슨트 영상 녹화하기 • 282

AI 뉴스 제작하기 - '프레젠테이션 녹화하기' 기능 • 285

    템플릿 준비 및 내용 수정하기 • 285

    AI Magic wrtie를 활용하여 뉴스 진행 대본 작성하기 • 288

    '프레젠테이션 녹화하기' 기능으로 뉴스 녹화하기 • 289

    프레젠테이션 녹화 완료 및 저장하기 • 290

AI Magic Write로 가정통신문 제작 및 PDF 편집하기 • 292

    PDF 파일 업로드하기 • 292

    AI Magic write를 활용하여 통신문 문구 생성하기 • 294

    민주쌤의 미니 특강 Magic Write의 교육적 활용 • 300

03-04 Magic Studio _ AI로 학급 신문 제작하기 • 302

템플릿 준비 및 내용 수정하기 • 302

Magic Expand • 303

    Magic expand 접속하기 • 303

    Magic expand 활용하기 • 304

    Magic expand 응용하기(확장하여 페이지 배경 제작하기) • 305

배경 제거 • 307

Magic edit • 308

텍스트 추출 • 309

    텍스트 추출 활용하기 • 309

    텍스트 추출 응용하기 • 311

Magic grab • 312

Magic eraser • 314

03-05 Magic Media _ AI 상상화 전시회 진행하기 • 316

템플릿 준비하기 • 316

나만의 AI 상상화 생성하기 • 317

AI 그래픽 생성하기 • 319

CHAPTER 04 캔바 완성작 100% 활용하기

04-01 프레젠테이션 진행하기 • 322

    자기소개 실습 템플릿 준비하기 • 322

    전체 화면 프레젠테이션 진행하기 • 323

    프레젠테이션 라이브 활용하기 • 324

        캔바 라이브 준비하기 • 324

        캔바 라이브 진행하기 • 326

        캔바 라이브 종료하기 • 328

    프레젠테이션 타이머 사용하기 • 329

04-02 작품 다운로드 하기 • 330

    템플릿 준비하기 • 330

    작품 다운로드 하기 • 331

04-03 링크로 공유하기 • 333

    공개 보기 링크 활용하기 • 333

        템플릿 준비하기 • 333

        공개 보기 링크 생성 및 공유하기 • 334

    템플릿 링크 활용하기 • 335

    협업 링크 활용하기 • 337

이 장에서는 2022 개정 교육과정의 방향과 함께, 그 흐름 속에서 캔바가 어떤 교육적 의미를 지니는지 살펴봅니다. 더불어 교실에서 캔바를 수업에 적용하기 위해 필요한 사전 준비 과정과 기본 구조를 익힙니다.

캔바라는 디지털 도구를 수업의 동반자로 삼기 위한 첫걸음을 함께 내딛어 보겠습니다.

C A N V A

CHAPTER 00

2022 교육과정과 만나는 디지털 도구

00-01
변화하는 교육 환경과 교사의 역할

우리는 항상 변화하는 교육 환경 속에서 새로운 도구와 방식을 찾아 나서고 있습니다. 2022 개정 교육과정은 학생들이 스스로 학습을 주도하고 미래 사회에 필요한 능력을 기를 수 있도록 돕는 데 중점을 두고 있습니다. 이 과정은 단순히 교과 지식을 전달하는 것을 넘어, 학생들이 창의력, 협업, 문제 해결 능력을 함께 키울 수 있는 다양한 접근 방식을 필요로 합니다. 결국, 학생들이 자신의 삶과 학습을 스스로 설계할 수 있도록 돕는 것이 핵심이며, 교사는 학생들이 능동적으로 참여하고 탐구할 수 있는 환경을 마련하는 역할을 하게 됩니다. 디지털 기술이 수업에 깊숙이 자리 잡으면서, 교사들은 학생들이 이를 효과적으로 활용하여 성장할 수 있도록 친근하고 실용적인 방법으로 안내할 수 있게 되었습니다.

00-02
캔바, 쉽고 직관적인 디지털 학습 도구

교실에서 학생들과 함께 창의적인 프로젝트를 진행할 때, 시각적 자료 제작이 중요한 역할을 합니다. 하지만 디자인 도구가 어렵거나 복잡하면 학생들이 활용하는 데 어려움을 겪을 수 있습니다. 캔바는 직관적인 인터페이스를 갖추고 있어 초등학생도 쉽게 활용할 수 있는 디자인 도구입니다. 이를 통해 다음과 같은 프레젠테이션, 영상, 포스터, 카드 뉴스, 학급 신문 등 다양한 형식의 결과물을 제작할 수 있으며, 개별 학습뿐만 아니라 협력 학습에도 효과적으로 활용할 수 있습니다. 또한, 여러 명이 동시에 하나의 디자인을 편집할 수 있어 공동 작업이 필요한 프로젝트에서도 유용하게 사용할 수 있습니다.

▲ 프레젠테이션, 영상, 포스터, 카드 뉴스, 수업 시간표 등 다양한 형식의 결과물

특히 캔바의 AI 기능은 교사와 학생 모두에게 실질적인 도움을 주는 강력한 도구입니다. 글쓰기 지원, 이미지 편집, AI 영상 생성 등 다양한 기능을 통해 수업 준비 시간을 줄이고, 학생들이 더욱 능동적으로 학습에 참여할 수 있도록 돕습니다.

- **Magic Write:** 키워드만 입력하면 자동으로 설명문, 대본, 요약 등을 생성하여 글쓰기를 지원합니다.
- **Magic Studio:** 배경 제거, 텍스트 추출, 이미지 확장 등 다양한 AI 편집 기능을 한 곳에서 사용할 수 있도록 제공하는 통합 편집 도구입니다.
- **AI 동영상 편집 기능:** AI가 자동으로 주요 장면을 정리하여 영상 편집을 손쉽게 할 수 있도록 지원합니다.

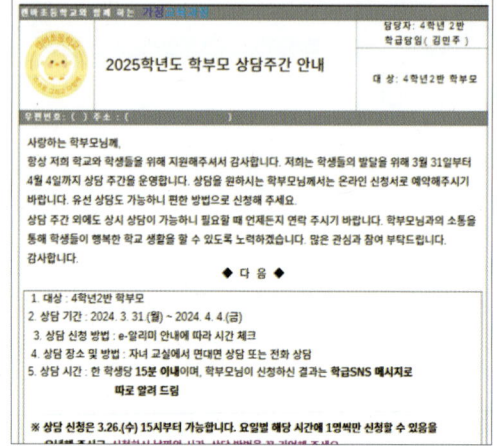
▲ Magic write로 제작한 가정통신문 (관련 내용은 292 페이지를 참조합니다.)

▲ Magic studio를 활용한 이미지 편집 (관련 내용은 301 페이지를 참조합니다.)

캔바는 디자인 경험이 많지 않은 교사도 쉽게 활용할 수 있으며, 학생들에게도 다양한 학습 기회를 제공합니다. 학생들이 자기소개 영상을 제작할 때 AI 기능을 활용하면 보다 풍부한 콘텐츠를 만들 수 있고, 협업 프로젝트에서는 실시간 공동 작업 기능을 통해 원활하게 소통하며 작업할 수 있습니다. 단순히 수업 자료를 만드는 데 그치는 것이 아니라, 학생들이 직접 콘텐츠를 제작하며 학습에 몰입할 수 있도록 돕는 것이 캔바의 가장 큰 장점입니다.

00-03 캔바와 교육과정의 연결: 핵심 역량 기반 수업

2022 개정 교육과정에서 강조하는 핵심 역량을 길러주는 수업을 설계할 때, 캔바는 강력한 지원 도구가 됩니다. 학생들은 캔바를 활용하여 창의적으로 표현하고, 협력하며, 다양한 프로젝트를 통해 실생활과 연결된 학습을 경험할 수 있습니다. 수업에서 캔바를 활용하는 방법을 핵심 역량별로 살펴보겠습니다.

자기관리 역량

학생들이 자신의 목표를 설정하고 계획하며 성찰하는 과정은 자기관리 역량을 기르는 데 중요한 요소입니다. 캔바는 이러한 활동을 효과적으로 지원할 수 있습니다.

- **자기소개 영상 제작:** 학생들이 자기소개 영상을 제작하며 자신의 강점과 목표를 탐색하고 표현할 수 있습니다. (활용 기능: 동영상 템플릿, 프레젠테이션 녹화, Magic Write를 활용한 대본 작성)
- **진로 포트폴리오 제작:** 캔바를 활용해 진로 탐색 과정, 학습 성과, 목표 등을 정리한 포트폴리오를 만들 수 있습니다.

지식정보처리 역량

캔바는 정보를 효과적으로 정리하고 시각화할 수 있도록 도와주며, AI 도구를 활용해 보다 쉽게 자료를 정리하고 활용할 수 있도록 지원합니다.

- **뉴스 기사 작성 및 학급 신문 제작**: Magic Write를 활용해 뉴스 기사 초안을 작성하고, 학급 신문을 제작하며 정보 정리 및 전달 능력을 기를 수 있습니다.
  (활용 기능: Magic Write, Magic Studio, 뉴스 템플릿)
- **보고서 및 발표 자료 제작**: Magic Write로 조사 내용을 정리하고, 캔바의 인포그래픽 템플릿을 활용해 발표 자료를 효과적으로 구성할 수 있습니다.
- **디자인 임베드를 활용한 조사 자료 정리**: 디자인 임베드 기능을 사용해 조별 조사 자료를 한 곳에 모아 정리하고 공유할 수 있습니다.
- **여행지 소개 프로젝트**: 학생들이 특정 지역을 조사한 후 캔바를 활용해 여행지 소개 자료를 제작하고, '디자인 임베드' 기능을 활용해 전체 작품을 하나의 프레젠테이션으로 정리합니다.

창의적 사고 역량

창의적 사고 역량은 학생들이 새로운 아이디어를 떠올리고 이를 표현하는 능력을 기르는 데 초점을 둡니다. 캔바의 다양한 디자인 도구와 AI 기능은 이러한 창의적 활동을 촉진할 수 있습니다.

- **AI 상상화 전시회**: Magic Media를 활용하여 학생들이 상상하는 미래를 그림으로 표현하고 전시하는 활동을 진행할 수 있습니다.
- **포스터 및 카드 뉴스 제작**: 환경 보호, 사회적 이슈 등을 주제로 포스터를 디자인하고, 카드 뉴스를 제작하며 시각적 메시지를 창의적으로 전달하는 법을 배울 수 있습니다.
- **학급 신문 프로젝트**: 학생들이 기자가 되어 직접 기사를 작성하고, Magic Studio를 활용해 사진을 편집하며 창의적인 신문을 제작합니다.

- **운동회 포스터 제작**: 학교 행사와 관련된 포스터를 디자인하며 창의적인 레이아웃과 색상을 적용해볼 수 있습니다.

심미적 감성 역량

학생들이 디자인 요소를 탐색하고 창의적으로 표현할 수 있는 기회를 제공하는 것이 중요합니다. 캔바는 색상, 폰트, 레이아웃 등을 조합하며 감각을 기를 수 있도록 돕습니다.

- **도슨트 영상 제작**: 학생들이 미술 작품을 분석하고 해설하는 영상을 제작하며, 작품의 미적 요소를 탐구하는 활동을 진행할 수 있습니다. (활용 기능: 프레젠테이션 녹화, Magic Media를 활용한 배경 제작, Magic Write를 활용한 설명문 작성)
- **미술 작품 소개 프로젝트**: 캔바를 활용해 학생들이 명화나 자신의 작품을 소개하는 프레젠테이션을 제작하고 공유할 수 있습니다.
- **음악 및 시각 예술 활동**: 학생들이 음악 앨범 표지 디자인을 하거나, 시각적으로 표현할 수 있는 프로젝트를 기획할 수 있습니다.

협력적 소통 역량

캔바는 실시간 협업 기능을 제공하여 학생들이 함께 작업하며 소통할 수 있도록 지원합니다.

- **협업 프레젠테이션 제작**: 팀별로 주제를 선정하고, 협업 링크를 활용해 실시간으로 프레젠테이션을 제작하며 협력하는 경험을 제공합니다.
- **학급 신문 공동 제작**: 학급에서 공동으로 신문을 제작하고, 공유 폴더를 활용해 학생들이 함께 기사와 디자인을 편집할 수 있도록 합니다.

- **댓글 기능을 활용한 피드백 활동**: 캔바의 댓글 기능을 활용해 서로의 작품을 감상하고 피드백을 주고받는 활동을 진행할 수 있습니다.
- **조별 여행지 소개 프로젝트**: 조별로 여행지를 조사하고 디자인을 만들어 공유 폴더에 업로드하며, 다른 조의 작품을 감상하고 의견을 나눌 수 있습니다.

공동체 역량

캔바는 학생들이 공동체 문제를 탐구하고 해결 방안을 고민할 수 있도록 돕는 다양한 활동을 지원합니다.

- **환경 보호 캠페인 포스터 제작**: 학생들이 환경 보호를 주제로 포스터를 제작하며 공동체 문제를 고민하고 해결 방안을 시각적으로 표현할 수 있습니다.
- **지역 사회 홍보 프로젝트**: 자신이 사는 지역을 조사하고, 홍보 자료를 제작해 지역의 가치를 알리는 활동을 진행할 수 있습니다.
- **캔바를 활용한 사회 문제 해결 캠페인**: 사회적 이슈(예 기후 변화, 인권 문제 등)를 주제로 카드 뉴스나 포스터를 제작하며 공동체 의식을 함양할 수 있습니다.
- **학급 규칙 포스터 제작**: 학생들이 스스로 학급에서 지켜야 할 규칙을 정리하고, 이를 포스터로 제작하며 공동체 생활의 중요성을 인식할 수 있습니다.

00-04
실제 수업 실습 예시

자기소개 영상 제작 - 학생들이 직접 만드는 '나의 이야기' 영상

학생들이 자신을 표현하는 능력을 기를 수 있도록 캔바를 활용해 자기소개 영상을 제작하는 활동입니다. 단순히 영상 편집 기술을 익히는 것이 아니라, 학생들이 자신의 강점과 관심사를 정리하고 효과적으로 전달하는 능력을 기르는 데 초점을 둡니다.

이 과정에서 학생들은 동영상 템플릿을 활용해 기획하고, 프레젠테이션 녹화 기능을 통해 직접 발표하며, 최종적으로 공유 폴더에 업로드하여 반 친구들과 감상하며 피드백을 주고받습니다.

▲ 자기소개 영상 제작에 관한 자세한 내용은 234 페이지를 참고합니다.

학급 신문 프로젝트 - 협력적 글쓰기와 다양한 디자인 경험

학생들이 기자가 되어 뉴스 기사, 인터뷰, 만평 등을 직접 제작하면서 글쓰기 능력과 디자인 감각을 기르는 활동입니다. 이 과정에서 Magic Write를 활용해 기사 초안을 작성하고, Magic Edit과 Magic Eraser를 활용하여 신문에 실을 이미지를 편집하는 등 AI 기능을 적극적으로 활용합니다. 또한, 협업 링크를 통해 여러 학생이 동시에 신문을 편집하고, 공유 폴더를 활용해 최종 완성된 신문을 반 전체와 공유합니다. 이를 통해 학생들은 글을 작성하는 과정뿐만 아니라, 팀워크와 편집 능력도 함께 기를 수 있습니다.

▲ 학급 신문 프로젝트 제작에 관한 자세한 내용은 301 페이지를 참고합니다.

도슨트 영상 제작 - 미술 작품을 설명하는 도슨트 프레젠테이션

학생들이 미술 작품을 해설하는 도슨트가 되어 작품을 분석하고 설명하는 영상을 제작하는 활동입니다. 먼저, 각자가 설명할 미술 작품을 선정하고 조사한 뒤, Magic Write를 활용해 설명문을 작성합니다. 이후, 이를 기반으로 프레젠테이션을 제작하고, 녹화 기능을 활용하여 도슨트 영상으로 완성합니다.

완성된 영상은 공유 폴더에 업로드하여 학급 내에서 전시하고, 학생들은 서로의 영상을 감상하며 피드백을 주고받습니다. 이를 통해 미술 감상 능력을 키우는 것은 물론, 발표력과 논리적 사고력을 함께 기를 수 있습니다.

다음은 완성된 영상을 공유 폴더에 업로드하여 학급 내 전시한 사례입니다.

▲ 도슨트 영상 제작에 관한 자세한 내용은 282 페이지를 참고합니다.

협업 프레젠테이션 - 다양한 주제를 조사하고 발표 자료 제작하기

학생들이 팀을 이루어 하나의 프레젠테이션을 공동으로 제작하는 활동입니다. 팀별로 발표 주제를 선정한 후, 협업 링크를 활용하여 실시간으로 자료를 제작하고, 댓글 기능을 활용해 서로 피드백을 주고받습니다.

이 과정에서 학생들은 단순히 정보를 나열하는 것이 아니라, 주제를 효과적으로 전달할 수 있도록 시각적 요소를 조합하고 발표 대본을 작성하는 과정도 함께 진행합니다. 이를 통해 협업하는 과정에서 의견을 조율하는 경험을 하며, 발표력을 향상시킬 수 있습니다.

▲ 협업 프레젠테이션 제작에 관한 자세한 내용은 213 페이지를 참고합니다.

여행지 소개 프로젝트 - 여행지 소개 자료를 한 곳에 전시하기

학생들이 팀을 이루어 특정 여행지를 소개하는 프레젠테이션을 제작하는 활동입니다. 개별적으로 제작된 발표 자료를 디자인 임베드 기능을 활용하여 하나의 작품으로 전시함으로써, 반 전체가 하나의 프로젝트를 완성하는 협업 경험을 할 수 있습니다.

학생들은 여행지의 특징을 조사하고, 자료를 시각적으로 정리한 후, 발표 자료를 제작합니다. 이후, 완성된 프레젠테이션을 하나의 슬라이드에 임베드하여 한눈에 볼 수 있도록 구성하고, 댓글 기능을 활용해 작품에 대한 감상과 피드백을 나눕니다.

▲ 여행지 소개 전시회에 관한 자세한 내용은 214 페이지를 참고합니다.

운동회 포스터 제작 - 창의적 디자인 경험하기

학교 행사 중 가을 운동회의 정보를 효과적으로 전달하는 포스터를 학생들이 직접 제작하는 활동입니다. 이 과정에서 학생들은 템플릿을 활용하여 디자인을 기획하고, 색상 조정과 레이아웃 편집을 통해 메시지를 강조하는 방법을 배웁니다.

완성된 포스터는 공유 폴더에 업로드하여 반 친구들과 공유하고, 각자의 디자인에 대한 감상을 나누며, 효과적인 시각적 전달 방법에 대해 학습할 수 있습니다.

▲ 운동회 포스터 제작에 관한 자세한 내용은 157 페이지를 참고합니다.

AI 상상화 전시회 - Magic Media 활용하기

　AI 이미지 생성 기능을 활용하여 학생들이 상상하는 미래를 그림으로 표현하는 활동입니다. 학생들은 상상하는 미래의 모습이나 특정 개념을 프롬프트로 작성한 후, Magic Media를 활용하여 AI가 생성한 이미지를 삽입합니다.

　이후, 이미지에 대한 설명을 추가하고 디자인 요소를 조정하여 최종 작품을 완성합니다. 완성된 작품은 학급 내에서 전시되며, 학생들은 서로의 작품을 감상하고 의견을 나누는 시간을 가집니다. 이를 통해 창의적인 사고를 확장하고, 미래에 대한 자신의 생각을 표현하는 경험을 쌓을 수 있습니다.

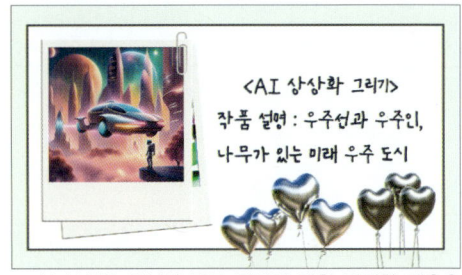

▲ AI 상상화 전시회 작품 제작에 관한 자세한 내용은 315 페이지를 참고합니다.

뉴스 제작 프로젝트 - Magic Write로 기사 작성하기

　AI 도구를 활용하여 뉴스 기사를 작성하고 편집하는 활동입니다. 학생들은 뉴스 주제를 선정한 후 자료를 조사하고, Magic Write를 활용하여 기사 초안을 작성합니다. 이후, 이를 수정·보완하여 최종 기사를 완성하고, 뉴스 템플릿을 활용해 디자인을 편집합니다.

　완성된 기사는 학급 신문 형태로 구성하여 반 전체와 공유하며, 학생들은 서로의 기사를 읽고 피드백을 주고받습니다. 이를 통해 정보 탐색 능력과 글쓰기 능력을 함께 기를 수 있습니다.

▲ 뉴스 제작 프로젝트에 관한 자세한 내용은 285 페이지를 참고합니다.

이 장에서는 캔바를 처음 사용하는 교사들이 반드시 알아야 할 기본적인 과정들을 소개합니다. 캔바는 단순히 디자인 작업을 위한 도구가 아닙니다. 학생들을 관리하고, 수업을 진행하며, 공동 작업과 피드백까지 원활하게 수행할 수 있는 교실 환경을 구축할 수 있습니다. 이 과정은 앞으로의 캔바 수업을 원활하게 진행하는 중요한 토대가 될 것입니다.

계정 가입과 로그인, 교사용 인증을 통해 캔바의 다양한 기능을 활용할 준비를 하고, 수업 피드백과 협업 활동을 위한 환경 설정 방법을 배워보겠습니다.

C A N V A

CHAPTER 01

캔바로 교실 만들기

01-00
변화하는 교육 환경과 교사의 역할

본격적으로 캔바를 활용하기에 앞서 준비해 두어야 할 세 가지 사항을 살펴보겠습니다.

- 개인정보 수집 및 에듀테크 사용 동의서
- 학생들의 교육용 계정 준비
- 교사용 인증에 필요한 서류 준비

❶ 개인정보 수집 및 에듀테크 사용 동의서

학생들과 캔바를 함께 활용하려면 사전에 개인정보 수집과 에듀테크 사용 동의서를 받아야 합니다.

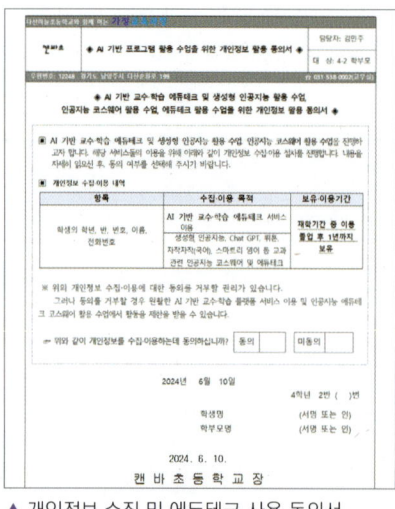

▲ 개인정보 수집 및 에듀테크 사용 동의서

민주쌤의 TIP 개인정보 수집 및 에듀테크 사용 동의서 파일 및 이 책의 학습에 필요한 자료는 독자지원센터에서 다운로드 받아 사용할 수 있습니다. 이용 방법은 이 책의 4~5 페이지 독자지원센터를 참고합니다.

❷ 학생들의 교육용 계정 준비

교내 담당 선생님을 통해 학급 교육용 계정을 일괄 발급받아야 합니다. 이를 통해 학생들은 각자의 계정으로 캔바에 가입할 수 있습니다.

민주쌤의 꿀팁 학급 계정 일괄 생성하기

학교는 교육용 계정 발급을 담당하는 선생님이 별도로 계십니다. 교육용 계정은 담당 선생님께 학급 계정 일괄 생성을 요청하면 해당 시트 파일을 받을 수 있습니다.

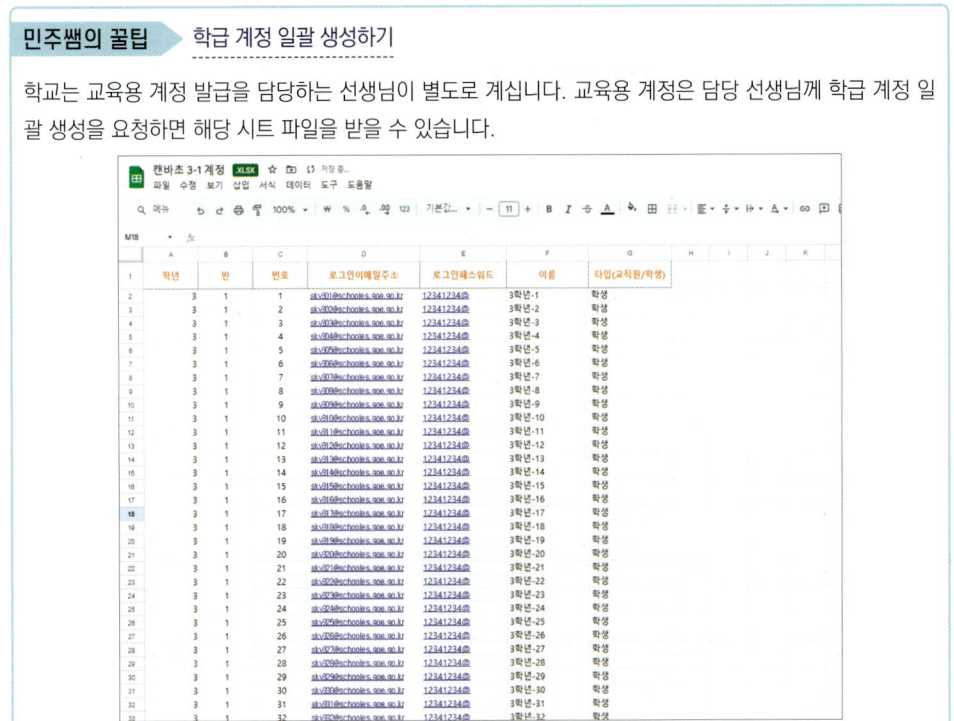

❸ 교사용 인증에 필요한 서류 준비

교사 인증을 받으려면 재직증명서를 PDF 파일이나 스캔 파일로 준비해야 합니다. 이 서류는 인증 절차 중 증빙 자료로 사용됩니다.

01-01
캔바 시작하기

캔바 시작하기는 간단하지만, 사전 준비를 통해 학급 전체가 효과적으로 활용할 수 있도록 계획하는 것이 중요합니다. 캔바 가입(계정 생성)하고, 교육용 캔바 인증 과정까지 알아보겠습니다.

캔바 가입하기

01 캔바 홈페이지(https://www.canva.com/)에 접속한 후 메인 화면 우측 상단의 ❶[가입]을 클릭합니다.

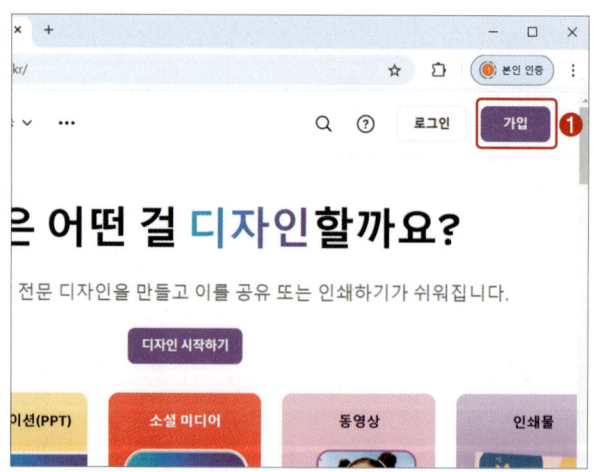

02 ❶Canva 이용 약관에 모두 체크하고 ❷[동의 및 계속하기]를 클릭합니다. "다른 계정 추가하기" 창에서 로그인할 계정을 선택합니다. 여기서는 ❸[Google로 계속하기]를 클릭하여 가입을 완료합니다.

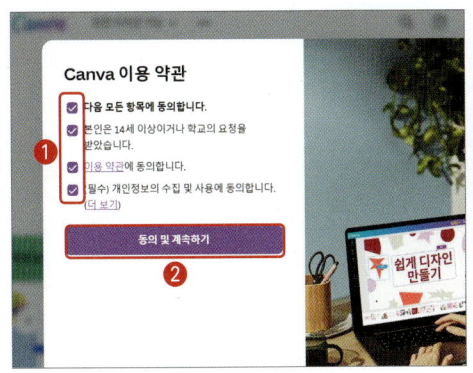 

캔바 교육용 인증하고 무료로 사용하기

일반 계정과 교육용 계정 구분하기

01 교육용 인증을 받지 않은 계정은 메인 홈페이지 우측 상단의 프로필 항목에 ❶'개인'이 표시됩니다. 또 현재 상태는 기본 계정으로, 아직 교사용 인증을 완료하지 않았기 때문에 홈페이지 좌측 상단에 ❷[Pro 무료로 30일 사용해보기] 버튼이 활성화되어 있는 것을 볼 수 있습니다. Pro 기능을 이용하려면 추가 인증 과정을 거쳐야 합니다.

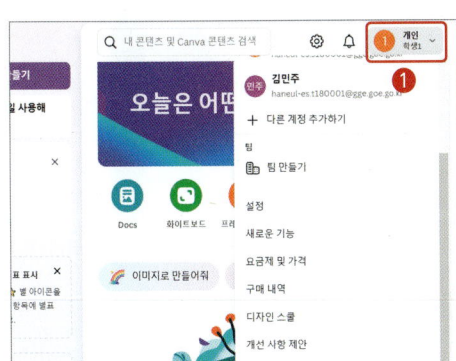 

민주쌤의 TIP 캔바 Pro 기능을 이용하면 프리미엄 사진, 동영상 및 요소, 프리미엄 글꼴, 프리미엄 템플릿이 무료로 제공됩니다.

교육용 인증 받기

01 캔바 홈페이지 우측 상단의 ❶[프로필] 버튼('김민주's class') 또는 '학교 팀 이름'을 클릭합니다. 목록에서 ❷[요금제 및 가격]을 선택하고, 나타나는 화면의 상단 탭에서 ❸[교육용]을 클릭합니다. 화면에 표시된 선생님 ❹[인증받기] 버튼을 클릭하여 인증 절차를 시작합니다.

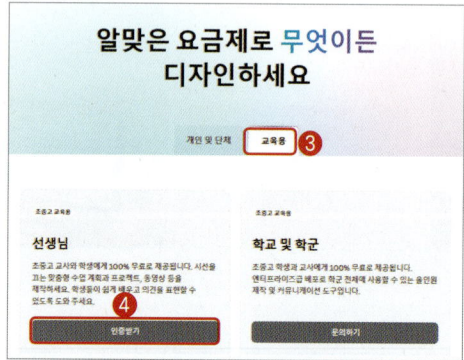

02 이름, 성, 국가, 학교명 등을 입력하는 입력창에 필요한 정보를 입력합니다.

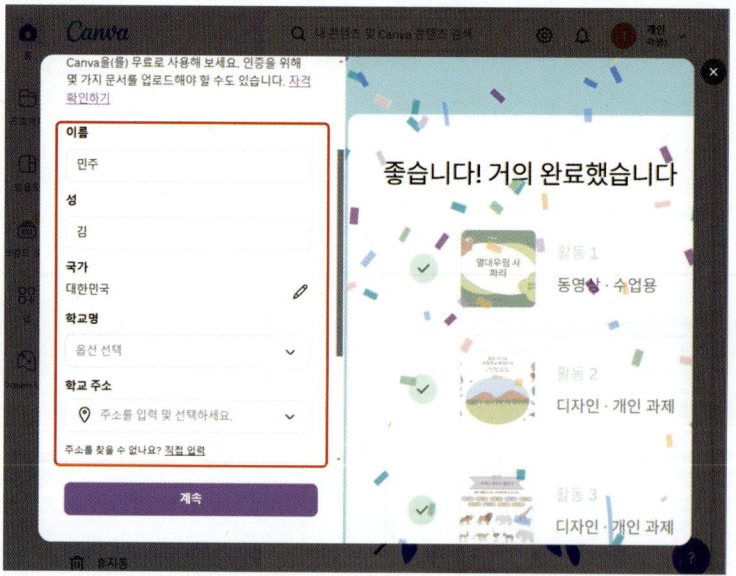

03 학교명 입력 시, 검색 결과에 소속된 학교가 나타날 경우, ❶해당 학교(예 '다산하늘초 등학교')를 클릭하면 학교 정보가 자동으로 입력됩니다. 만약 검색 결과에 소속된 학교가 없을 경우 ❷[학교 추가(예 '다산하늘' 추가)] 버튼으로 직접 입력합니다.

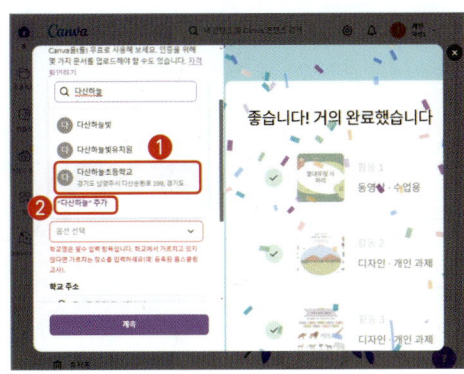 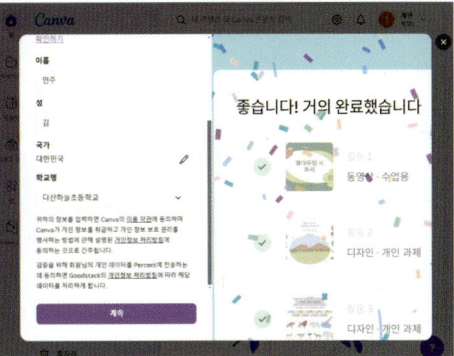

04 교육용 인증을 위해 재직증명서를 첨부하겠습니다. 이는 가장 일반적으로 사용하는 증빙 자료입니다. '문서1'의 증빙 서류 종류 중 ❶[기타]를 클릭합니다. ❷[파일 선택하기]로 재직증명서를 첨부합니다.

민주쌤의 TIP 재직증명서는 '정부24' 사이트(www.gov.kr)에서 다운로드 받을 수 있습니다.

민주쌤의 꿀팁 **교육용 캔바 인증용 증빙 서류**

교육용 캔바로 인증 받기에 제출할 수 있는 증빙 서류는 다음과 같습니다.

- 교원 자격을 입증하는 자격증/증명서 사진 또는 스캔본
- 현재 학교 ID 사진 또는 스캔본
- 재직증명서 또는 재직 상태를 입증하는 학교 서신 사진 또는 스캔본

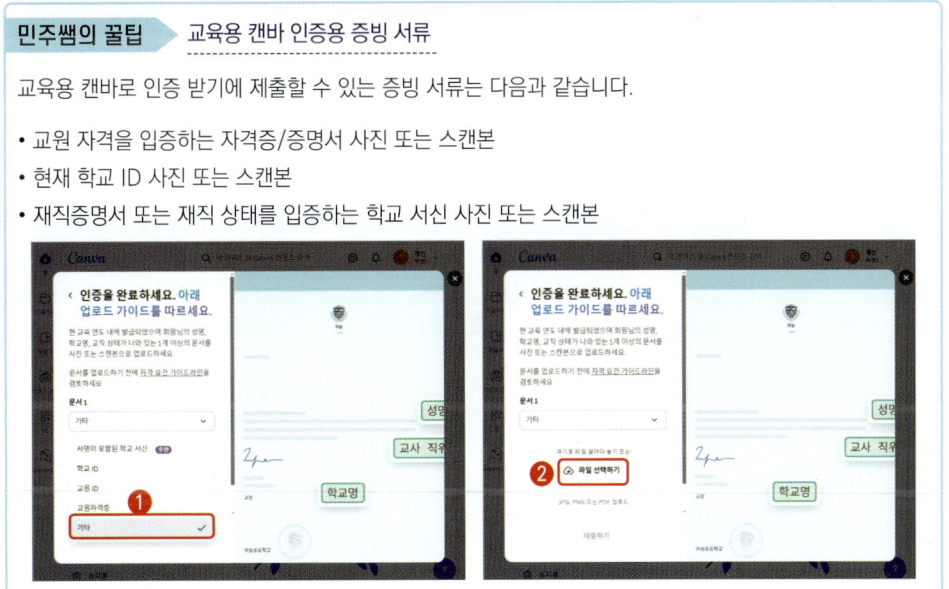

05 다운로드 받은 재직증명서 파일이 첨부되면 좌측 하단의 ❶'정보 사용 동의란'에 체크하고, ❷[제출하기] 버튼을 클릭합니다. 다음 단계의 화면에서 ❸[완료] 버튼을 클릭하여 인증 과정을 마칩니다.

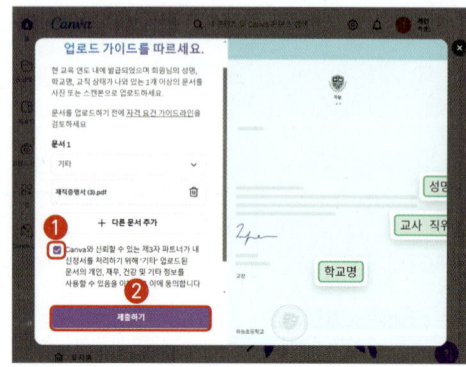
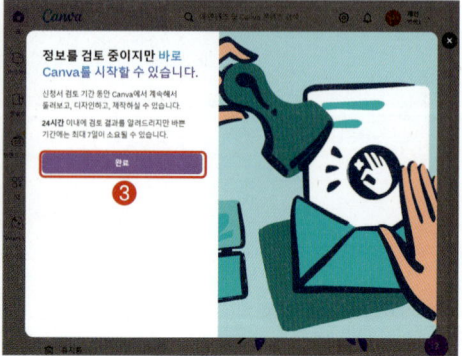

인증 승인 확인하기

01 교육용 인증이 완료되면 로그인 시 [그림1]과 같은 환영 팝업 화면이 표시됩니다. ❶[계속] - ❷[나중에 하기]를 클릭합니다.

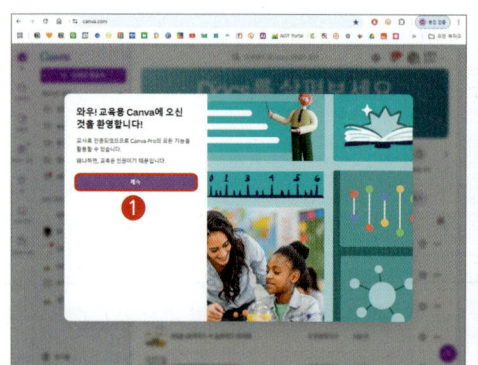
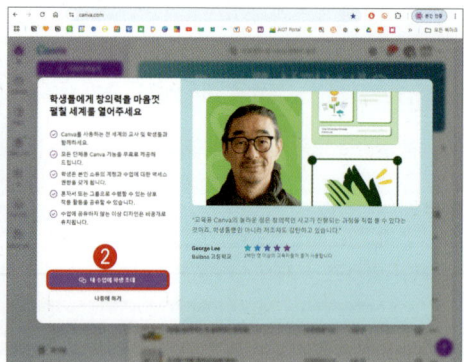

▲ [그림 1] 환영 팝업 화면

02 교육용 인증을 받지 않은 계정은 [그림1]의 ❶우측 상단 프로필 버튼에 '개인'으로 표시됩니다. 교육용 인증을 받은 계정은 [그림2]와 같이 프로필 버튼이 ❷'팀이름(예 김민주's Class)'로 변경됩니다. 학교 소속 팀계정일 때는프로필 버튼에 '학교이름'이 보입니다.

▲ [그림 1]　　　　▲ [그림 2]

민주쌤의 꿀팁 — 교사용 캔바 인증이 되지 않는 경우

인증이 완료되지 않을 경우 캔바 메인 홈페이지 상단에 신청서가 승인되지 않았다는 ⓐ알림이 표시됩니다. 이 경우, ⓑ[자세히 알아보기]를 통해 재신청 절차와 필요한 안내를 확인할 수 있습니다.

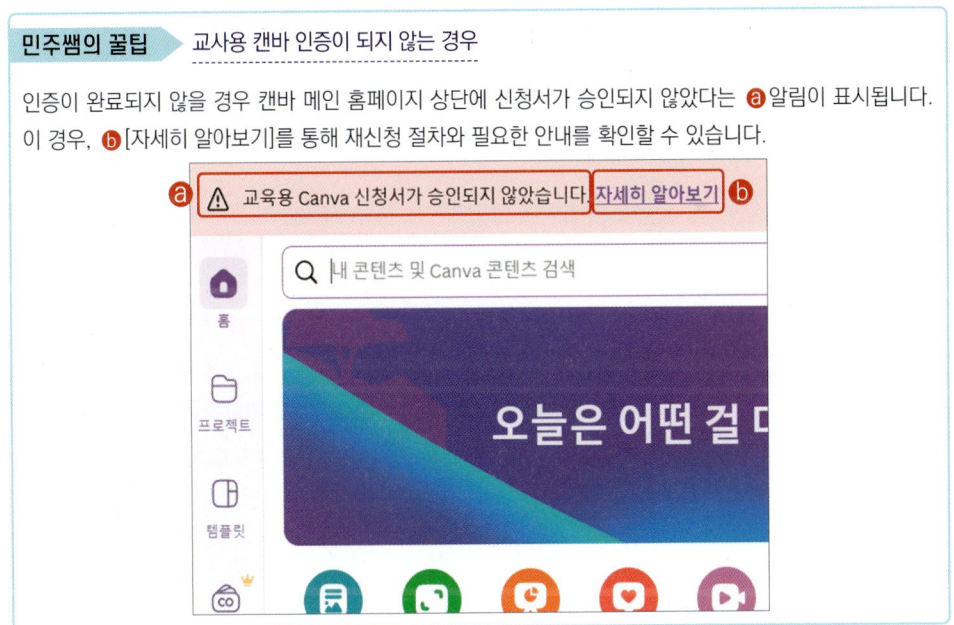

캔바 홈 메뉴 이해하기

캔바 홈 화면을 구성하는 메뉴의 주요 항목과 그 기능은 다음과 같습니다.

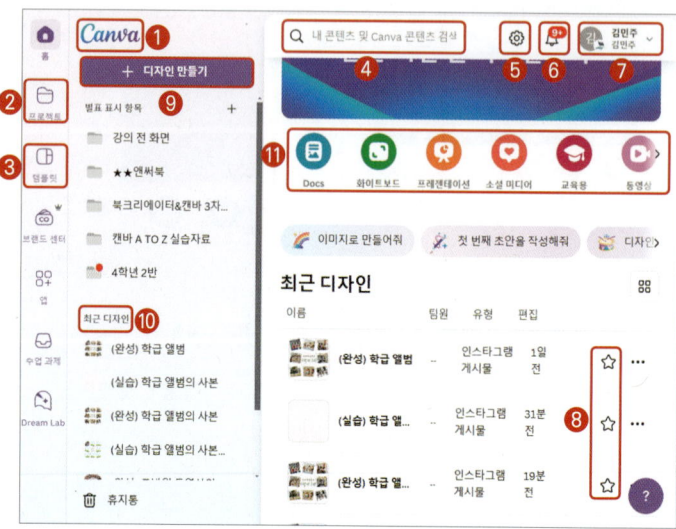

❶ **홈 / 캔바 로고** : 홈 또는 캔바 로고를 클릭하면 언제든지 캔바 '홈페이지 메인화면'으로 이동합니다.

❷ **프로젝트** : 캔바에서 작업한 내용을 확인할 수 있는 화면으로 이동합니다. 한 번이라도 사용했던 디자인이나 콘텐츠가 저장되는 공간입니다.

▲ ❷ 프로젝트 화면

ⓐ **[우측 상단 목록 버튼]** : 프로젝트 항목을 목록형 보기나 아이콘 보기로 전환할 수 있습니다.

ⓑ **[새 항목 추가]** : 프로젝트에 새로운 폴더를 생성하거나 콘텐츠를 업로드할 수 있는 기능입니다.

❸ 템플릿 : 캔바에서 제공하는 다양한 템플릿을 검색할 수 있는 화면으로 이동합니다.
❹ 검색창 : 템플릿, 콘텐츠, 혹은 특정 디자인을 검색할 수 있는 도구입니다.
❺ 설정(톱니바퀴) : 계정 정보와 팀 관리, 권한 설정 등을 진행할 수 있는 공간입니다.
❻ 알림 : 팀에서 발생한 새로운 업데이트나 활동 내역을 확인할 수 있습니다.
❼ 프로필 버튼 : 계정 정보를 확인하고, 교육용 인증 등의 절차를 진행할 수 있습니다.
❽ 별표 표시된 항목 : 작업 중인 디자인에 별표를 클릭하면, 좌측 메뉴의 '별표 표시' 항목에서 바로 접근할 수 있는 단축 버튼이 생성됩니다.
❾ 디자인 만들기 : 원하는 템플릿 크기를 선택하고, 새로운 디자인 편집 화면으로 이동할 수 있는 기능입니다.
❿ 최근 디자인 : 가장 최근에 작업했던 디자인을 목록으로 확인할 수 있습니다.
⓫ 디자인 바로가기 : 대표적인 템플릿 크기를 바로 선택하여 디자인 작업을 시작할 수 있는 버튼입니다.

캔바의 디자인 템플릿 활용하기

캔바에서 제공하는 다양한 템플릿을 활용하면 디자인 작업을 더 쉽고 빠르게 완성할 수 있습니다. 이번에는 사용 목적에 맞는 템플릿을 검색하고, 이를 자신만의 스타일로 수정하여 활용하는 방법을 알아보겠습니다.

[방법1] 분류된 템플릿 선택하기

01 메인 홈페이지 좌측 메뉴바의 ❶[템플릿]을 클릭합니다. ❷원하는 템플릿 카테고리(예 '교육용')를 선택합니다.

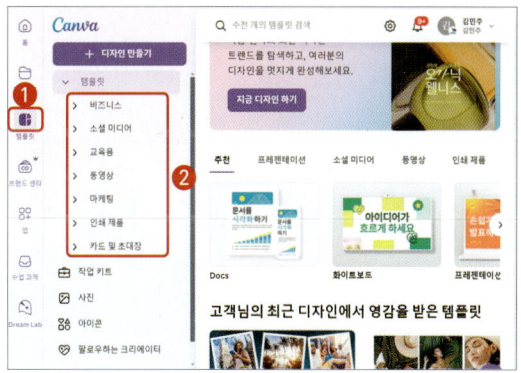

02 ❶하위 카테고리(예'자료 유형' - '프레젠테이션')를 선택합니다. 다양한 프레젠테이션 관련 템플릿이 검색됩니다. ❷학년, 제목, 주제, 색상 등을 설정하면 조금 더 구체적인 템플릿을 검색할 수 있습니다. 검색 결과 중 학생들이 원하는 템플릿을 선택하거나 교사가 특정 템플릿을 지정해줄 수도 있습니다. ❸템플릿 목록 중 원하는 템플릿을 선택합니다.

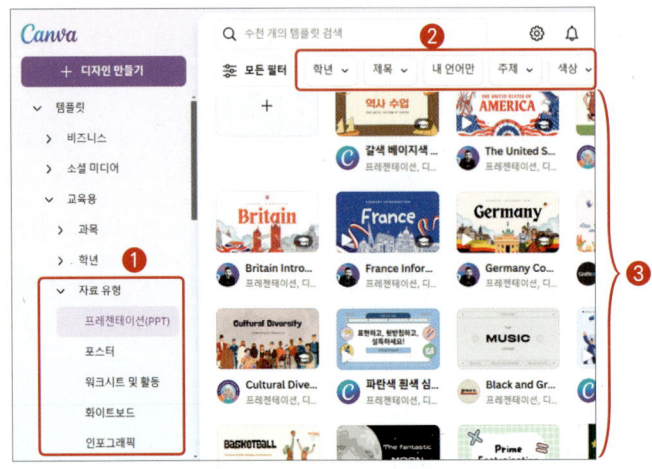

[방법2] 템플릿 직접 검색하기

01 검색해서 템플릿 디자인을 찾을 수도 있습니다. ❶'디자인 검색창'에 원하는 템플릿의 주제(예'카드뉴스')나 분위기를 검색합니다. 검색 결과 중 ❷원하는 템플릿(예'한글날 카드뉴스')을 선택합니다.

민주쌤의 TIP 템플릿 검색 시 검색창 하단의 ⓐ[Canva 템플릿] 항목을 체크한 뒤 검색어를 입력해야 ⓑ캔바에서 제공하는 모든 템플릿이 표시됩니다. ⓒ만약 이 항목이 체크되어 있지 않으면, 검색 결과가 나의 프로젝트 내에서만 제한적으로 제공됩니다.

> **민주쌤의 꿀팁** 원하는 캔바 디자인을 제대로 검색하는 방법

1. '필터' 사용하기

❶ '디자인 검색창'에 원하는 주제의 검색어(예 '카드뉴스')를 검색합니다. 검색창 하단의 ❷**[Canva 템플릿]** 에 체크하고, ❸**[모든 필터]**를 클릭합니다. 좌측에 제시된 필터 목록에서 ❹**알맞은 필터**(예 '**프레젠테이션**')를 선택하여 카테고리, 색상, 스타일, 사용 목적에 따라 원하는 결과를 좁혀볼 수 있습니다.

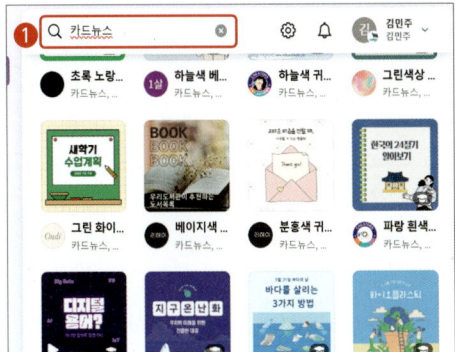 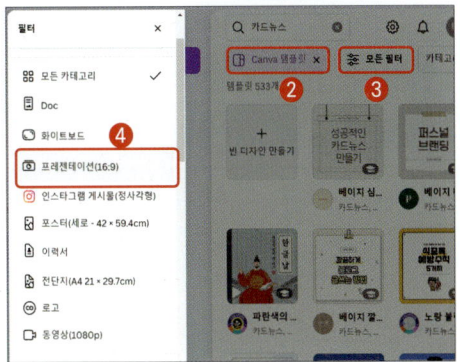

2. '비슷한 버전' 활용하기

❶ '디자인 검색창'에 원하는 주제의 검색어(예 '카드뉴스')를 입력합니다. 검색 결과 중 ❷원하는 디자인과 가장 유사한 템플릿(예 '새학기 수업계획')을 클릭하면, 표시된 창 하단에 ❸'비슷한 버전' 섹션이 표시됩니다. 이 섹션에서 유사한 주제나 스타일의 템플릿을 추천받아 원하는 템플릿을 찾을 수 있습니다.

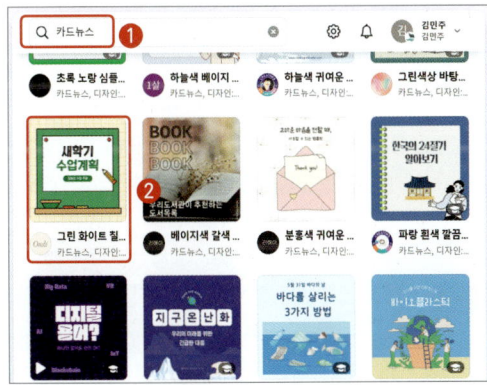 

3. 키워드 재검색하기

디자인 검색 결과 중 ❶자신이 원하는 디자인과 유사한 템플릿(예 '새학기 수업 계획')을 클릭합니다. ❷제목에 포함된 키워드(예 '새학기 소개')를 입력하여 다시 검색하면, 해당 키워드와 관련된 템플릿을 더 다양하게 확인할 수 있습니다. (그림1)

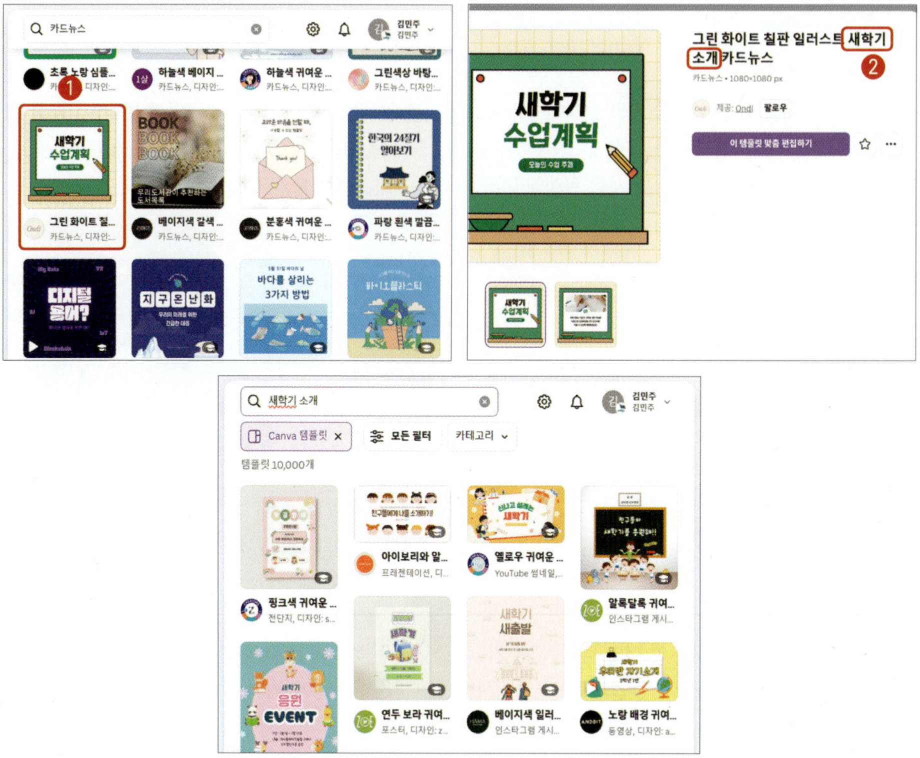

▲ [그림 1]

캔바의 디자인 템플릿 편집하기

01 디자인 검색 결과에서 ❶작품 활동에 사용할 템플릿(⊞ '새학기 수업계획')을 클릭합니다.

02 표시된 창 좌측 하단에서 ❶해당 디자인의 페이지 구성을 확인하고, ❷[이 템플릿 맞춤 편집하기]를 클릭합니다. 편집 화면에 선택한 템플릿 디자인이 삽입된 것을 확인할 수 있습니다(그림1).

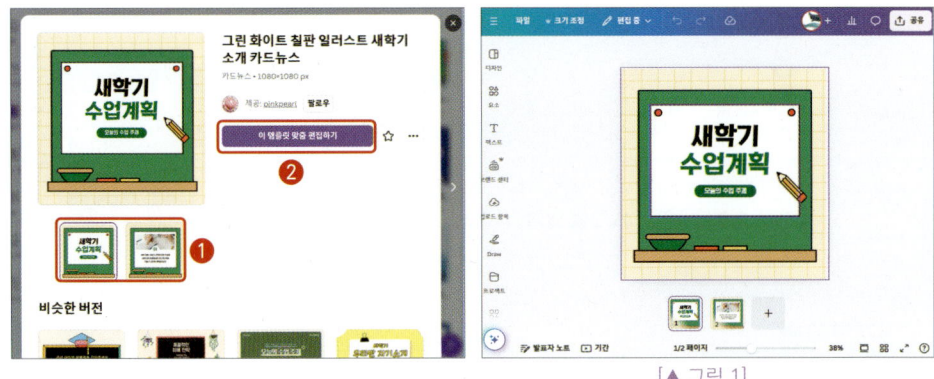

[▲ 그림 1]

템플릿 없는 새 디자인 만들기

제공된 템플릿을 사용하지 않고 빈 새 디자인을 만드는 방법도 있습니다. 이는 정해진 크기로 새 템플릿을 설정하여 처음부터 자신만의 디자인을 구성하는 방법입니다.

01 캔바 홈페이지 좌측 상단 ❶[디자인 만들기]를 클릭합니다.

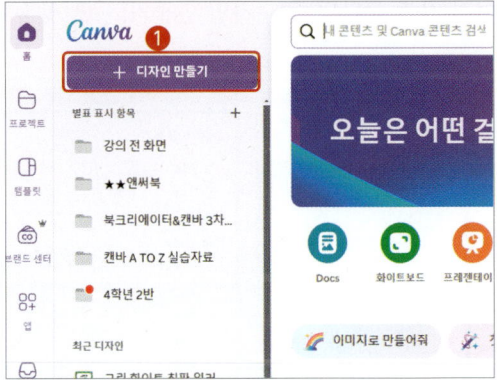

02 용도별 새 디자인의 크기 및 레이아웃 종류가 좌측에 ❶다양한 카테고리로 제시됩니다. ❷원하는 카테고리(㏂'맞춤형 크기')의 ❸디자인의 종류(㏂'스토리')를 선택하면 해당 디자인 편집 화면(그림 1)으로 이동합니다.

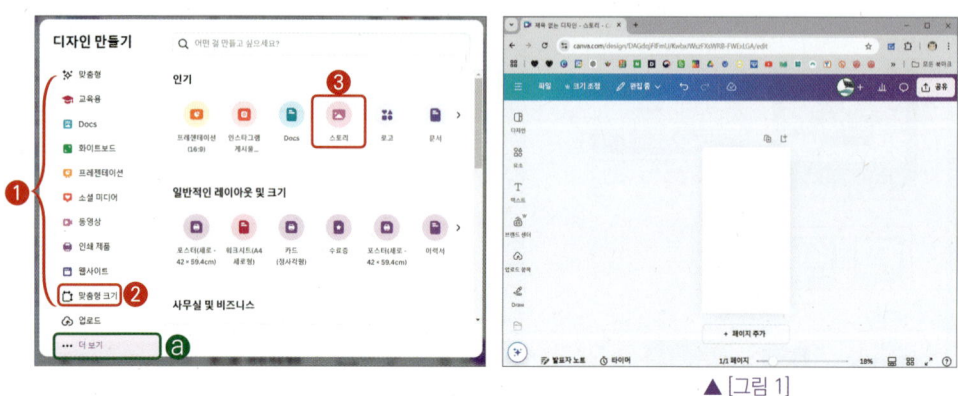

▲ [그림 1]

민주쌤의 TIP   디자인 카테고리 중 ⓐ[더보기]에서는 사용도가 높은 디자인을 추가로 확인할 수 있습니다.

맞춤형 크기로 새 디자인 만들기

크기가 정형화되어 있는 새 디자인이 아니라 원하는 크기의 새 디자인을 만들 때는 '맞춤형 크기'를 사용합니다.

01 캔바 메인 홈페이지 좌측 상단의 ❶[디자인 만들기] - ❷[맞춤형 크기]를 클릭합니다. ❸제작할 디자인의 크기 단위(㏂ 'px')를 선택합니다.

02 ❶원하는 크기(예 가로, 높이 100px)를 입력합니다. ❷[새 디자인 만들기]를 클릭하면, 설정한 맞춤형 크기의 슬라이드가 편집 화면에 생성됩니다(그림1).

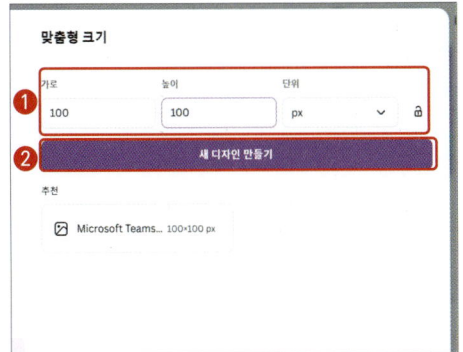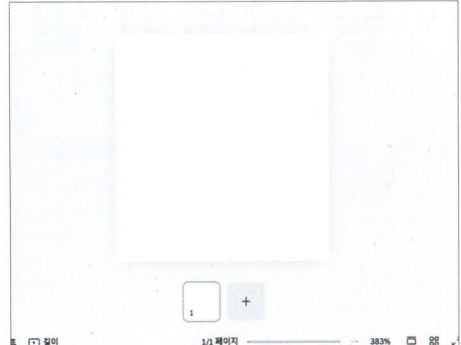

▲ [그림 1]

01-02 팀 만들기 및 관리하기

캔바의 '**일반 팀**'은 한 명의 소유주가 팀을 생성하고 팀원들을 초대하여 수업과 프로젝트를 운영하는 구조로, 소규모 협업이나 개인 중심의 관리에 적합합니다. 반면, '**학교 팀**'은 여러 명의 교사가 팀의 회원으로 속해, 하나의 학교 계정 내에서 각자의 수업을 독립적으로 운영할 수 있도록 설계된 형태입니다. 이를 통해 학교 내 교사들이 다같이 같은 플랫폼을 사용하면서도 개별적으로 수업을 관리하고, 협업과 자료 공유를 효율적으로 진행할 수 있습니다.

일반 팀 만들기

01 교사 인증을 완료한 '일반 팀' 계정은 기본적으로 ❶'**팀이름(예 김민주's Class)**' 형태로 팀이 자동 생성됩니다. 생성된 팀 '이름'은 메인 홈페이지 우측 상단의 ❷[**설정 버튼**]을 클릭하고 ❸[**수업 세부 사항**] - ❹[**편집**]에서 자유롭게 변경할 수 있습니다.

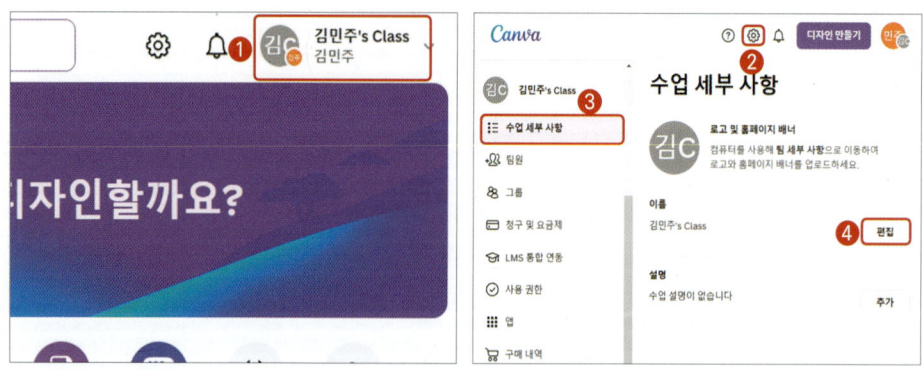

일반 팀을 학교 팀으로 전환하기

01 교사 인증을 받은 계정으로 로그인합니다. 홈페이지 좌측 상단의 ❶[학교 팀 가입]을 클릭합니다. ❷재직 중인 학교(예'다산하늘초')를 검색하여 선택하거나, 검색되지 않는 경우 하단의 ❸["학교이름(다산하늘)" 만들기]를 클릭하여 소속된 학교를 등록합니다.

> **민주쌤의 TIP** 만약 대표로 학교 팀을 생성하게 되면, 기존의 일반 팀을 운영하던 개인 계정이 학교 팀 계정으로 전환됩니다. 이 경우, 계정은 학교 팀 계정으로 고정되며 다시 일반 팀 계정으로 되돌릴 수 없음을 유의하세요.

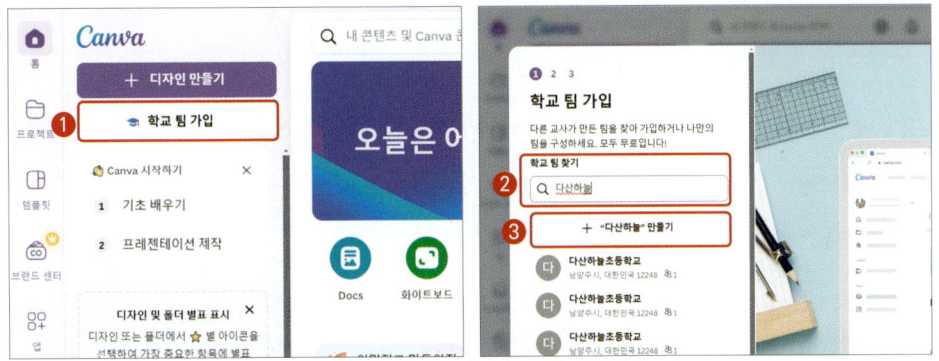

02 학교 팀 가입이 완료된 계정에서는 로그인 시 구독을 환영하는 팝업창(그림1)이 나타납니다. ❶[시작하기]를 클릭하면 ❷우측 상단 [프로필 버튼]에 학교 이름(예'다산하늘초등학교')이 표시됩니다.

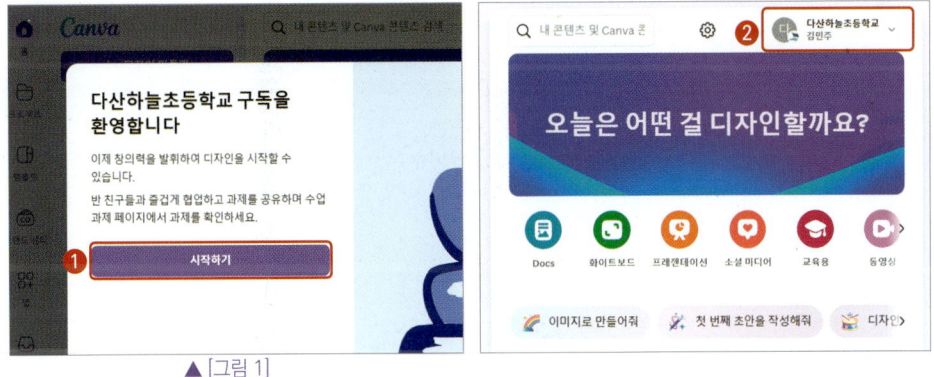

▲ [그림 1]

학교 팀 관리하기 (학교 팀을 직접 생성하여 팀의 소유자 되었을 경우)

학교 팀을 최초로 생성한 교사는 해당 팀의 소유자가 됩니다. 학교 팀 소유자는 팀 관리와 관련된 다양한 권한과 책임을 가지며, 팀 내에서 교사와 학생의 권한을 설정하고 조정합니다. 예를 들어, 학교 팀에 새롭게 가입된 계정은 기본적으로 '학생' 권한으로 설정되어 관리 기능이 제한되어 있습니다. 가입한 계정이 학생이 아닌 교사였을 경우 팀 소유자는 계정의 권한을 확인하고 적절한 권한(교사 또는 관리자)으로 변경해주어야 합니다. 해당 작업을 할 수 있도록 팀원 목록 및 접근 권한 상태를 관리하는 방법을 알아보겠습니다.

01 메인 홈페이지 우측 상단의 ❶[설정 버튼]를 클릭한 다음, 좌측 메뉴바에서 ❷[팀원]을 선택합니다. 학교 팀에 속한 사용자 목록에서 각 ❸'사용자에게 부여된 권한'을 확인할 수 있습니다.

민주쌤의 꿀팁 — 사용자 접근 권한 종류와 기능

01 학교 팀 소유자는 팀에 가입한 사용자의 권한을 적절히 부여하는 역할을 맡습니다. 이를 통해 교사가 수업을 원활하게 운영할 수 있도록 기능적 제한을 없애고, 학생들에게는 적절한 기능 제한이 있는 권한 설정으로 효과적인 수업 운영을 할 수 있습니다.

	팀원 초대	팀 관리	학교 팀 내의 모든 수업 관리	수업 만들기	팀원 메일 계정 확인	팀원 역할 부여
학교 팀 소유자	○	○	○	○	○	○
학교 팀 관리자	○	○	○	○	×	×
교사	○	○	○	○	×	×
학생	×	×	×	×	×	×

02 학교 팀에 가입한 사용자는 자신의 권한에 따라 사용할 수 있는 기능이 다릅니다. 권한이 없는 경우, 해당 기능의 버튼이나 내용이 표시되지 않습니다. 예를 들어 학생 권한의 계정에서는 팀 관리나 학교 내 모든 수업 관리 기능이 없으므로 해당 기능에 대한 버튼이 없습니다. 따라서 교사는 자신의 권한으로 사용할 수 있는 기능을 정확히 파악하고, 필요 시 팀 소유자에게 권한 변경을 요청하여 수업에 캔바를 활용할 수 있습니다.

02 목록에서 각 계정 우측의 ❶[권한 옵션 버튼(▼) 학교 팀 관리자)]을 클릭합니다. ❷'권한 목록' 중 해당 계정에 알맞은 권한을 부여합니다.

▶ '학교 팀' 관리자 권한과 '학생' 권한의 차이

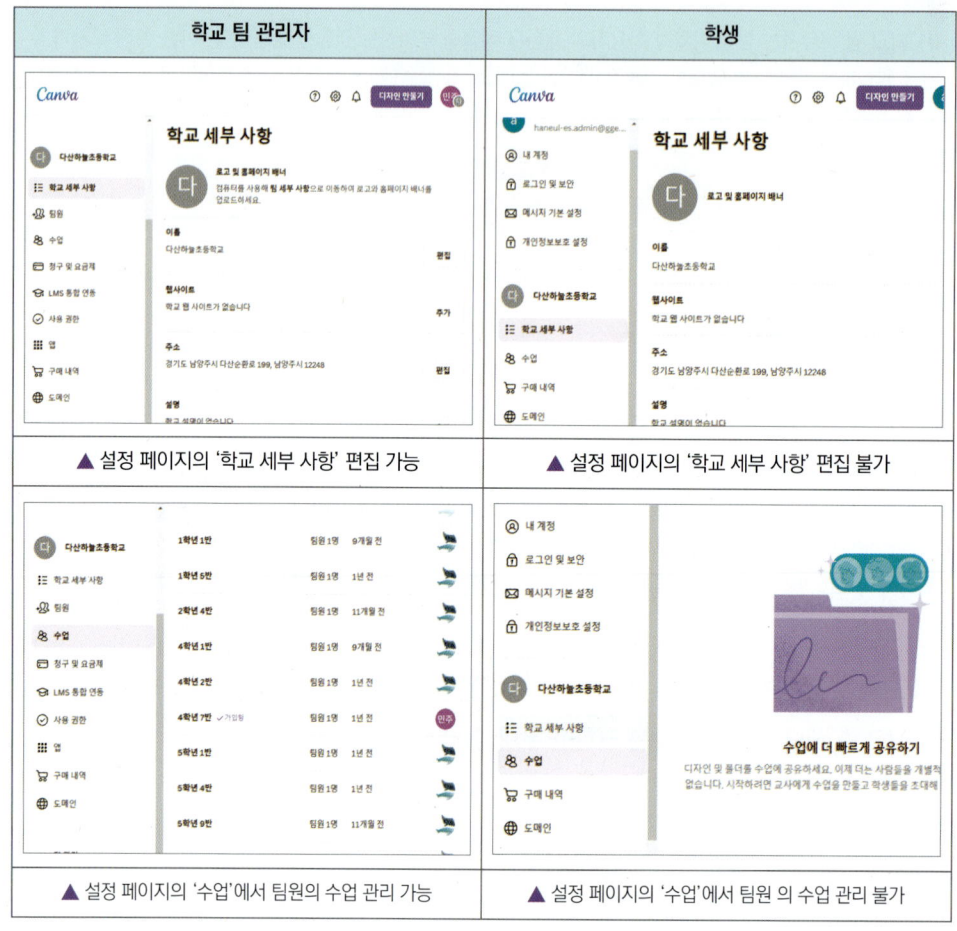

01-03
캔바로 교실 만들기 첫걸음

캔바를 활용한 수업이 처음은 긴장되고 걱정도 많겠지만, 기본적인 준비만 잘 해두면 학생들과 한층 더 재미있고 자신감 있는 수업을 할 수 있습니다. 캔바를 교실처럼 꾸민다고 상상해보세요. 학생들이 있고, 학급이나 모둠 같은 그룹이 있으며, 함께 만든 작품을 공유하고 소통할 수 있는 공간인 폴더가 마련됩니다.

이번에는 그룹(또는 수업)을 생성하고, 학생들을 초대하며, 피드백을 주고받을 수 있는 공유 폴더를 만드는 3단계로 우리의 캔바 교실, 캔바 수업 공간을 함께 준비해보겠습니다.

> **민주쌤의 꿀팁** ‘수업'과 '그룹'의 운영 방법
>
> 캔바는 일반 계정은 준비 과정에서 '그룹'이라는 용어로 학생들을 분류하며, 계정 소유자가 직접 팀을 운영합니다. 반면, 학교 계정은 '수업'이라는 용어를 사용하여 팀원들을 분류하고, 학교 계정에 속한 각 교사들이 자신의 수업을 운영합니다. 하지만 '수업'과 '그룹'의 운영 방법은 동일합니다.
> - 일반 계정 3단계(그룹 만들기 – 회원 초대 – 공유 폴더 생성)
> - 학교 계정 3단계(수업 만들기 – 회원 초대 – 공유 폴더 생성)
>
> [그림1]의 캔바 홈페이지 설정 화면에서 계정의 종류(일반, 학교 계정)에 따라 일반 계정은 ❶'그룹', 학교 계정은 ❷'수업'으로 메뉴의 명칭이 다른 것을 확인할 수 있습니다.

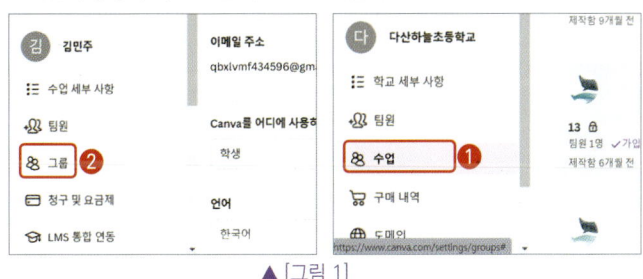

▲ [그림 1]

일반 계정으로 캔바 교실 준비하기

일반 계정에서 그룹 만들기, 사용자 초대, 공유 폴더 생성 총 3단계 과정으로 캔바 교실을 만들어보겠습니다.

[1단계] 그룹 만들기

01 캔바 메인 홈페이지 우측 상단의 ❶[설정] 버튼을 클릭합니다. 좌측 메뉴바의 ❷[그룹]을 클릭합니다.

민주쌤의 TIP 학교 계정의 경우 좌측 메뉴바에 [그룹] 대신 [수업]이 보입니다.

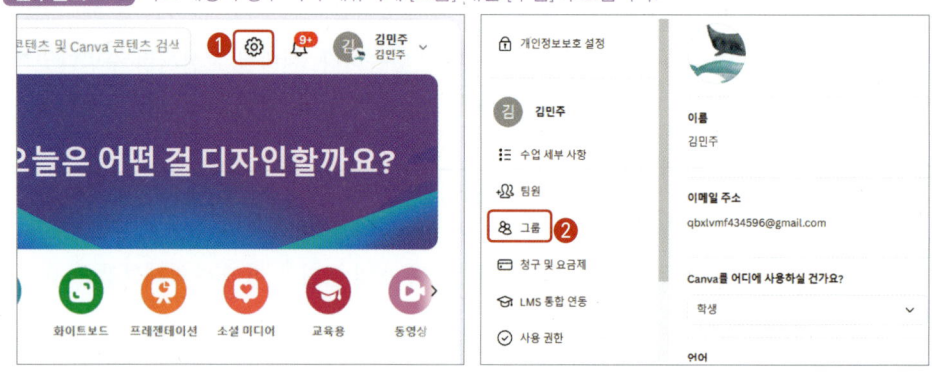

02 다음 화면에서 우측 상단의 ❶[그룹 생성] 버튼을 클릭합니다. 그룹 생성 창이 나타나면 ❷'그룹명(예 캔바초등학교 4학년 2반)'을 입력하고 ❸[그룹 생성] 버튼을 클릭합니다.

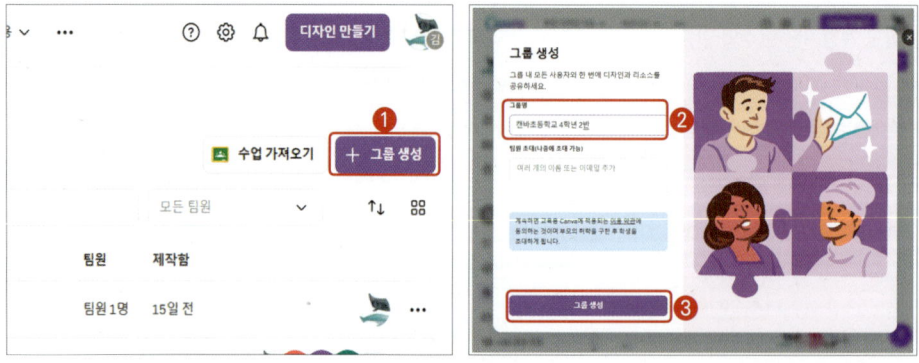

03 그룹 생성이 완료되면 생성된 그룹 내의 관리 화면(그림1)이 나타납니다. 해당 화면에서 그룹에 속한 멤버들의 ❶'이름', '이메일', '역할'을 확인하고 관리할 수 있습니다.

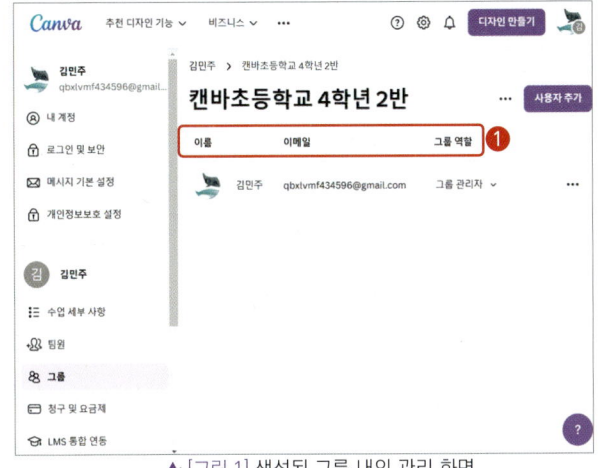

▲ [그림 1] 생성된 그룹 내의 관리 화면

그룹 관리 및 삭제하기

01 생성된 그룹 전체 목록을 확인하기 위해선 좌측 메뉴바의 ❶[그룹]을 클릭합니다. 그룹 목록들이 제시된 화면에서 특정 그룹의 우측에 있는 ❷[가로점 세 개] 버튼을 클릭하고 ❸[회원 초대]와 [그룹 삭제] 중 원하는 작업을 선택하여 수행할 수 있습니다.

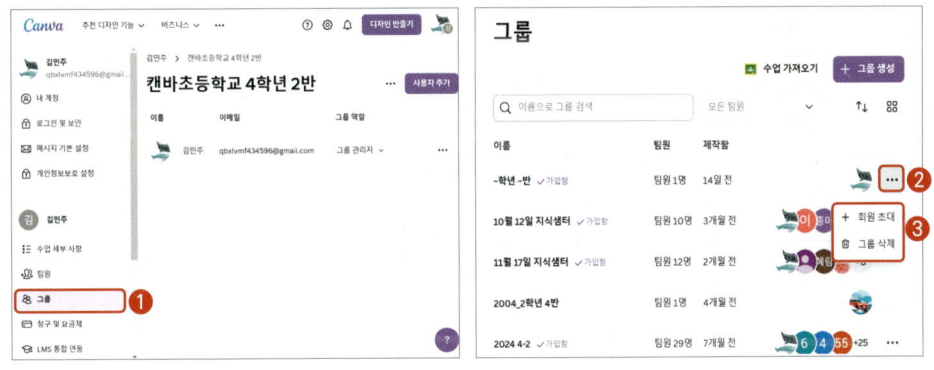

Chapter 01 캔바 학습 시작 전 준비 사항　55

02 그룹 이름을 변경하려면 해당 그룹 내 관리 화면(그림1)에서 ❶상단 그룹 제목(🔳 '캔바초등학교 4학년 2반')에 커서를 대면 나타나는 ❷[그룹명 변경(연필 모양)] 버튼을 클릭합니다. ❸변경할 제목(🔳 '캔바초등학교 4학년 2반' -> '캔바초등학교 2학년...')을 입력한 후, 화면의 빈 여백을 클릭하여 제목 변경을 완료합니다.

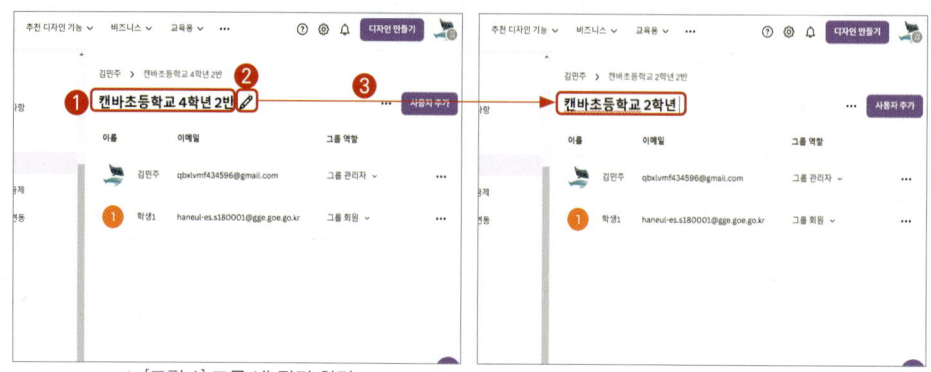

▲ [그림 1] 그룹 내 관리 화면

02 그룹 이름을 변경하는 또 다른 방법은 해당 그룹의 관리 공간 우측 상단에 있는 ❶[가로점 세 개] 버튼을 클릭하는 것입니다. ❷[그룹 이름 변경] 옵션을 선택한 후 그룹 이름을 변경할 수 있습니다.

[2단계] 그룹에 회원 초대하기

초대 링크 배부하기

01 생성한 그룹에 학생들을 초대해보겠습니다. 해당 그룹의 관리 화면 우측 상단의 ❶[사용자 추가] 버튼을 클릭합니다. 나타난 창에서 ❷[초대 링크 받기] 버튼을 클릭합니다.

02 ❶[복사됨]을 클릭해 복사한 초대 링크를 학생들에게 전달합니다

▲ [그림 1]

민주쌤의 꿀팁 　학생에게 QR코드 초대 링크 만들기

학생들에게 링크를 전달할 마땅한 수단이 없을 때는 초대 링크로 QR코드를 만들어 보여주세요. QR코드를 크롬 브라우저에서 만드는 간단한 방법을 소개합니다.

01 배포할 링크를 복사합니다.
02 크롬 브라우저 우측 상단의 ⓐ[점 세 개] 버튼을 클릭합니다.
03 ⓑ[전송, 저장, 공유]- ⓒ[QR코드 만들기]를 클릭합니다.

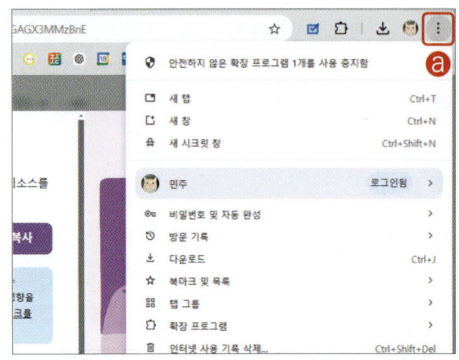

04 주소 입력란에 ⓐ복사한 링크를 붙여넣은 뒤, ⓒ[다운로드]를 클릭하면 생성된 QR코드가 이미지 파일 (jpg)로 저장됩니다. 해당 이미지를 교실 TV 화면에 띄워 학생들이 스캔할 수 있도록 공유합니다.(그림 1)

▲ [그림 1]

초대 링크로 그룹 가입하기 (학생)

01 학생이 교사가 배포한 회원 초대 링크로 접속하면 [그림1]과 같은 화면이 나타납니다. 해당 화면에서 이용 약관을 확인하고 ❶모든 항목에 체크 표시를 합니다. ❷[동의 및 계속하기]를 클릭합니다.

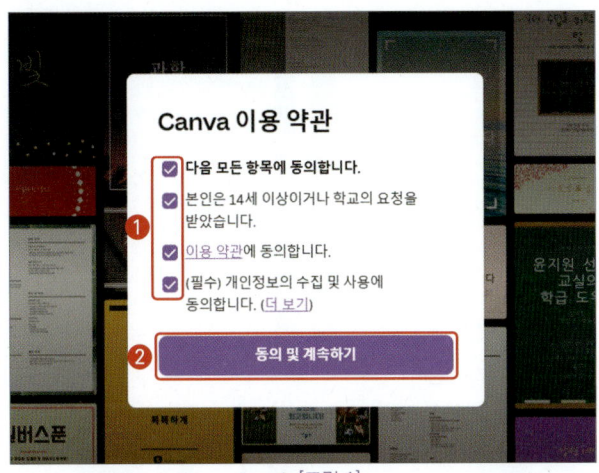

▲ [그림 1]

민주쌤의 TIP 학생들과 수업에 캔바를 사용하기 위해서는 '에듀테크 사용 및 개인정보수집 동의서'를 사전에 받아두셔야 합니다. 동의서 양식 파일은 앤써북 독자지원센터에서 다운로드 받을 수 있습니다. 자세한 사항은 책 4~5페이지를 참고합니다.

02 사용할 계정을 클릭하는 창(그림1)이 나옵니다. ❶사용할 계정(㉠ '학생1')을 선택하고 다음 화면에서 ❷알맞은 계정 유형(㉠ 'Google로 계속하기')을 클릭합니다.

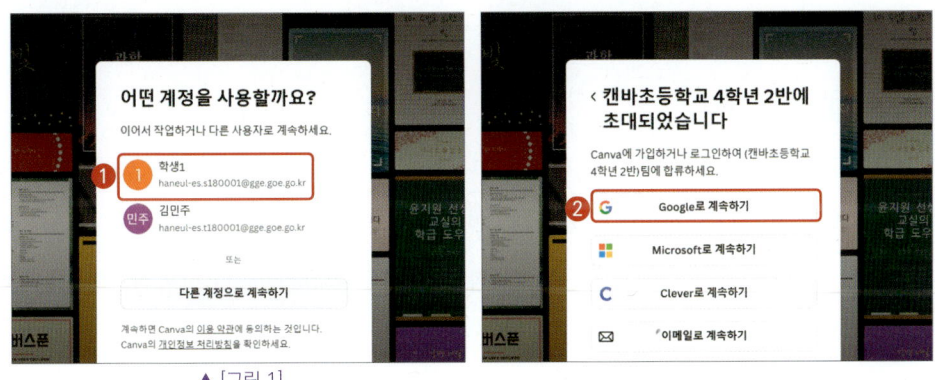

▲ [그림 1]

Chapter 01 캔바 학습 시작 전 준비 사항

03 같은 유형(예 구글 계정) 내 사용할 계정을 클릭하는 창(그림1)이 한 번 더 나옵니다. ❶**사용할 계정(예 '학생1')을 선택**하고 ❷**[계속]**을 누르고 나타나는 화면에서 ❸**[시작하기]**를 클릭합니다. 이제 해당 학생도 교사 '가' 인증받은 팀의 팀원이 되었으므로 캔바의 모든 컨텐츠를 무료로 사용할 수 있습니다.

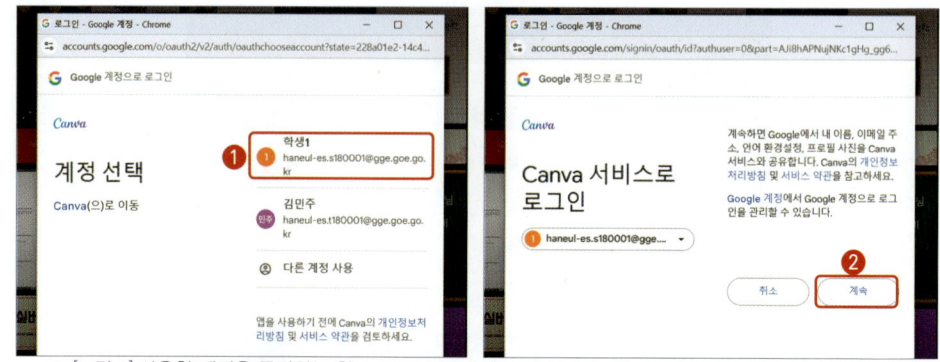

▲ [그림 1] 사용할 계정을 클릭하는 창

그룹 관리하기

그룹 멤버 확인하기

그룹에 가입된 멤버 목록을 확인해보겠습니다. 캔바 메인 홈페이지 우측 상단 ❶**[설정]** 버튼을 클릭합니다. 다음 화면에서 좌측 메뉴바의 ❷**[그룹]**을 클릭합니다. 그룹의 목록 중에서 ❸**멤버를 확인할 그룹(예 캔바초등학교 4학년 2반)**을 클릭하면 해당 그룹의 멤버들의 기본 정보를 확인할 수 있습니다(그림1).

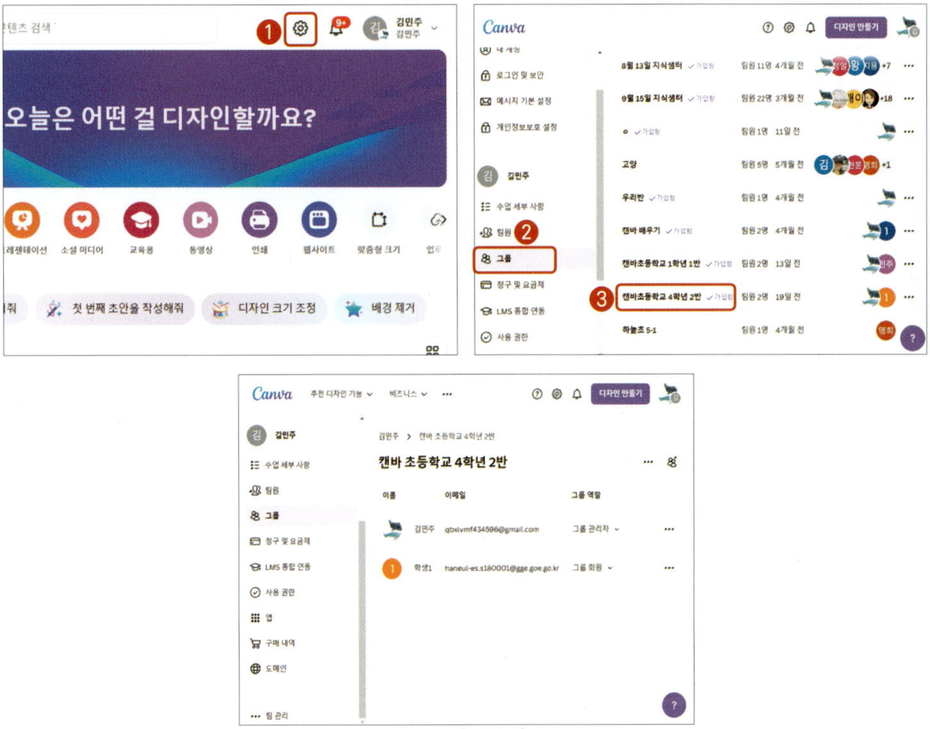

▲ [그림 1]

그룹 멤버의 역할 권한 확인하기

01 그룹 멤버의 계정 목록에서 각 계정 우측의 ❶[역할 설정 목록('예 그룹 회원')]을 클릭합니다. ❷'그룹 관리자'와 '그룹 회원' 중 해당 계정에 적합한 역할 권한을 부여합니다. '그룹 관리자'와 '그룹 회원'의 역할 차이는 아래의 TIP에서 확인할 수 있습니다.

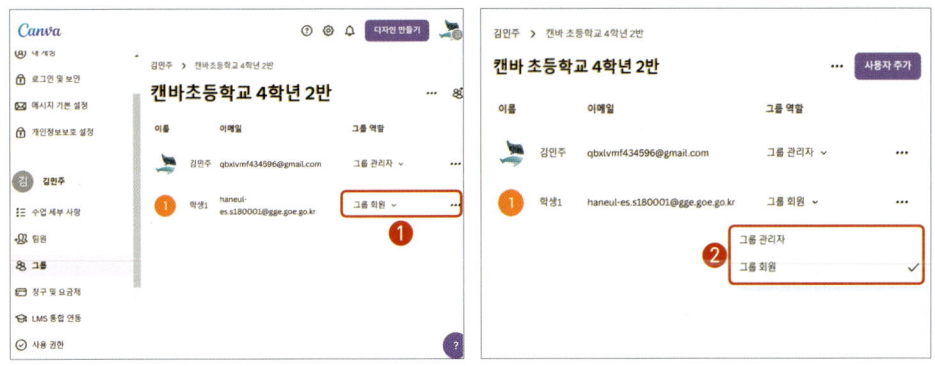

Chapter 01 캔바 학습 시작 전 준비 사항 61

| 민주쌤의 꿀팁 | 팀원의 역할 이해하기 |

교사는 그룹 운영의 안정성을 위해 팀원 중 동료 교사에게는 '그룹 관리자' 역할을 부여하고, 학생들에게는 '그룹 회원' 역할을 설정할 수 있습니다. 이를 통해 안정적이고 체계적인 수업 운영이 가능합니다. 아래는 역할별 권한을 비교한 표입니다.

기능	그룹 관리자	그룹 회원
그룹 생성	가능	가능
그룹 이름 변경	가능	불가능
그룹 멤버 역할 변경 및 부여	가능	불가능
그룹 내 멤버 삭제	가능	불가능
그룹 멤버 이메일 확인	가능	불가능

그룹 멤버 삭제하기

01 그룹 목록에서 특정 그룹 멤버를 삭제하려면, 삭제할 멤버 계정 우측의 ❶[가로점 세 개] 버튼을 클릭한 뒤, ❷[그룹에서 삭제]를 선택합니다.

그룹 관리 화면 보기 방식 변경하기

01 우측 상단의 ❶[보기 방식 전환(창문 모양 또는 목록 그림)]을 클릭할 때마다 그리드 뷰 보기 방식(그림1)과 목록형 보기 방식(그림2)이 번갈아 전환됩니다.

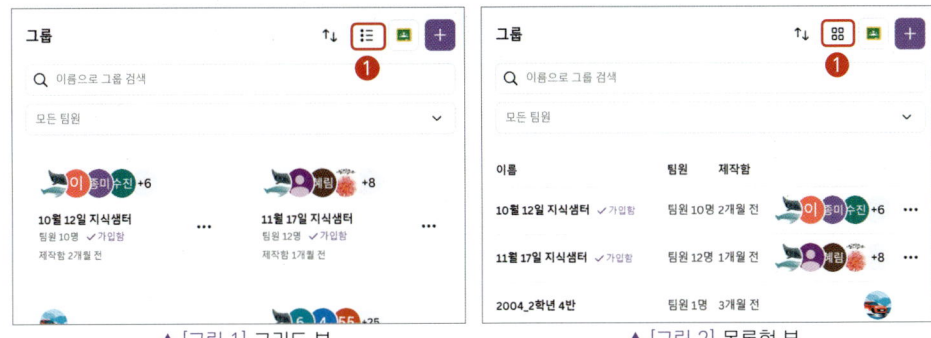

▲ [그림 1] 그리드 뷰　　　　　　　　▲ [그림 2] 목록형 뷰

민주쌤의 TIP 위의 그룹 생성 및 관리 실습 중 예제와 화면이 다를 경우, 예제와 실습 화면의 보기 방식이 동일한지 확인해보세요.

[3단계] 공유 폴더 만들기

공유 폴더는 학생들의 작품을 한곳에 모아 함께 피드백을 나눌 수 있는 공간입니다. 1단계로 그룹을 만들고, 2단계로 회원을 초대한 뒤, 지금부터 배울 공유 폴더 만들기는 캔바로 교실을 만들기 위한 마지막 3단계입니다.

01 캔바 메인 홈페이지 화면 좌측 메뉴바에서 ❶[프로젝트]를 클릭합니다.

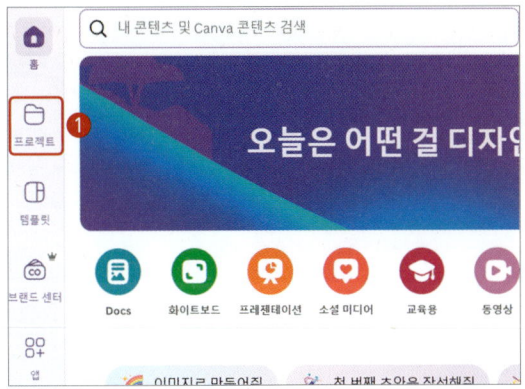

민주쌤의 TIP 캔바에서는 디자인 작업 중 사용된 모든 작품이 자동으로 저장됩니다. 한 번이라도 편집 화면에 나타난 작품은 모두 '프로젝트'에 저장되어 언제든지 다시 확인하거나 활용할 수 있습니다.

02 화면 좌측 상단 카테고리에서 ❶[폴더]를 클릭합니다. 우측 상단의 ❷[새 항목 추가] - ❸[폴더]를 클릭합니다.

03 '폴더 이름'란에 생성할 ❶폴더의 이름(예 '캔바초 1-1')을 입력합니다. '수업 회원 초대'란에 ❷초대할 그룹의 이름(예 '캔바초')을 검색하고 ❸목록에서 선택('캔바초등학교 1학년 1반')합니다.

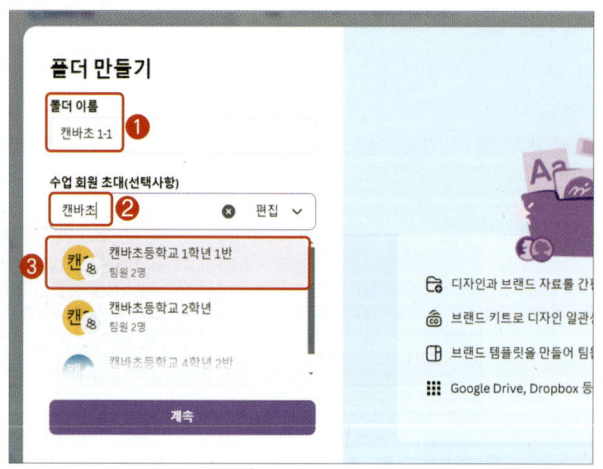

민주쌤의 TIP 이 과정에서 회원을 개별적으로 초대하면 폴더 공유 인원이 최대 25명으로 제한됩니다. 하지만 그룹으로 초대하면 25명 이상의 학생을 하나의 그룹 이름으로 입력할 수 있어, 인원 제한 없이 폴더를 공유할 수 있습니다.

04 ❶[권한 옵션('편집')]을 클릭하여 초대된 그룹의 권한을 설정합니다. ❷[편집 가능]을 선택하면 폴더에 있는 파일을 함께 생성, 수정, 삭제할 수 있는 권한을 공유합니다. ❸[보기 가능]을 선택하면 폴더의 파일을 생성하거나 수정, 삭제할 수 없고, 감상만 가능합니다. 역할 설정 후 ❹[계속]을 클릭하면 ❺목록에 생성한 폴더('캔바초 1-1')가 표시됩니다.

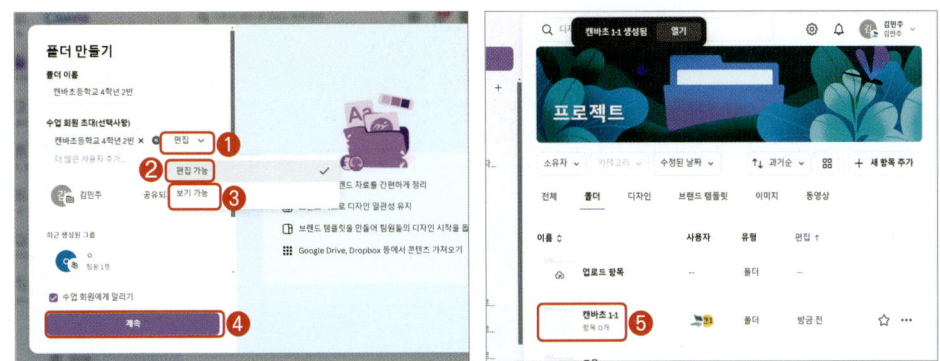

민주쌤의 TIP 수업 활동에 따라 회원들에게 적절한 권한을 설정하는 것이 중요합니다. 예를 들어 학생들이 작품 제작과 편집에 중점을 둔 활동을 할 경우 [편집 가능]을, 편집을 마친 후 감상에 집중하는 단계에서는 [보기 가능]을 설정할 수 있습니다.

05 같은 방법으로 폴더 내의 하위 폴더 생성도 가능합니다. ❶[프로젝트]-❷[폴더]에서 하위 폴더를 생성할 ❸상위 폴더(예 '캔바초등학교 4학년 …')를 클릭합니다. 상위 폴더 내에서 우측 상단의 ❹[새 항목 추가] - ❺[폴더]를 선택해 이전에 배운 방법으로 동일하게 하위 폴더를 생성합니다.

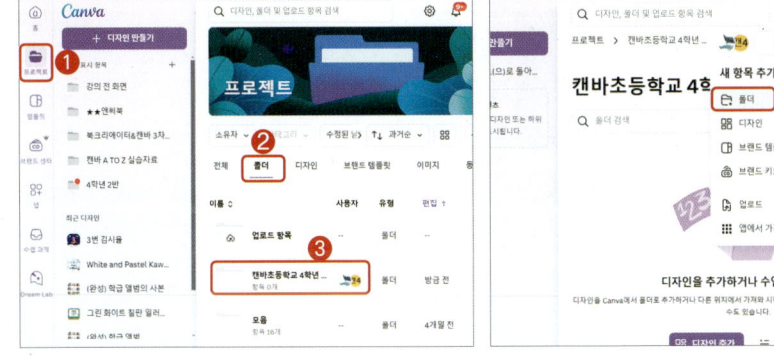

Chapter 01 캔바 학습 시작 전 준비 사항

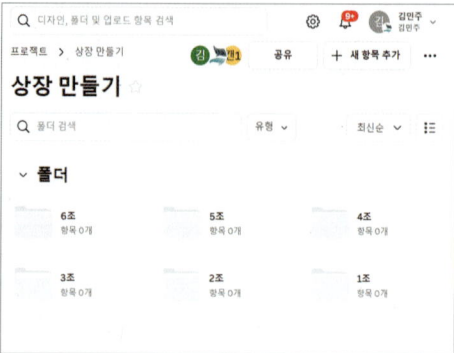

▲ 하위 폴더 생성 예시1 - 주제별 하위 폴더   ▲ 하위 폴더 생성 예시2 - 조별 공간 하위 폴더

학교 계정으로 캔바 교실 만들기

이번에는 학교 계정으로 '수업 만들기 - 회원 초대 - 폴더 생성' 3단계로 캔바 교실을 만들어보겠습니다.

[1단계] 수업 만들기 시작하기

01 캔바 메인 홈페이지 우측 상단의 ❶[설정] 버튼을 클릭합니다. 좌측 메뉴바의 ❷[수업]을 선택하고 우측 상단의 ❸[수업 만들기] 버튼을 클릭합니다.

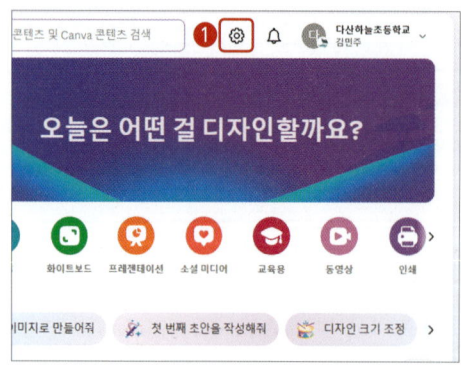
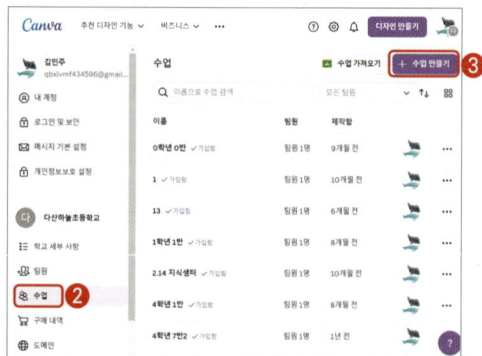

[2단계] 수업에 회원 초대하기

01 ❶'수업 이름 선택'란에 생성할 그룹(수업)의 이름(예 '캔바초등학교 4학년 2반)을 입력하고 ❷[계속]을 클릭합니다. 다음 화면에서 우측 상단의 ❸[초대 링크 받기]를 클릭합니다.

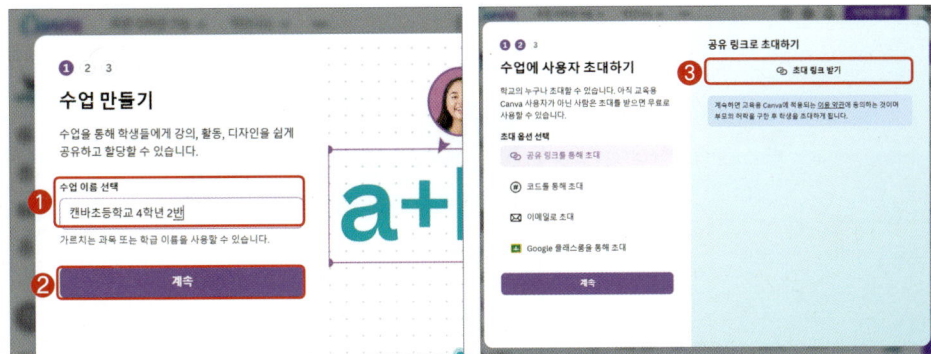

> **민주쌤의 TIP** 일반 계정의 '그룹'과 학교 계정의 '수업'은 학생들을 묶는 같은 개념입니다. 자세한 내용은 53 페이지를 참고합니다.

02 우측 상단에서 생성된 공유 링크를 ❶[복사]하여 초대할 학생들에게 배포합니다. 이후 ❷[계속]을 클릭합니다. 다음 화면에서 ❸[내 학급으로 이동]을 클릭하면 해당 수업의 관리 화면(그림1)으로 이동할 수 있습니다.

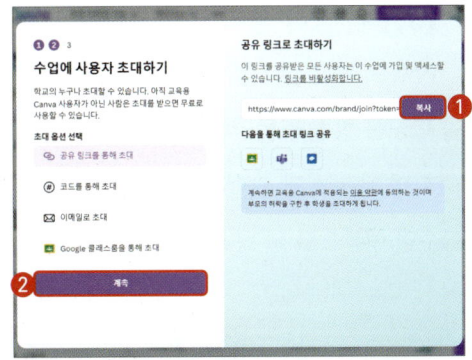

▲ [그림 1]

[3단계] 공유 폴더 확인하기

학교 팀 계정을 사용하는 경우, '수업'을 생성하면 해당 수업 이름으로 된 공유 폴더가 자동으로 만들어집니다. 자동으로 생성된 폴더는 캔바 메인 홈페이지의 ❶[프로젝트] - ❷[폴더]에서 확인할 수 있습니다.

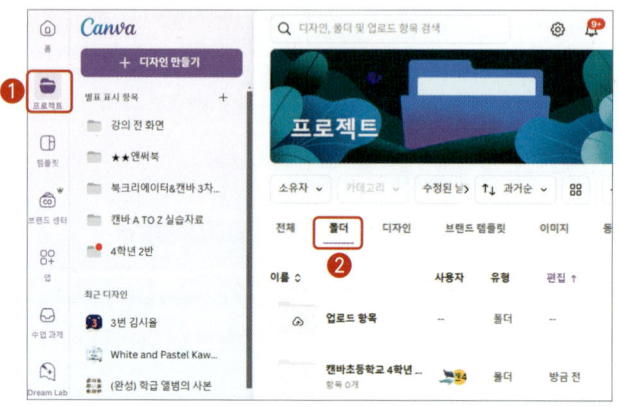

[3단계] 공유 폴더 직접 만들기

자동으로 생성된 폴더 이외에 직접 폴더를 생성해야 하는 경우에는 일반 계정에서 폴더를 만드는 방법과 동일하게 진행됩니다.(63 페이지를 참고하세요.)

화면 좌측 상단 카테고리에서 ❶[폴더]를 클릭합니다. 별도로 폴더를 생성하지 않았지만, ❷수업 이름으로 된 공유 폴더가 생성되어 있음을 목록에서 확인할 수 있습니다.

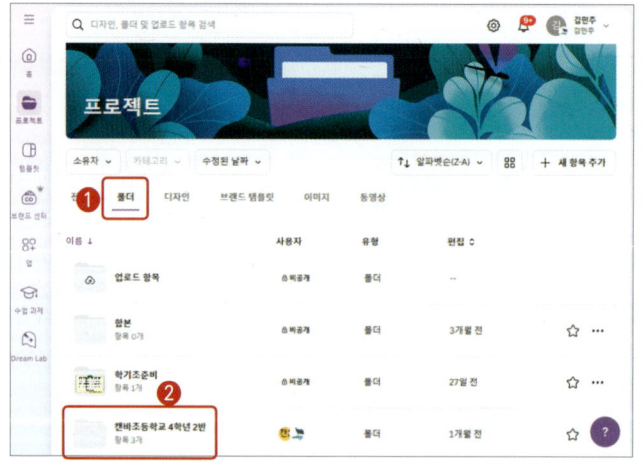

폴더 관리하기(일반팀, 학교팀 공통)

특정 폴더 바로가기 설정하기

01 캔바 메인 홈페이지 좌측의 ❶[프로젝트] - ❷[폴더]를 클릭합니다. 폴더 목록 중에서 바로가기를 설정할 폴더(예 '★★앤써북') 우측의 ❸[별표 표시 버튼]을 클릭합니다. 이렇게 설정된 폴더는 좌측 메뉴바의 ❹'**별표 표시 항목**'에 항상 표시되어 쉽게 접근할 수 있습니다.

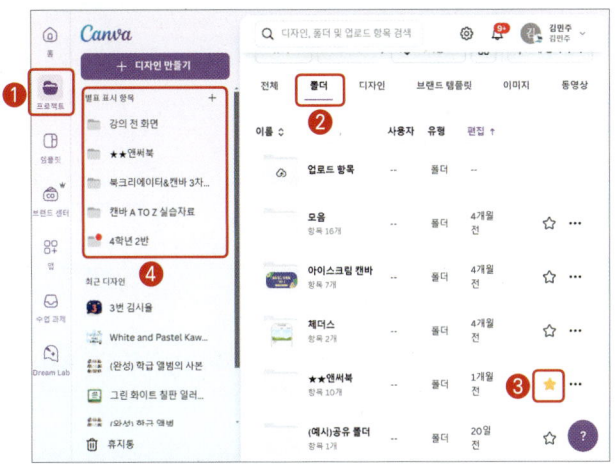

폴더 관리 화면 보기 방식 변경하기

01 폴더 관리 화면의 보기 방식을 변경하려면 ❶우측 상단의 [그리드뷰 전환 버튼] 또는 ❷[목록형 전환 버튼]를 클릭합니다. 해당 버튼을 클릭할 때마다 그리드뷰 보기 방식과 목록형 보기 방식이 번갈아 전환됩니다.

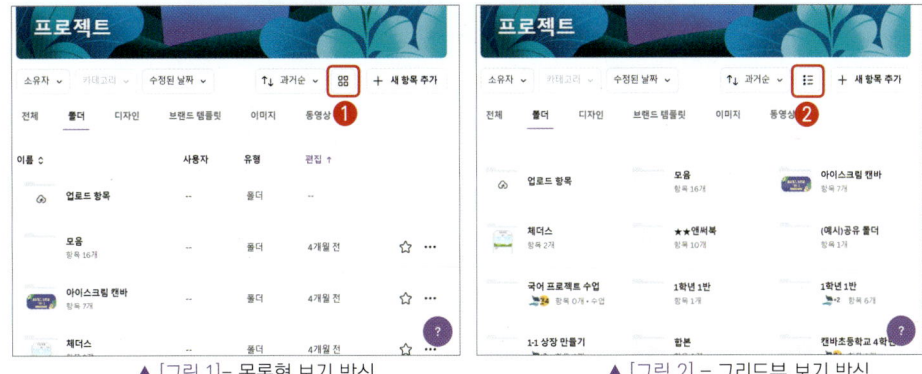

▲ [그림 1]- 목록형 보기 방식   ▲ [그림 2] - 그리드뷰 보기 방식

Chapter 01 캔바 학습 시작 전 준비 사항 **69**

폴더 관리 및 활용하기

01 폴더 전체 관리 화면에서 특정 폴더('예체더스')에 커서를 가져가면 ❶[가로점 세 개] 버튼이 나타납니다. 해당 버튼을 클릭하면 나타나는 ❷[이름 변경(연필 모양)], ❸[복사], ❹[공유], ❺[삭제]를 통해 폴더를 관리할 수 있습니다.

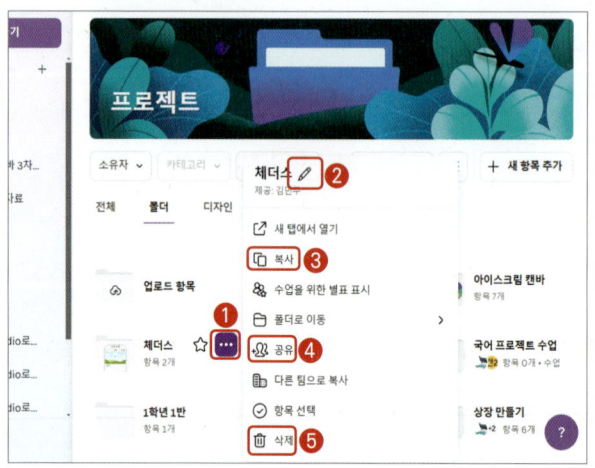

02 각 폴더에 커서를 올렸을 때 좌측 상단에 표시되는 ❶[체크박스]를 사용하면 ❷여러 개의 폴더를 동시에 선택할 수 있습니다. 다중 선택 후 하단의 ❸[폴더 이동 버튼(폴더 모양)]과 [삭제 버튼(휴지통)]으로 해당 폴더들을 한 번에 다른 폴더로 이동하거나 삭제할 수 있습니다.

03 폴더 목록에서 ❶특정 폴더(예 '1학년 1반')를 클릭하여 해당 폴더의 관리 화면으로 이동합니다.

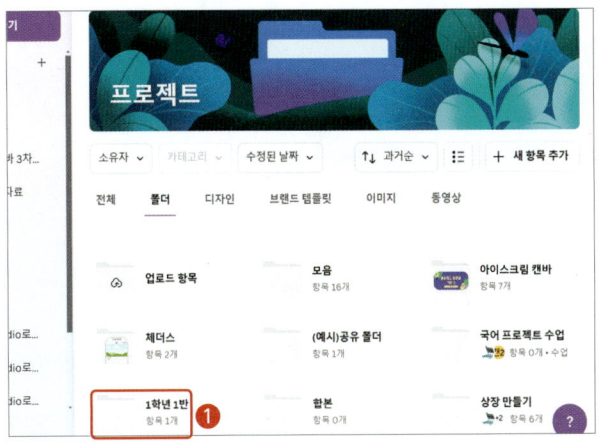

04 [그림1]과 같이 해당 폴더의 관리 화면이 나타납니다. 관리 화면에서 할 수 있는 기능은 다음과 같습니다. 관리 화면의 주요 버튼을 살펴보겠습니다.

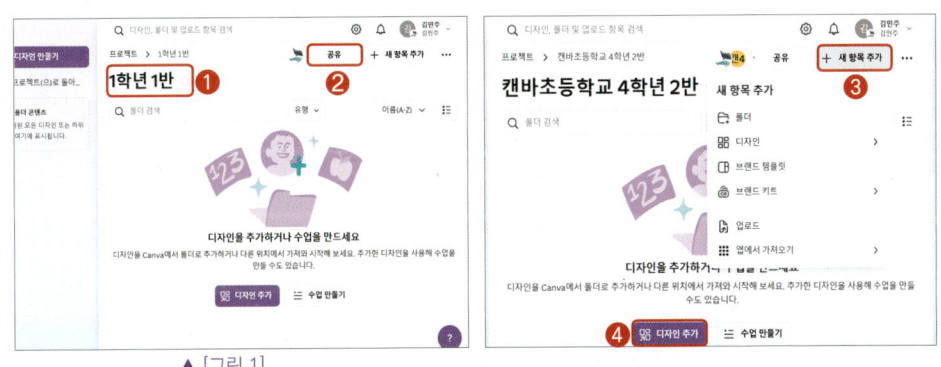

▲ [그림 1]

- **제목 변경**: 좌측 상단의 ❶폴더 제목('1학년 1반')을 클릭하여 이름을 수정합니다.
- **공유 관리**: 우측 상단의 ❷[공유]를 클릭하면 폴더에 공유된 계정 목록을 확인할 수 있습니다. 여기에서 역할 변경 및 계정 삭제도 가능합니다.
- **새 항목 추가**: 우측 상단의 ❸[새 항목 추가] 버튼을 클릭하면 현재 폴더 내에 하위 폴더나 디자인을 추가할 수 있습니다.
- **디자인 추가**: 하단의 ❹[디자인 추가]를 클릭하여 폴더 내에서 바로 새로운 디자인을 생성하고 편집할 수 있습니다.

Chapter 01 캔바 학습 시작 전 준비 사항

01-04
캔바 교실 효과적으로 운영하기

학생들이 **개별적으로 작품을** 제작하는 과정과 **협업하여 하나의 작품을** 완성하는 과정은 수업에서 각각 다른 의미와 장점을 가집니다. 개별 작업은 학생들의 창의성을 발휘하고 자기 주도적인 학습을 강화하는 데 효과적이지만, 교사가 학생들의 진행 상황을 일일이 확인하기 어려운 점이 있습니다. 반면, 협업을 통한 작업은 아이디어를 공유하고 함께 만들어가는 경험을 제공하지만, 원활한 협업을 위해서는 사전 준비가 필수적입니다.

이 장에서는 학생들이 개별 작품을 공유하는 방법과 협업을 통해 하나의 작품을 만들어 가는 과정에 대해 살펴보고, 효과적인 수업 운영을 위한 교사의 준비 사항을 단계별로 정리해 보겠습니다.

개별 작품을 제작하는 수업 운영하기

학생들이 개별적으로 작품을 제작하는 수업의 경우, 교사는 학생들의 작업을 직접 확인하기 어렵습니다. 이를 보완하기 위해 **공용 폴더를** 생성하고 학생들이 자신의 작품을 해당 폴더에 저장하도록 설정하면, 교사는 폴더 내에서 학생들의 작품을 한눈에 확인할 수 있으며, 학생들 또한 서로의 작품을 감상하고 피드백을 주고받을 수 있습니다. 이를 위해 교사가 준비해야 할 사항과 학생들이 참여하는 방법을 〈상장 만들기〉 수업을 통해 단계별로 살펴보겠습니다.

상위 폴더 만들기

01 캔바 메인 홈페이지 좌측 메뉴바에서 ①[프로젝트]를 클릭합니다. 우측 상단의 ②[새 항목 추가]-③[폴더]를 클릭하고 생성할 ④상위 폴더(예 '캔바초 1-1')의 이름을 입력합니다.

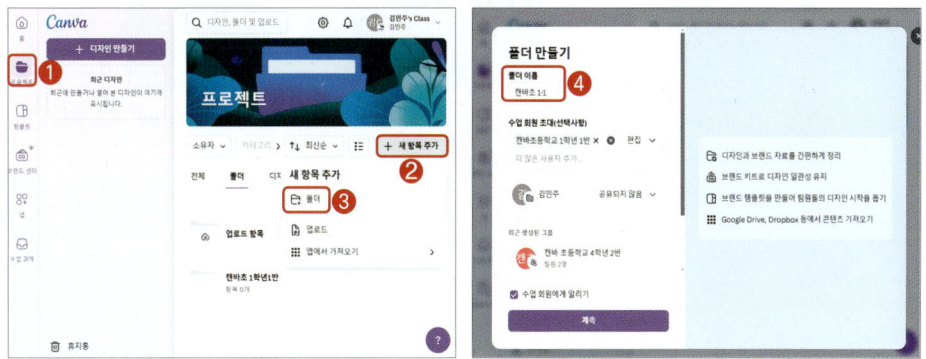

02 '수업 회원 초대'란에 해당 폴더를 ①공유할 그룹 이름(예 '캔바초등학교 1학년1반') 입력합니다. 다음으로 공유할 그룹에 ②알맞은 권한(예 편집가능)을 부여한 뒤, ③[계속]을 눌러 상위 폴더 만들기를 완료합니다.

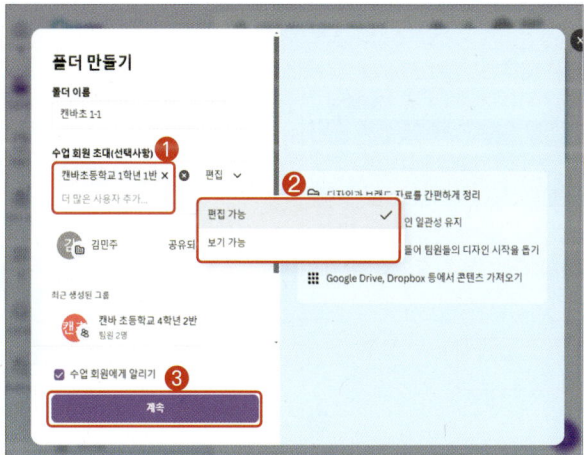

03 ❶[프로젝트]-❷[폴더]에 ❸공유 폴더('캔바초 1-1')가 생성된 것을 확인할 수 있습니다.

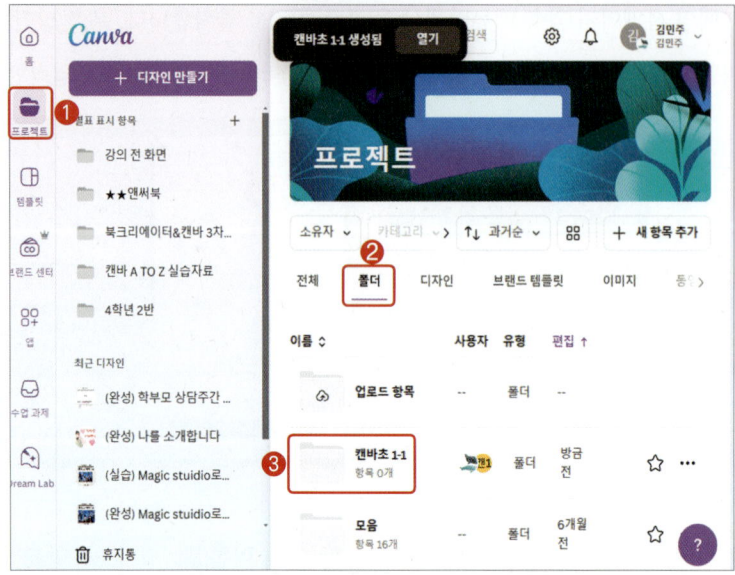

하위 폴더 만들기

01 ❶생성한 상위 폴더(예'캔바초 1학년1반')를 클릭하여 해당 폴더 관리 화면(그림1)으로 이동합니다.

▲ [그림 1]

02 관리 화면 우측 상단의 ❶[새 항목 추가]-❷[폴더]를 클릭하여 하위 폴더(예 '상장 만들기')를 생성합니다(그림1).

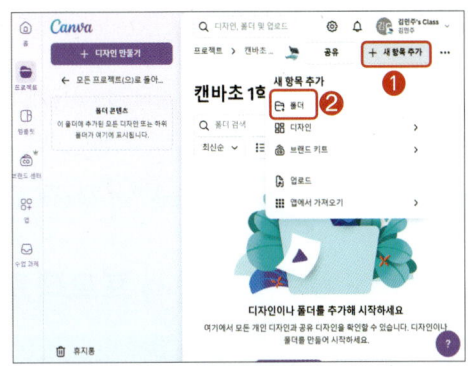

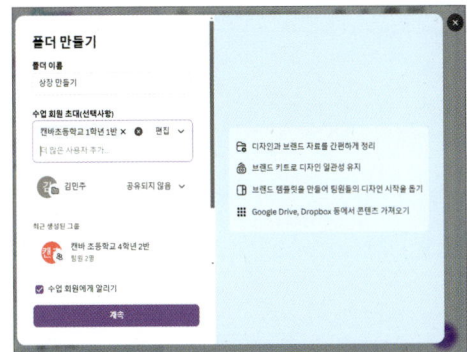
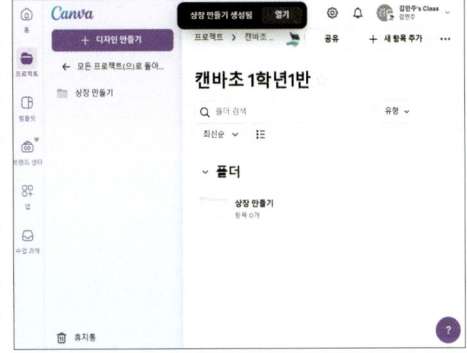

▲ [그림 1]

03 같은 방법으로 수업 과정에 따라 상위 폴더와 하위 폴더를 생성하여 적절히 사용할 수 있습니다. [그림1]은 ❶'독서 프로젝트' 상위 폴더에 ❷조별 활동을 위한 하위 폴더(1조, 2조 ...)를 생성해둔 모습입니다.

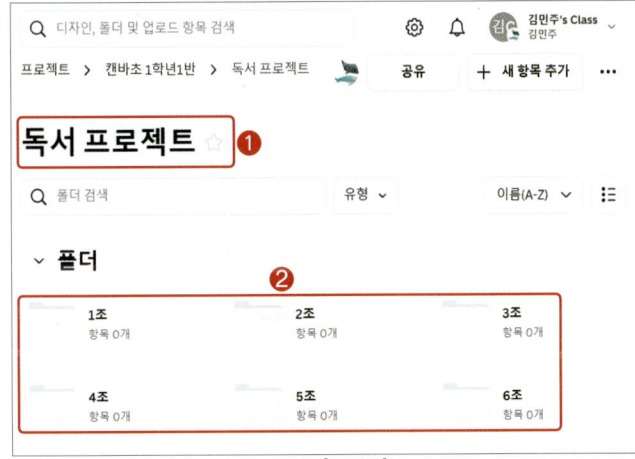

▲ [그림 1]

Chapter 01 캔바 학습 시작 전 준비 사항   75

> **민주쌤의 꿀팁** 폴더 관계 확인하기
>
> 상위 폴더와 하위 폴더의 관계는 폴더 제목 상단에서 확인할 수 있습니다.
>
>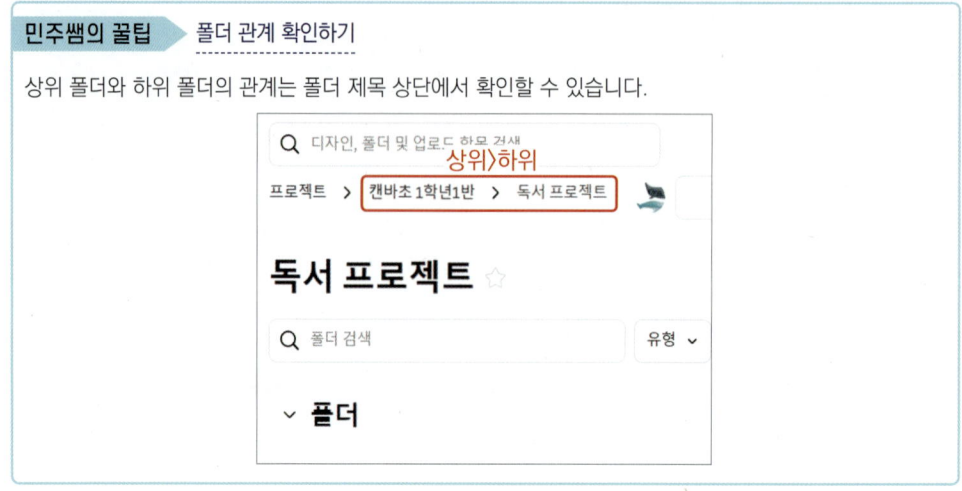

공유 폴더에 팀원 초대하기

공유 폴더에 팀원를 '직접 추가'하기

01 폴더 관리 화면에서 공유할 폴더('상장 만들기') 우측의 ❶[가로점 세 개] 버튼을 클릭합니다. 표시된 메뉴에서 ❷[공유]를 선택하면 다른 팀원과 폴더를 공유할 수 있는 '폴더 공유' 창(그림1)이 나타납니다.

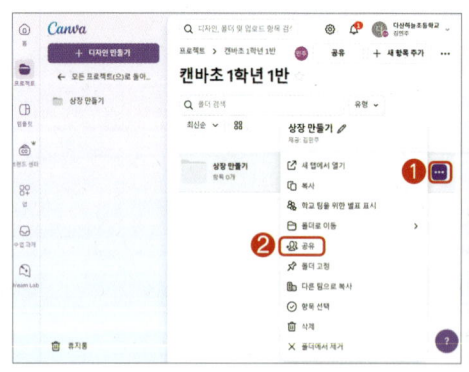 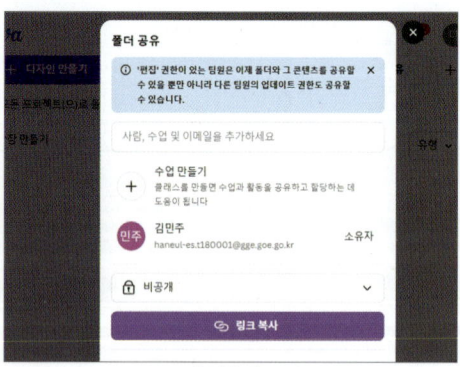

▲ [그림 1]

02 '수업 회원 초대'란에 폴더를 공유할 사용자 또는 ❶그룹 이름('캔바초')을 검색하여 제시된 목록에서 ❷공유할 사용자('캔바초 1학년 1반')를 선택합니다.

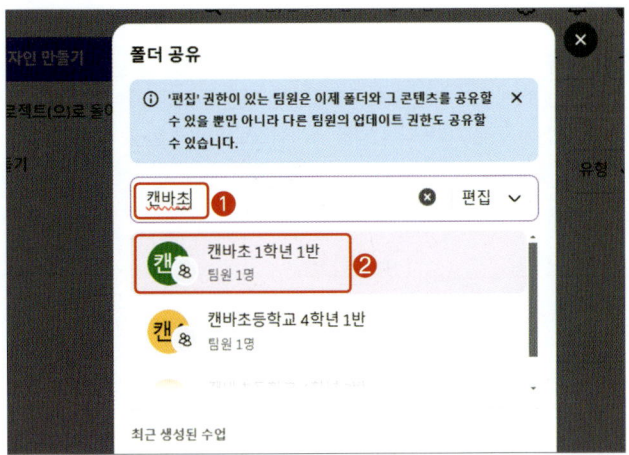

민주쌤의 TIP 폴더는 같은 팀에 소속된 팀원과만 공유할 수 있습니다. 따라서 공유하려는 사용자가 팀원으로 등록(초대)되어 있어야 검색 결과에 표시됩니다. 만약 검색되지 않는다면, 해당 사용자가 팀에 초대되었는지 확인해야 합니다.

03 ❶추가된 사용자 또는 그룹('캔바초 1학년 1반')의 역할 권한을 ❷[편집 가능]으로 설정합니다. 폴더 역할 권한에 대한 설명은 아래의 Tip를 확인합니다.

민주쌤의 TIP 폴더를 공유하고 있는 학생들에게 '편집 권한'을 부여하면 자신의 작품 외에 다른 작품이나 폴더를 수정할 위험이 있으므로, 사전에 공유 폴더 사용 방법을 함께 실습하며 올바르게 활용할 수 있도록 지도하는 것이 중요합니다.

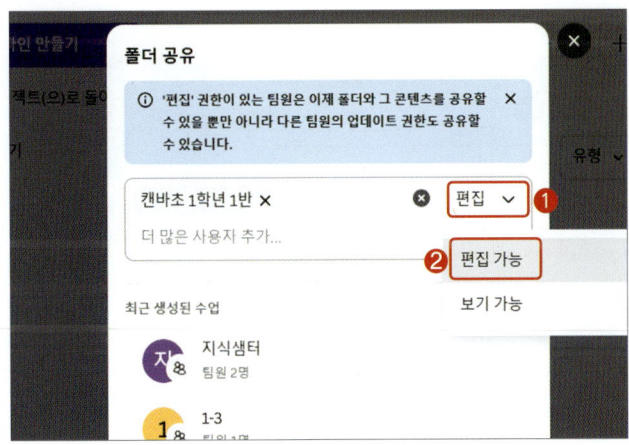

민주쌤의 꿀팁 권한 설정 유연하게 운영하기

협업이 필요한 수업 활동에서는 역할 권한을 ⓐ '편집 가능'으로 설정하여 자유롭게 작업할 수 있습니다. 이러한 권한 변경 사항은 자동으로 업데이트되며, 해당 사용자 또는 그룹에 즉시 적용되기 때문에 수업 과정에 따라 유연하게 운영할 수 있습니다. 학생들의 권한을 ⓑ '보기 가능'으로 설정하면 폴더 내 수정 작업이 불가능해집니다. 이 상태에서는 학생들이 자신의 작품이나 다른 작품을 수정할 수 없습니다. 따라서 '보기 가능' 권한은 수업 중 학생들의 집중을 유도하거나 작업을 일시적으로 멈추게 할 때 유용합니다.

04 공유 폴더에 초대받은 사용자는 캔바 메인 홈페이지 우측 상단의 ❶[알림 버튼]을 클릭합니다. 알림 목록에 ❷교사가 자신에게 공유한 폴더(예 '김민주 님이 ~공유했습니다.')에 대한 알림이 표시됩니다.

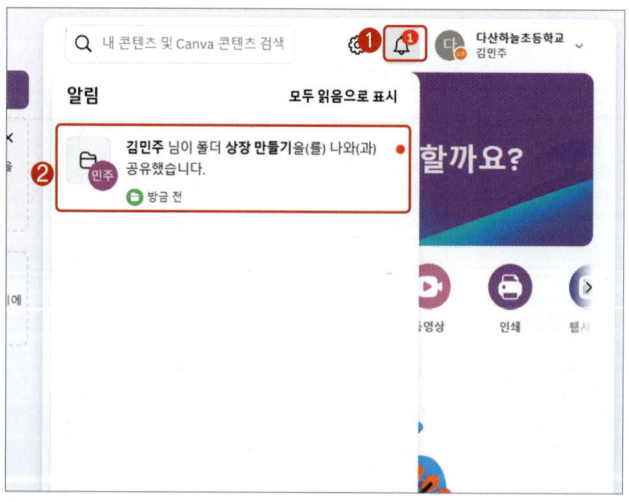

05 알림을 클릭하여 교사가 공유한 폴더(예 '상장만들기') 관리 화면(그림1)으로 이동합니다.

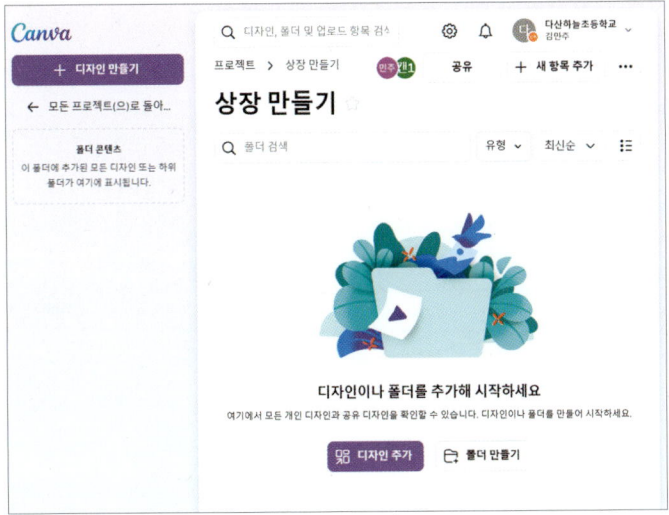

▲ [그림 1]

공유 폴더에 사용자를 '링크로 초대'하기

01 공유 폴더를 직접 사용자에게 추가하는 방법 외에도, 링크를 활용하여 폴더를 공유할 수 있습니다. 방법은 다음과 같습니다. ❶공유할 폴더(예 '상장 만들기')에 접속한 후, 우측 상단의 ❷[공유] 버튼을 클릭합니다.

02 나타난 공유 창에서 ❶상단 입력창은 사용자를 직접 추가하는 곳이며, 하단의 ❷[공유 옵션(團'초대된 사용자만')] 및 [링크 복사]를 활용하여 폴더 공유 링크를 생성할 수 있습니다.

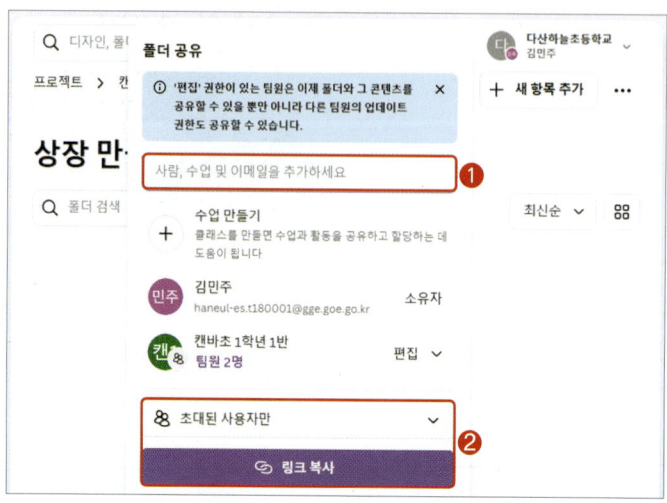

03 현재 공유 링크의 기본 설정은 ❶'초대된 사용자만'으로 되어 있습니다. 이는 직접 추가한 사용자만 해당 폴더에 접근할 수 있음을 의미합니다. 즉, ❷초대된 사용자 명단('김민주', '캔바초 1학년 1반'이 있는 목록)에 없는 경우, 폴더의 공유 링크를 전달받아도 권한 부족 메시지가 표시되며, 폴더에 접속할 수 없습니다.

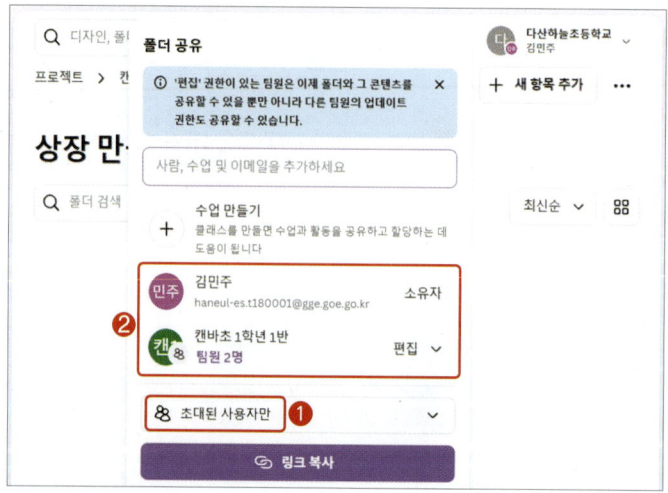

04 따라서 초대 링크를 팀원들과 원활히 공유하기 위해서는 [공유 옵션]에서 ❶ '초대된 사용자만' 또는 ❷ 자신의 계정 팀 이름(예 '다산하늘초등학교')을 선택합니다.

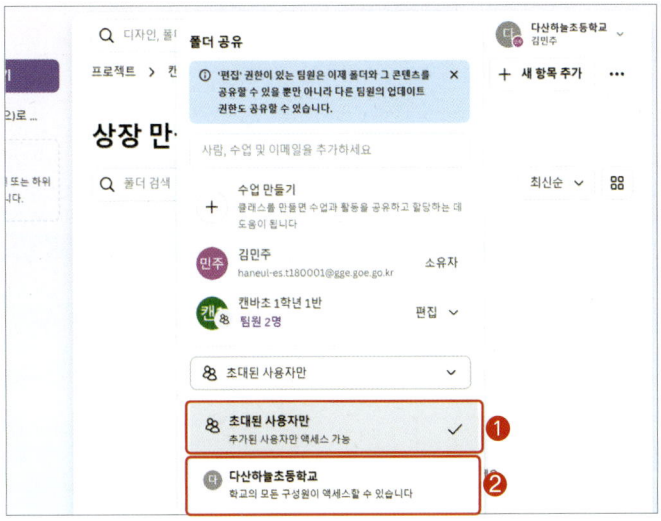

05 ❶ 링크를 공유받을 사용자 접근 권한('편집 가능, 보기 가능')을 적절하게 선택한 뒤, ❷ [링크 복사] 클릭하여 팀원에게 공유 링크를 배포합니다.

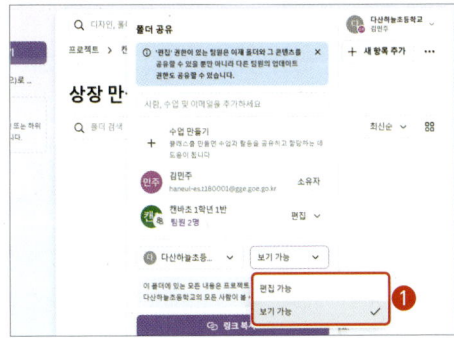 

공유 폴더 활용하기

학생들의 개별 작품 제목을 변경하고, 공유 폴더에 업로드하는 과정을 〈상장 만들기〉 수업을 통해 배워보겠습니다. 〈상장 만들기〉 수업에서는 학생들이 캔바에서 상장 템플릿을 검색한 후, 원하는 템플릿을 선택하여 기존 상장 내용을 자신의 정보로 수정하는 활동을 진행합니다.

공유할 작품의 제목 변경하기 (학생)

▶ 소스파일
https://m.site.naver.com/1CnXT

▶ 완성파일
https://m.site.naver.com/1Cowh

01 소스 파일의 주소(URL) 또는 QR 코드로 '(실습)학생 공유 폴더 활용' 소스 템플릿을 불러온 후 ❶[템플릿을 사용해 새 디자인 만들기]를 클릭하면 편집 화면(그림1)으로 이동합니다.

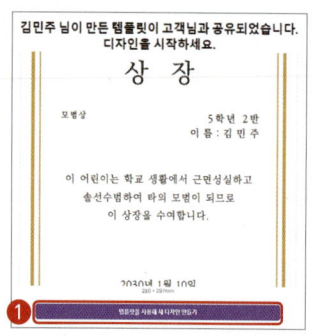 

▲ [그림 1]

02 폴더에 저장할 작품의 제목을 변경하기 위해 편집 화면 좌측 상단 ❶[파일]을 클릭합니다. 메뉴 목록 가장 상단의 ❷디자인 제목(예'흰색 금색 깔끔한 학교 상장')을 클릭합니다. 제목을 수정할 수 있는 입력바가 나타나면 디자인의 제목을 ❸작품 주제 - 학생 이름(예'상장 만들기 - 김민주')으로 변경합니다.

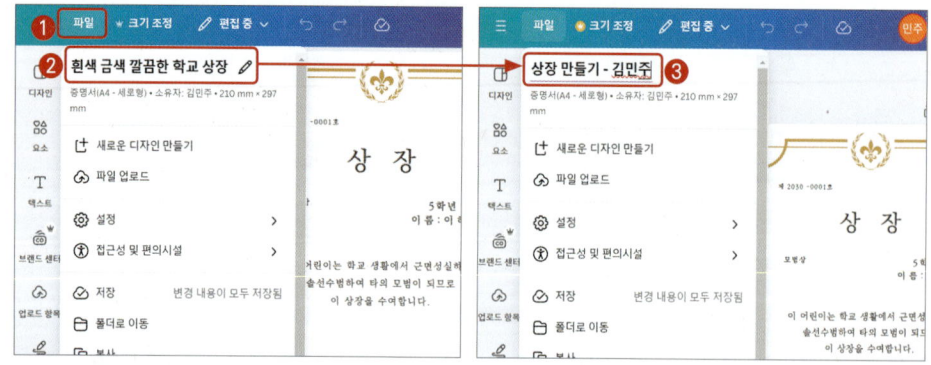

민주쌤의 TIP 학생들이 공유 폴더에 업로드 할 작품의 제목은 예시의 '상장 만들기 -김민주'와 같이 '작품의 주제 + 제작자 이름' 형태로 설정하는 것이 좋습니다. 이렇게 하면 여러 명의 작품이 한 폴더에 저장되더라도 각 작품을 쉽게 구분할 수 있습니다.

작품을 공유 폴더에 업로드하기 (학생)

01 편집 화면 좌측 상단의 ❶[파일] - ❷[폴더로 이동]을 클릭합니다. ❸[전체] 카테고리에서 ❹[나와 공유됨]을 선택합니다.

02 이전 파트에서 ❶공유한 폴더(囧 상장 만들기)가 나타납니다. 해당 폴더를 선택한 후, 우측 하단의 ❷[폴더로 이동] 버튼을 클릭하면 학생의 작품이 해당 공유 폴더에 업로드됩니다.

공유 폴더 확인하기 (교사, 학생)

01 메인 홈페이지 좌측 메뉴바의 ❶[프로젝트] - ❷[폴더]로 이동한 뒤, 만들어 둔 공유 폴더(❸예'캔바초 1학년 1반' - ❹'상장 만들기')로 접속합니다.

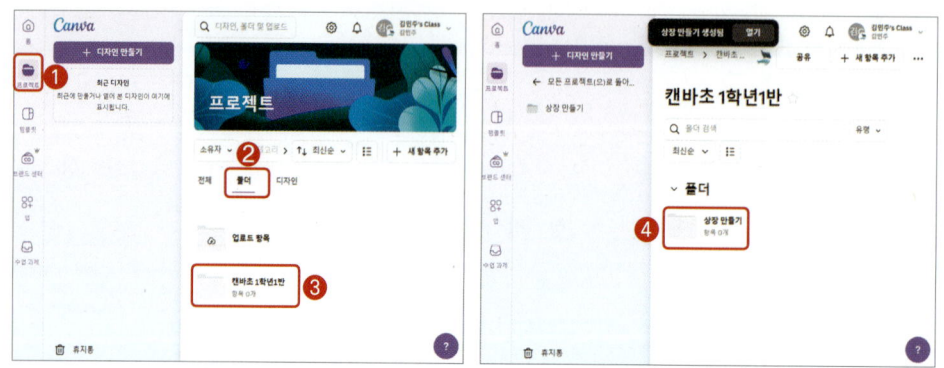

02 작품이 업로드 된 공유 폴더에서는 ❶학생들이 공유한 작품 목록을 한눈에 모아볼 수 있습니다. 교사는 ❷원하는 작품(예'김시율')을 클릭하면 학생 작품 편집 화면으로 즉시 이동하여, 동시 편집하며 피드백을 제공할 수 있습니다. 학생들도 동일한 방법으로 공유 폴더에 접속하여 작품을 확인할 수 있습니다.

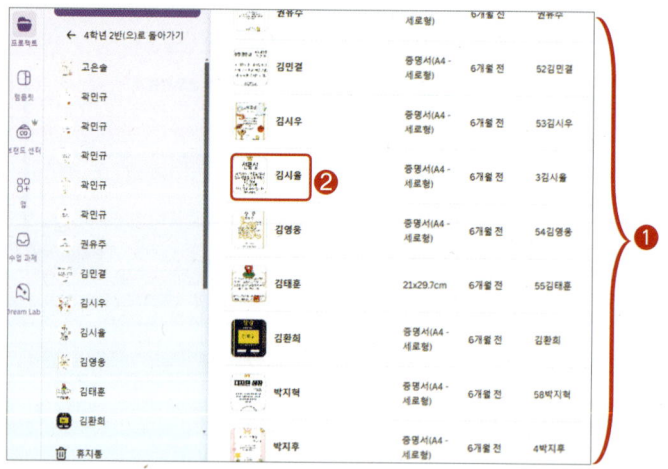

민주쌤의 꿀팁 공유 폴더 권한 설정과 수업 진행 꿀팁

꿀팁 01 공유 폴더 관리 화면의 우측 상단에 있는 ⓐ[공유] 버튼으로 수업 중 공유 폴더의 사용자 권한을 변경할 수 있습니다. 폴더 내의 작품 활동(ⓑ'편집 가능')을 잠시 중단하고 학생들의 주의를 교사에게 집중시키거나, 모든 작품 활동이 끝난 후 서로의 작품을 감상하는 단계에서는 폴더를 ⓒ'보기 가능' 권한으로 설정하는 것이 적합합니다. 자세한 내용은 100 페이지를 참고합니다.

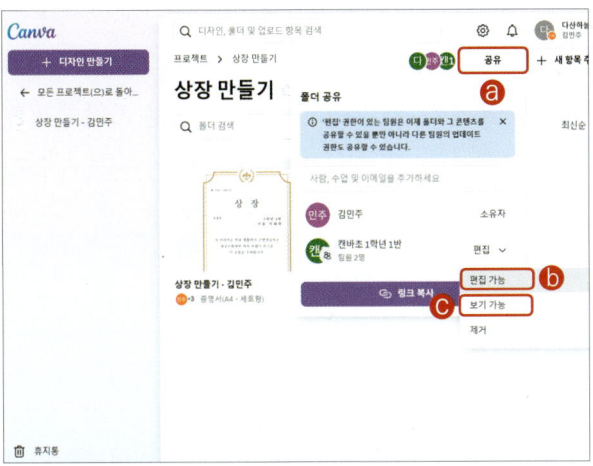

꿀팁 02 ⓐ모둠별 하위 폴더를 생성해 작품을 업로드하는 공유 폴더로 활용시 조별 활동을 관리하고 감상하는 수업을 진행할 수 있습니다.

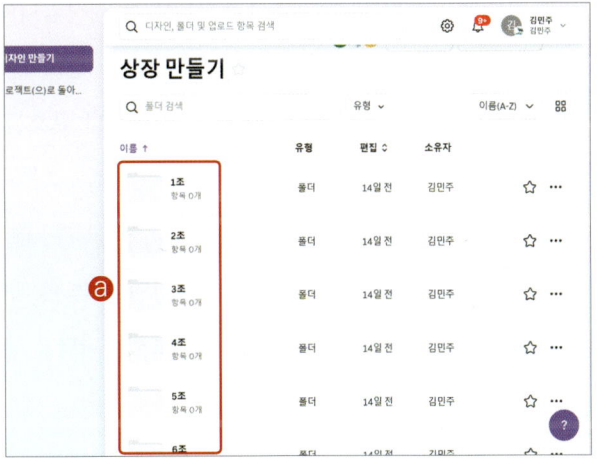

협업하여 함께 작품을 제작하는 수업 운영하기

학생들이 각자 개별 작품을 만드는 것과 달리, 캔바에서의 협업 수업은 하나의 작품에 여러 명이 동시에 접속하여 작업을 진행합니다. 협업 수업을 통해 의견을 조율하고 협력하며 서로 창의적인 아이디어를 공유하는 수업 활동을 할 수 있다는 장점이 있지만, 이러한 장점이 제대로 발휘되기 위해서는 교사의 사전 준비가 매우 중요합니다. 협업하여 하나의 작품을 함께 제작하는 수업을 효과적으로 운영하기 위해 필요한 사전 준비를 〈AI전시회〉 수업을 통해 배워보겠습니다.

▶ 소스파일
https://m.site.naver.com/1CoxH

▶ 완성 파일
https://m.site.naver.com/1CoyX

대량 제작 준비하기

대량 제작 기능은 모든 학생이 하나의 작품에서 동시에 작업하는 수업에서 중요한 역할을 합니다. [그림2]은 대량 제작 기능을 활용해 학생들이 자신의 슬라이드를 쉽게 찾아가고, 각 과제를 할당받을 수 있도록 구성된 디자인을 그리드뷰로 본 예시입니다. 이처럼 협업 수업에서는 학생들의 위치를 사전에 명확히 정해주는 사전 준비가 필요하며 하며, 이를 통해 동시에 접속한 학생들이 체계 없이 이동하면서 서로의 슬라이드나 요소를 실수로 변경하는 것을 방지할 수 있습니다.

지금부터 [그림2]의 ❶'이름 슬라이드'와 실제 작업 공간이 되는 ❷'과제 슬라이드'을 한 세트로 대량 제작하여, 협업 수업을 위한 디자인을 구성해보겠습니다.

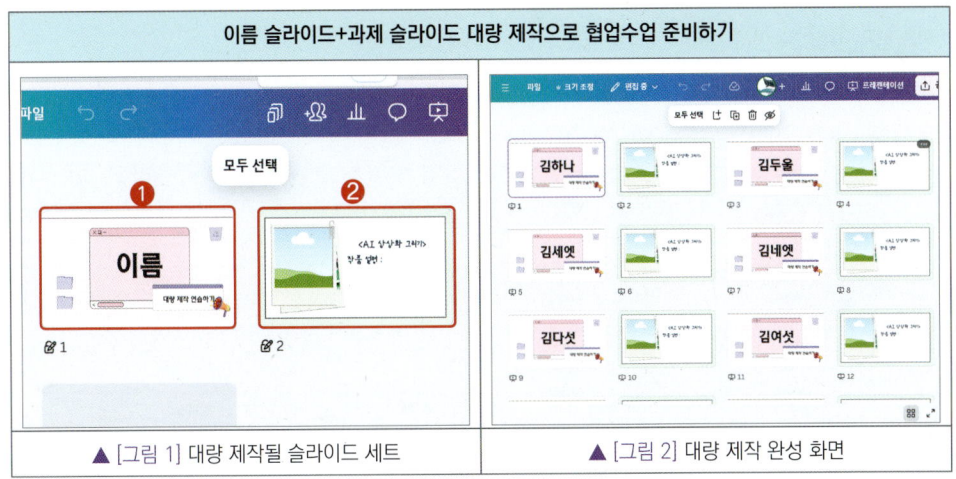

▲ [그림 1] 대량 제작될 슬라이드 세트   ▲ [그림 2] 대량 제작 완성 화면

이름 슬라이드 이해하기

소스 파일의 '(실습)대량 제작' 템플릿을 선택하여 디자인 편집 화면(그림1)으로 이동합니다. 페이지 중앙의 ❶'이름' 텍스트 상자는 ❷대량 복사 시 [그림2]와 같이 학생들의 이름이 자동으로 삽입될 위치입니다. 이를 통해 이름 슬라이드는 학생들이 자신의 작업 영역을 구별할 수 있도록 돕는 역할을 합니다.

> **민주쌤의 TIP** 소스 파일의 템플릿이 아닌 캔바 홈에서 자신이 원하는 템플릿을 선택하여 슬라이드의 디자인을 자유롭게 구성하고, '이름' 위치를 직접 설정한 후 실습을 진행해도 좋습니다.

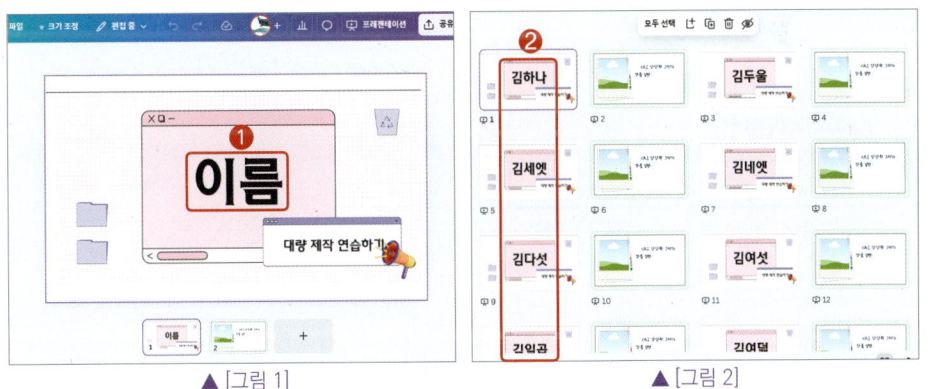

▲ [그림 1]   ▲ [그림 2]

민주쌤의 꿀팁   이름 슬라이드의 글씨를 크게 설정해라

이름 슬라이드의 글씨 크기는 크게 설정해야 협업 시 그리드뷰에서 학생들이 자신의 슬라이드를 쉽게 찾을 수 있습니다.

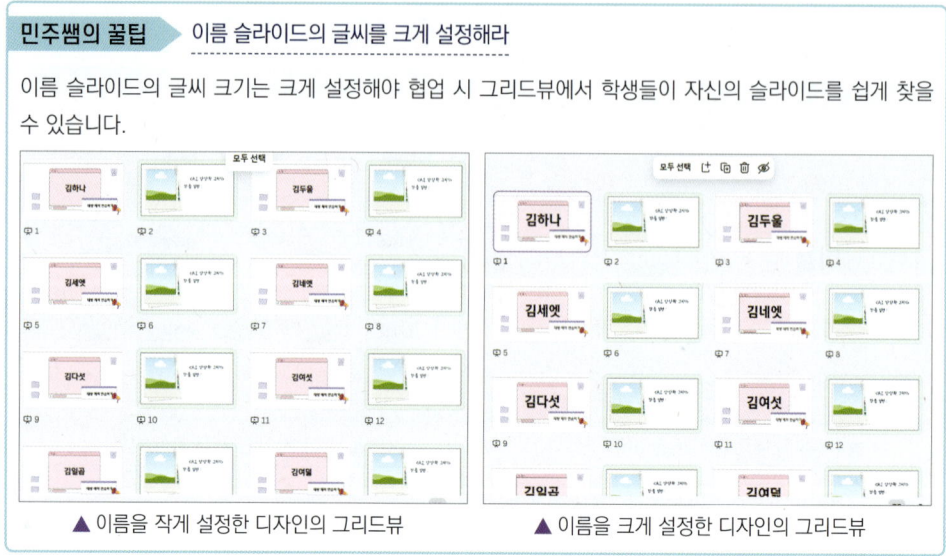

▲ 이름을 작게 설정한 디자인의 그리드뷰   ▲ 이름을 크게 설정한 디자인의 그리드뷰

과제 슬라이드 이해하기

과제 슬라이드에 학생들이 수행할 과제 내용(예 AI 상상화 전시회)을 작성합니다. 예제에서는 AI 상상화를 전시할 ❶프레임과 ❷작품 설명란을 삽입했습니다(그림1).

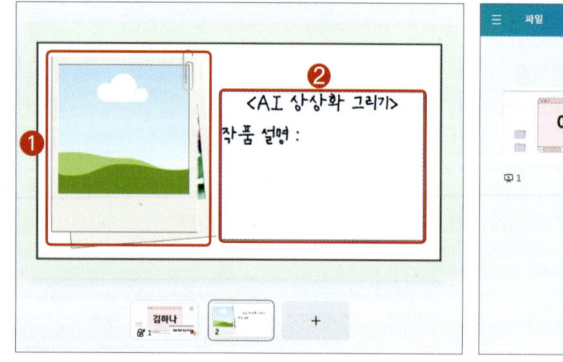
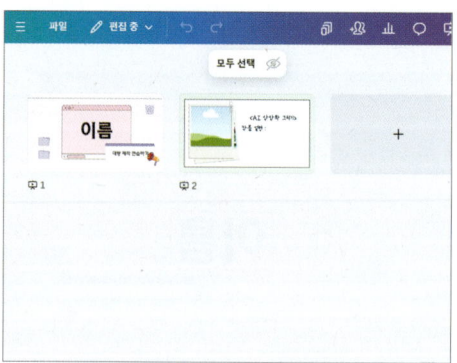

민주쌤의 TIP   과제 슬라이드의 개수에는 제한이 없습니다. 다만, 대량 제작을 진행하면 한 작품 내 만들어둔 모든 슬라이드가 한 세트로 묶여 복사됩니다. 따라서 대량 제작 전에는 디자인에 필요한 슬라이드만 포함되었는지 확인할 필요가 있습니다.

대량 제작 전 잠금 설정하기

협업 수업에서는 한 작품 내에 모든 학생이 동시에 접속하여 작업하기 때문에, 교사가 미리 구성해 놓은 페이지(그림1) 요소들이 실수로 이동하거나 수정되는 문제가 발생할 수 있습니다(그림2). 따라서 교사는 대량 제작을 시작하기 전에 학생들이 접속하더라도 움직이지 않도록 해야 할 요소들을 미리 '**잠금**' 설정하는 것이 중요합니다. 이를 통해 슬라이드의 기본 구성 요소가 유지되면서도, 학생들이 안정적으로 작업할 수 있습니다. 지금부터, 3가지 **잠금 상태(잠금 해제 – 부분 잠금 – 완전 잠금)**에 대해 알아보겠습니다.

▲ [그림 1]   ▲ [그림 2]

부분 잠금 설정하기

01 대량 제작 전 학생들이 편집하면 안 되는 ❶고정할 요소(예 '이름' 텍스트 상자)를 마우스 우클릭(터치일 경우 꾹 누르기)합니다. ❷[잠금] 메뉴에서 ❸[부분 잠금]을 클릭합니다.

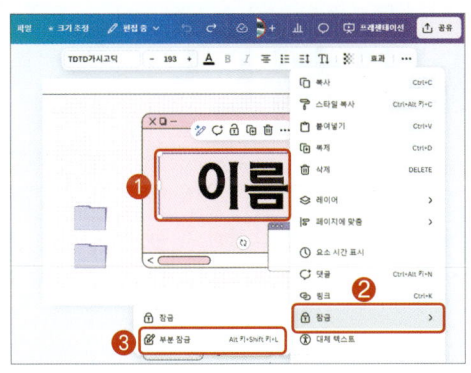

02 부분 잠금 상태인 해당 요소는 클릭시 상단에 ❶[자물쇠와 연필이 함께 있는 아이콘]이 표시됩니다. 이 상태에서는 텍스트나 사진 요소 등의 내용은 수정할 수 있지만(그림1 -> 2), 위치를 이동하거나 삭제하는 것은 불가능합니다.

▲ [그림 1] 기존 요소   ▲ [그림 2] 부분 잠금 상태로 텍스트를 변경

텍스트 상자가 부분 잠금 상태일 때 텍스트 상자의 '이름'을 '김하나'로 내용을 변경

민주쌤의 TIP 텍스트 요소를 부분 잠금하면 텍스트의 내용은 수정할 수 있지만, 폰트, 크기 등 서식은 수정할 수 없습니다. 서식을 수정하려면 잠금을 해제한 뒤 텍스트의 서식을 변경해야 합니다.

완전 잠금 설정하기

01 ❶부분 잠금 상태의 요소(예'김하나')를 마우스 우클릭하고 ❷[(완전) 잠금]을 클릭하면 완전 잠금 상태가 설정됩니다.

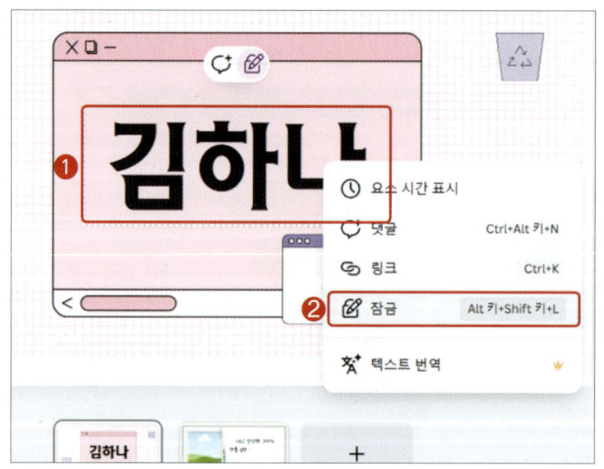

02 완전 잠금 상태에서는 요소 상단에 ❶[연필이 없는 자물쇠 모양 아이콘]이 표시됩니다. 이 상태에서는 요소의 수정, 이동, 삭제가 모두 불가능합니다.

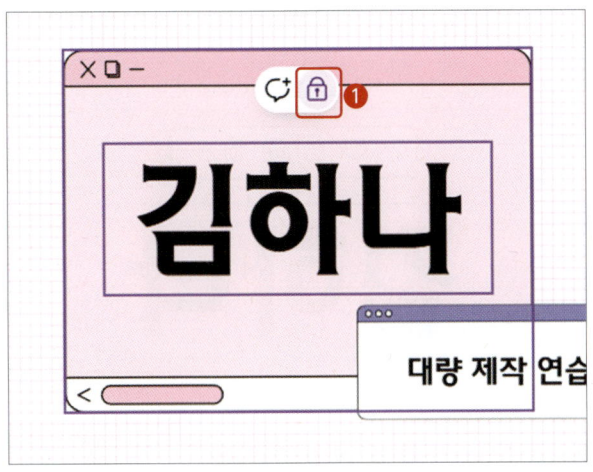

잠금 해제 설정하기

01 ❶완전 잠금 상태의 요소(예 '김하나')를 마우스 우클릭합니다. ❷[잠금 해제]를 클릭합니다.

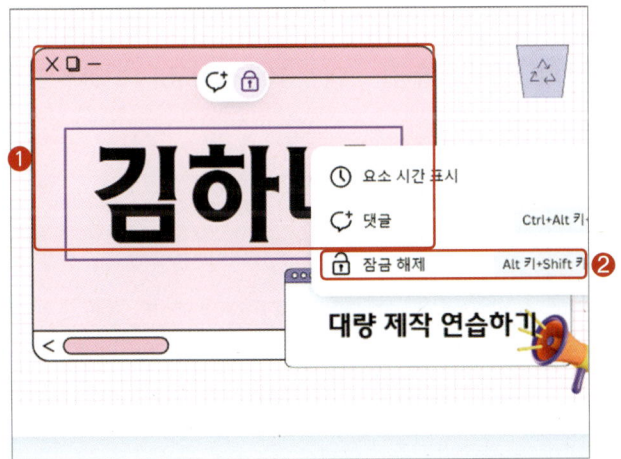

02 잠금이 해제되면 요소 상단에 ❶[잠금이 풀린 자물쇠 아이콘]과 함께 요소를 편집할 수 있는 ❷'**상단 도구바**'가 표시됩니다. 이 상태에서는 요소를 자유롭게 수정, 이동, 삭제할 수 있습니다.

페이지 잠금 설정하기

01 개별 요소가 아닌 슬라이드 전체를 잠금 설정하는 '페이지 잠금 설정'을 배워보겠습니다. 슬라이드 바에서 ❶잠금 설정할 페이지(예 슬라이드 1)를 마우스로 우클릭합니다. 나타난 도구 목록에서 ❷[1페이지 잠금] - ❸[잠금(완전 잠금)] 과 ❹[부분 잠금] 중 적절한 잠금 상태를 선택합니다.

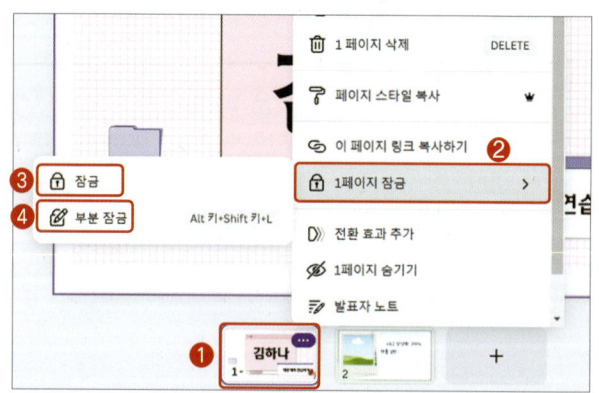

민주쌤의 TIP　슬라이드 바가 안 보일 경우 보기 방식 변경, 131 페이지를 참고합니다.

02 ❶부분 잠금이 설정된 페이지는 페이지 내의 모든 요소의 이동과 삭제 등은 불가능하지만, 텍스트나 사진 요소로 이루어진 내용을 수정할 수 있습니다. ❷완전 잠금이 설정된 페이지에선 모든 요소의 수정, 이동, 삭제 모두 불가능합니다. 잠금 상태는 해당 페이지 좌측 하단의 ❸자물쇠 아이콘으로 구별할 수 있습니다.

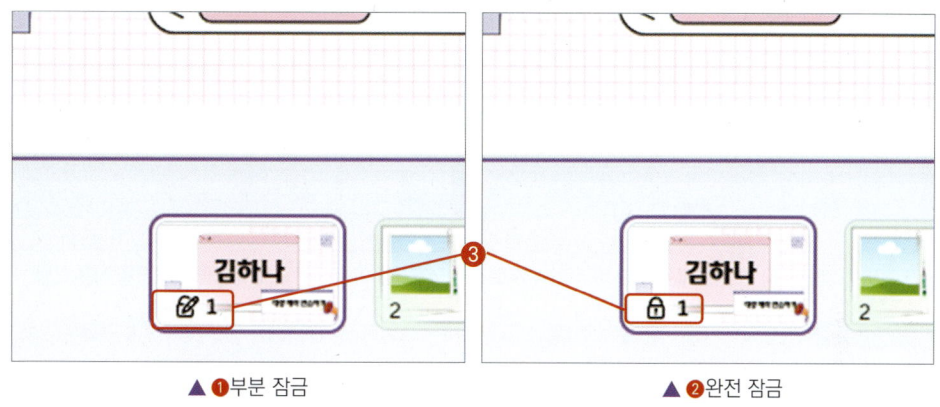

▲ ❶부분 잠금　　　　　　　　　　▲ ❷완전 잠금

대량 제작 실행하기

데이터 입력하기

01 편집 화면 좌측 메뉴바의 ❶[앱]을 클릭하고, 스크롤을 내린 후 보이는 ❷[대량 제작]을 클릭합니다. 도구창 하단의 ❸[데이터 수동 입력]을 클릭합니다.

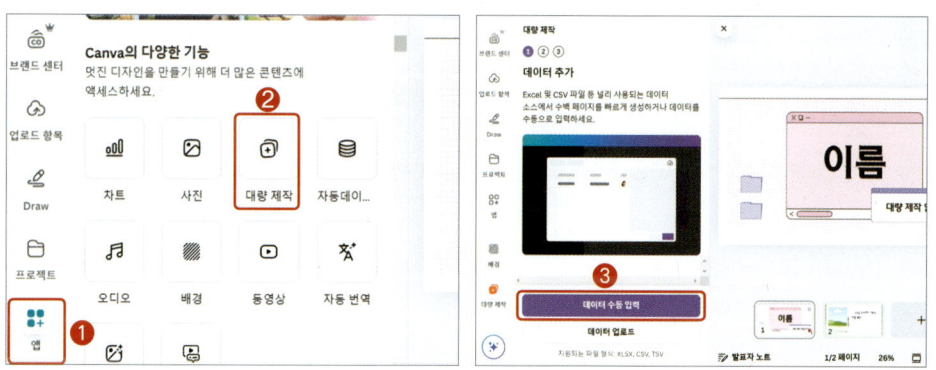

Chapter 01 캔바 학습 시작 전 준비 사항　93

02 대량 제작 시 자동 입력될 데이터(예'학생들의 이름')를 입력하는 시트가 나타납니다 (그림1). 시트의 ❶'이름' 열에 학생들의 이름을 적어줍니다.

▲ [그림 1] 대량 제작 시 자동 입력될 데이터 입력 시트

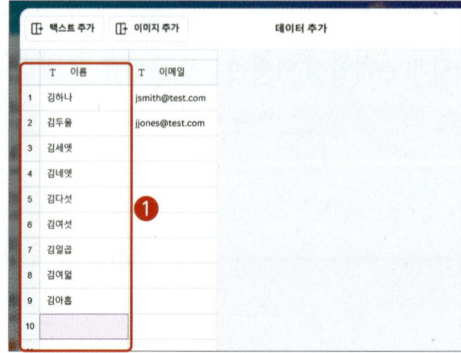
▲ [그림 2] '이름' 열에 학생들의 이름을 적은 그림

민주쌤의 TIP 엑셀 또는 시트 파일에 세로(열)로 정렬된 학생 명단이 있다면, 해당 열을 복사하여 데이터 입력 시트의 '이름' 열에 바로 붙여넣을 수 있습니다.

03 ❶사용하지 않는 데이터열(예 이메일)은 마우스 우클릭 후 ❷[열 삭제]로 삭제합니다. 우측 하단의 ❸[완료]를 클릭해 데이터 입력을 마칩니다.

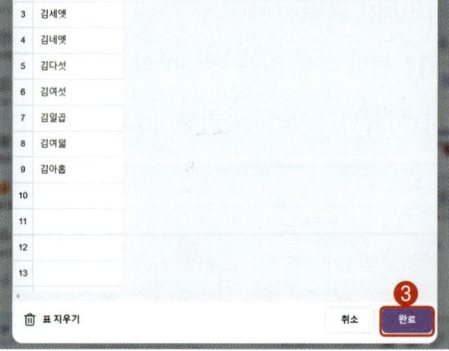

데이터 연결하기

01 슬라이드에서 입력한 데이터를 연결할 위치를 지정하겠습니다. 슬라이드에서 이름 데이터를 삽입할 ❶텍스트 상자('이름')를 우클릭합니다. ❷[데이터 연결]을 클릭합니다. 데이터 목록에 이전 단계에서 입력해둔 ❸'이름' 데이터를 선택합니다.

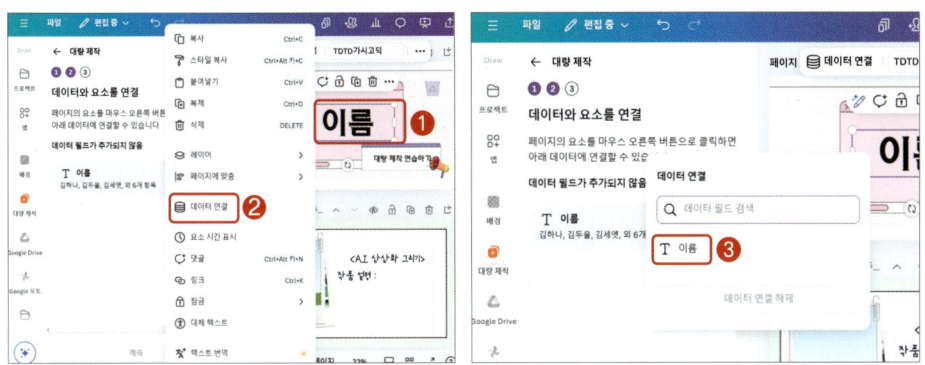

02 좌측 디자인 도구바에 ❶연결된 데이터('이름')와 우측 디자인 페이지의 ❷연결 위치(◨'이름')를 확인합니다. 보라색 영역 및 경계 표시는 해당 데이터와 위치가 연결되었다는 것을 의미합니다. 좌측 하단의 ❸[계속]을 클릭합니다.

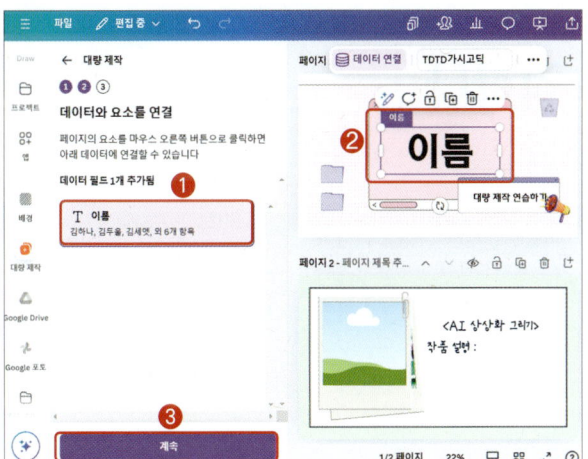

Chapter 01 캔바 학습 시작 전 준비 사항 **95**

03 ❶대량 제작으로 생성할 데이터에 모두 체크하고 ❷[디자인 ~개 생성]을 클릭합니다.

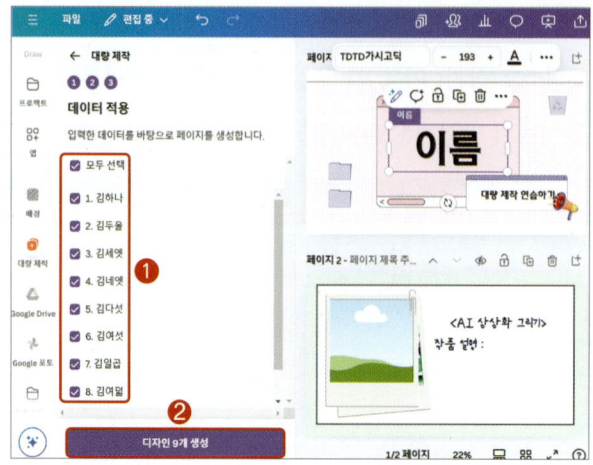

대량 제작 결과물 확인하기

대량 제작이 완료되면 우측 하단의 ❶[그리드뷰 전환 버튼(창문 모양)]을 클릭해 대량 제작이 성공적으로 완료된 슬라이드들을 확인할 수 있습니다(그림1).

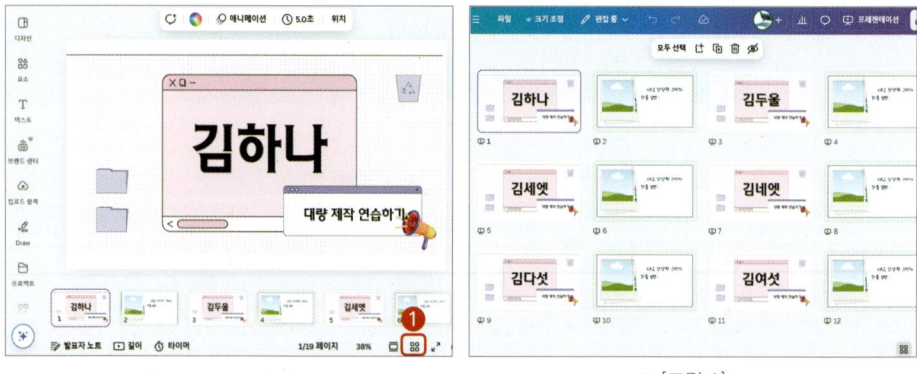

▲ [그림 1]

> **민주쌤의 꿀팁** 대량 제작으로 준비된 협업 수업 디자인 학습 지도 꿀팁

꿀팁 01 대량 제작으로 준비된 협업 수업 디자인에서는 학생들이 자신의 ⓐ이름이 표시된 슬라이드 옆의 ⓑ과제 슬라이드에서 작업하도록 구성되어 있습니다. 이때, 학생들이 자신의 과제 슬라이드로 이동할 때 그리드뷰를 활용하도록 지도해주세요. 만약 그리드뷰가 아닌 다른 보기 방식(131페이지 참고)에서 이동할 경우, 학생들이 실수로 다른 사람의 슬라이드를 삭제하거나 이동시키는 문제가 발생할 수 있습니다.

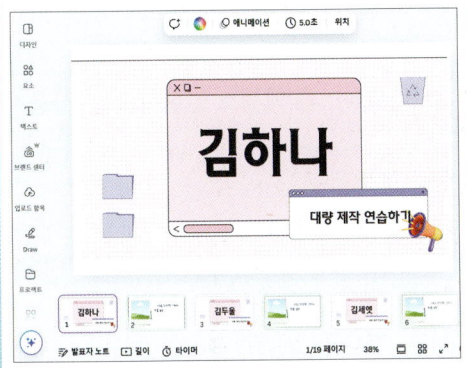
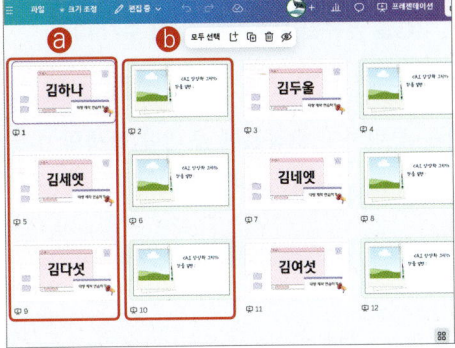

꿀팁 02 모둠 이름 데이터를 입력하여 대량 제작하면 모둠별 협업 수업을 준비할 수 있습니다.

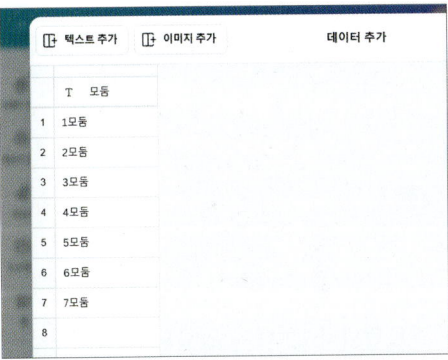
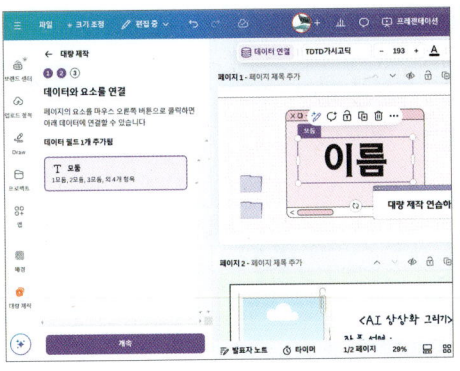
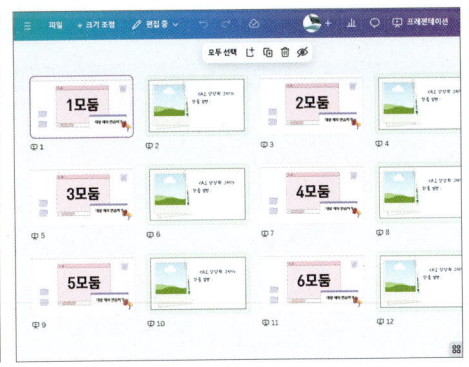

작품을 공유할 사용자 초대하기

대량 제작을 마친 후 학생들을 디자인 편집 화면에 초대하는 방법은 두 가지가 있습니다. 첫 번째 방법은 학생들에게 직접 초대 알림을 보내는 것입니다. 두 번째 방법은 **초대 링크를 배포**하는 방법입니다. 각 초대 방법의 특징과 과정을 단계적으로 실습하며 배워보겠습니다.

작품을 공유할 사용자를 '직접 추가'하기

01 편집 화면 우측 상단의 ❶[공유 버튼]을 클릭합니다. ❷'액세스 권한이 있는 사용자'란을 클릭하여 ❸작품에 초대할 학생의 이름이나 그룹 이름(떼 캔바초등학교 1학년1반')을 입력한 뒤 선택합니다.

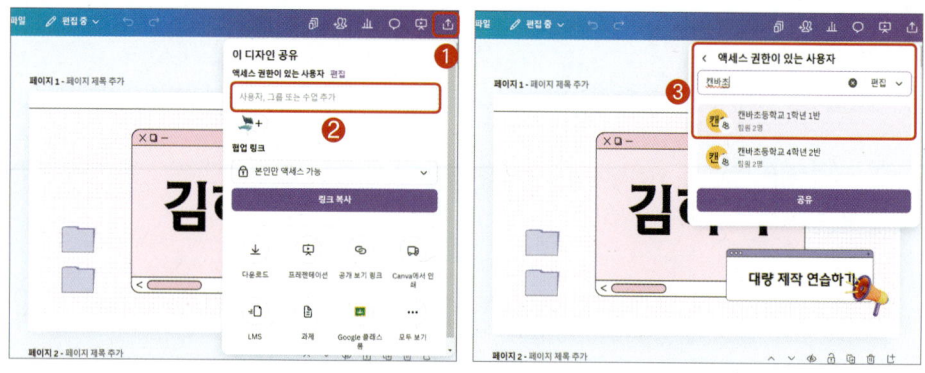

02 ❶[알림 전송하기] 옵션에 체크 표시를 하고, 하단의 ❷[공유] 버튼을 클릭하면 초대가 완료됩니다. 초대가 완료되면 입력란 하단에 ❸해당 작품이 공유된 이름이나 그룹 이름(떼 김민주, 캔바초등학교 1학년1반)이 목록으로 표시됩니다.

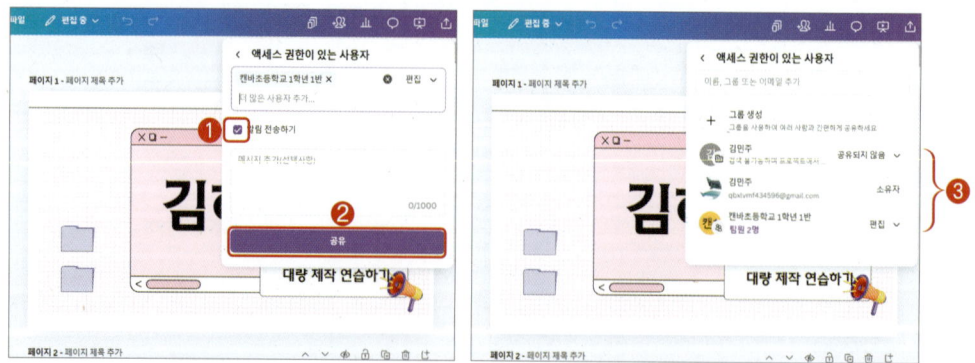

직접 초대 받은 사용자의 공유 알림 확인하기

01 교사가 직접 추가하여 작품을 공유한 사용자는 캔바 메인 홈페이지 우측 상단의 ❶ [알림 아이콘(종모양)]에서 ❷공유 알림('김민주 님이 (완성) 대량 제작~를 회원님과 공유했습니다.')을 확인할 수 있습니다.

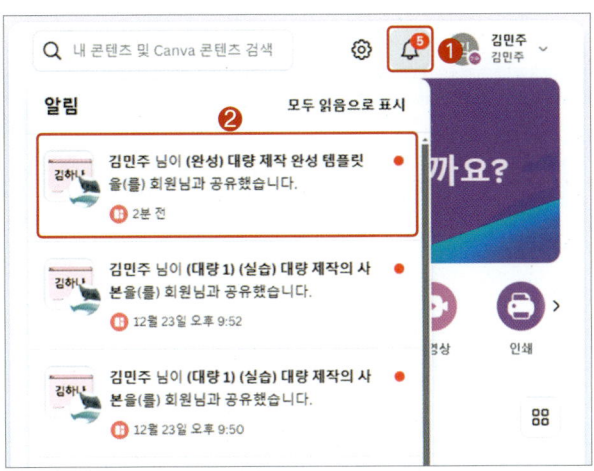

02 알림을 클릭하면 교사가 공유한 작품의 편집 화면(그림1)으로 이동하게 됩니다. 협업 작품 편집 화면에서는 공유 중인 다른 사용자의 ❶마우스 커서를 실시간으로 확인할 수 있어, 협업 상황을 더욱 효율적으로 관리할 수 있습니다.

▲ [그림 1] 학생이 링크를 통해 접속한 교사가 공유한 작품의 편집 화면

초대한 공유 사용자의 접근 권한 설정하기

01 협업 활동 시에는 항상 공유한 사용자에 대한 적절한 접근 권한 설정(❸~❻ 참고)이 필요합니다. 작품에 초대된 학생이나 그룹은 ❶'액세스 권한이 있는 사용자' 목록('그룹 생성' 버튼 아래의 이름이나 그룹 목록)에 추가되며, ❷[권한 옵션]에서 권한을 설정할 수 있습니다.

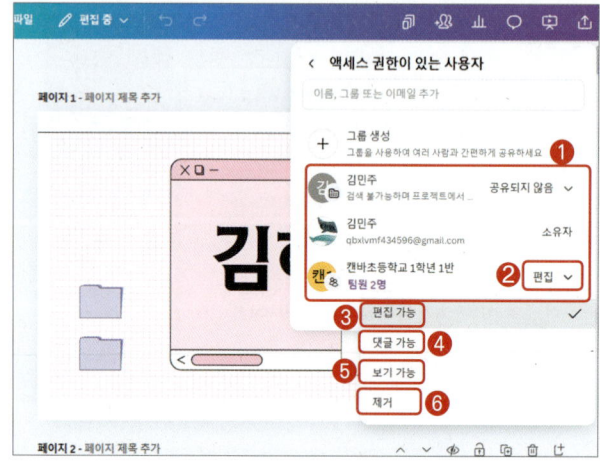

❸ **편집 가능**: 모든 참여자가 슬라이드 디자인 작업을 동시에 진행할 수 있습니다.

❹ **댓글 가능**: 슬라이드 디자인 작업은 불가능하지만, 댓글 달기 활동은 가능합니다. (댓글 달기에 대한 자세한 내용은 219 페이지를 참고하세요.)

❺ **보기 가능**: 슬라이드 디자인 작업이나 댓글 달기 활동은 불가능하며, 편집 화면에서 슬라이드를 감상하는 것만 가능합니다.

❻ **제거**: 해당 사용자를 '액세스 권한이 있는 사용자' 목록에서 삭제하여 더 이상 접근할 수 없도록 합니다.

민주쌤의 TIP 작품 활동이 진행될 때는 '편집 가능' 권한을 설정하여 학생들이 디자인 작업을 자유롭게 할 수 있도록 합니다. 반면, 감상 활동이나 피드백 과정에서는 '댓글 가능' 또는 '보기 가능' 권한으로 변경하여 수업 과정에 맞게 활용할 수 있습니다.

협업 링크로 사용자 초대하기

협업 링크 생성하기

01 편집 화면 우측 상단의 ❶[공유]를 클릭합니다. ❷'협업 링크'의 권한 옵션이 '추가된 사용자만 액세스 가능'로 설정되어 있습니다. 이 경우 상단에 ❸액세스 권한이 있는 사용자 목록에 직접 추가된 계정만 협업 링크를 통해 작품에 접속할 수 있습니다.

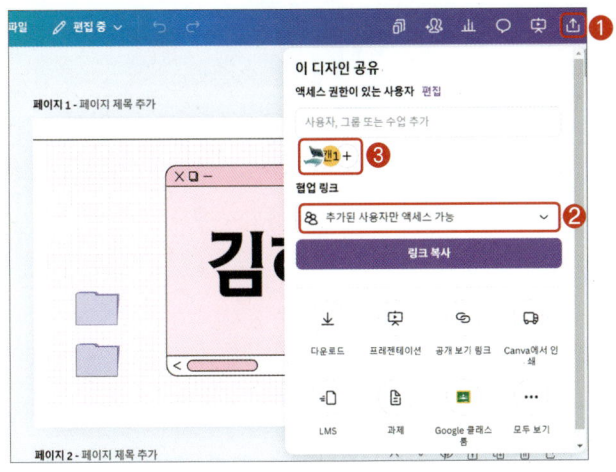

02 ❶[권한 옵션]을 클릭하여 ❷자신의 팀(예 '김민주') 또는 ❸'링크가 있는 모든 사용자'로 설정하면, 교사의 팀원인 학생들이 해당 링크를 통해 공유 작품 편집 화면에 접근할 수 있습니다.

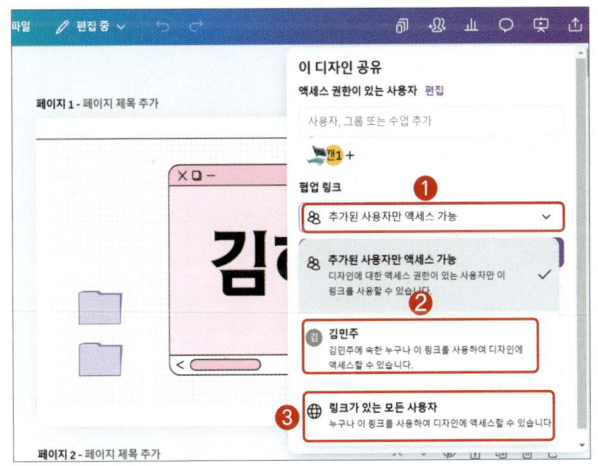

03 접근 권한 설정이 완료되었으면, ❶[링크 복사]를 클릭하고 학생들에게 협업 링크를 배포하여 초대합니다.

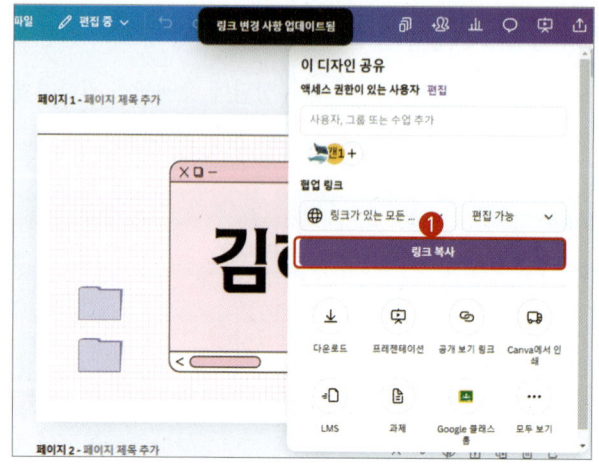

특정 페이지의 협업 링크 생성하기

01 협업 링크 클릭 시 작품의 특정 슬라이드로 바로 연결되도록 설정할 수 있습니다. ❶ 링크로 연결할 슬라이드를 우클릭하거나 ❷[가로점 세 개] 버튼을 클릭합니다. 목록에서 ❸ [이 페이지 링크 복사하기]를 클릭합니다.

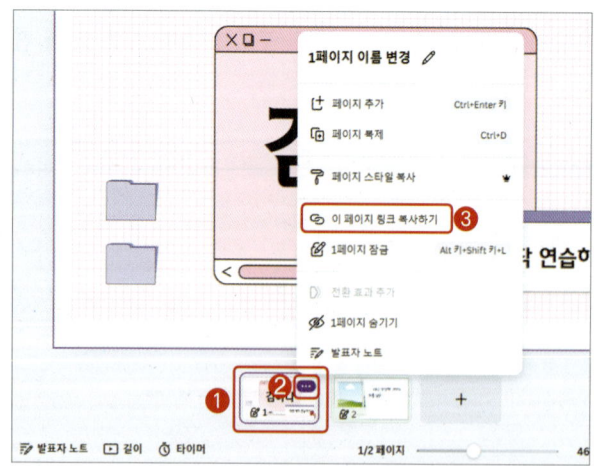

02 복사한 페이지 링크를 학생들에게 배포합니다. 학생들이 링크에 접속하면 공유 작품의 여러 슬라이드 중 교사가 설정한 특정 슬라이드(그림1)로 바로 이동됩니다.

민주쌤의 TIP 협업 수업에서 학생들을 초대할 때, 특정 슬라이드로 바로 연결되는 링크를 제공하면 학생들이 불필요하게 다른 슬라이드를 수정하는 것을 방지할 수 있습니다.

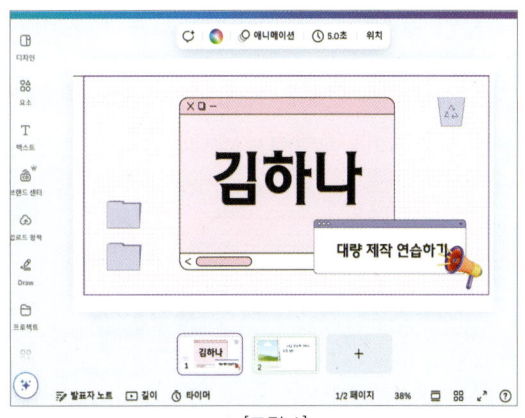
▲ [그림 1]

공유된 사용자의 접근 권한 설정하기

01 협업 링크를 배포하기 전에, 우측 상단의 ❶[공유] 버튼을 클릭한 후, ❷'협업 링크' [권한 옵션]에서 ❸ '편집 가능', '댓글 가능', '보기 가능' 중 적절한 권한을 선택합니다. 권한 설정에 대한 자세한 내용은 338 페이지를 참고합니다.

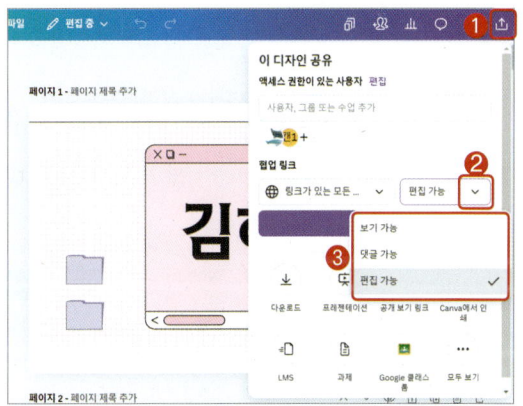

화이트보드로 협업 수업하기

캔바의 화이트보드는 학생들이 '하나의 슬라이드'에 모여 협력하며 로드맵 작성이나 브레인스토밍 수업을 진행할 수 있는 역동적인 도구입니다. 화이트보드를 활용한 수업에서는 하나의 화면에서 학생들의 활동을 한눈에 확인하고 감상할 수 있다는 장점이 있습니다. 이러한 장점을 살려 수업을 원활하게 운영하려면 교사는 이동 단축키를 숙지하고, 화이트보드 기능 및 이용에 대한 연습이 필요합니다.

일반 슬라이드를 화이트보드로 전환하기

01 슬라이드바에서 전환할 ❶슬라이드(🎞'슬라이드1')을 우클릭하거나 ❷[가로점 세 개] 버튼을 클릭합니다. 목록에서 ❸[페이지 추가]를 클릭하여 새 슬라이드를 추가(그림1)합니다.

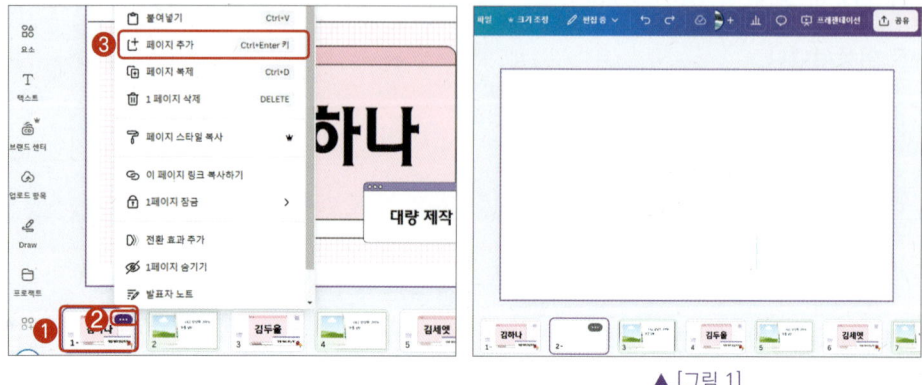

▲ [그림 1]

02 하단에 추가된 슬라이드의 ❶[가로점 세 개] 버튼을 클릭합니다. 목록에서 ❷[화이트보드로 확장]을 선택합니다. 이 과정을 통해 해당 슬라이드는 훨씬 더 넓은 작업 공간인 화이트보드로 전환(그림1)됩니다.

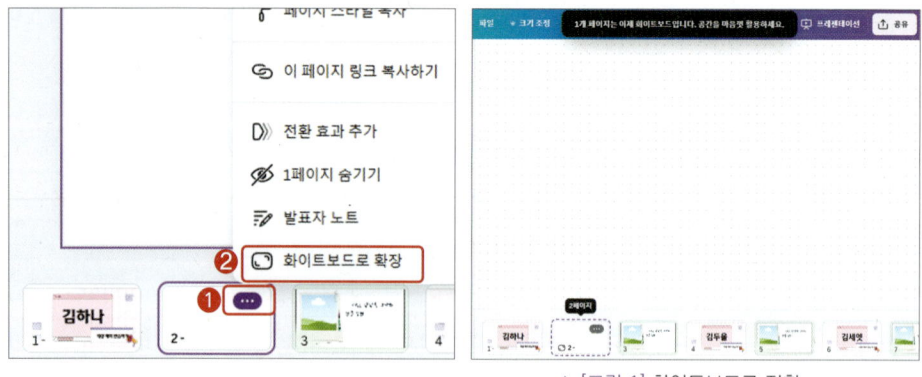

▲ [그림 1] 화이트보드로 전환

화이트보드 전용 템플릿 활용하기

01 일반 슬라이드를 전환하는 방법 외에 새로운 작품을 처음부터 화이트보드에서 시작하려면 메인 홈페이지 좌측 상단의 ❶[디자인 만들기]를 클릭하고, 디자인 카테고리에서 ❷[화이트보드]를 선택합니다.

 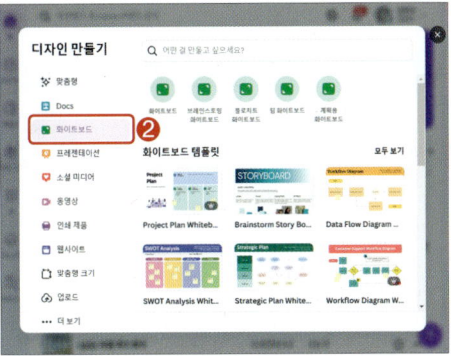

02 원하는 ❶화이트보드의 디자인 규격(검색창 하단의 5가지) 또는 ❷화이트보드 템플릿(예 'storyboard' 템플릿)을 선택하면 편집 화면(그림1)으로 이동합니다.

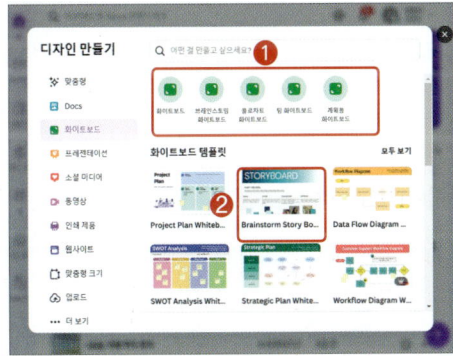 

▲ [그림 1]

화이트보드에서 포스트잇을 활용한 활동하기

포스트잇 삽입하기

01 편집 화면 좌측 메뉴바의 ❶[요소]에서 ❷'스티커 메모' 요소를 클릭해 페이지에 삽입합니다. ❸삽입된 스티커 메모를 더블 클릭하고 ❹텍스트(예 안녕하세요. 제 이름은 김민주입니다.)를 입력합니다.

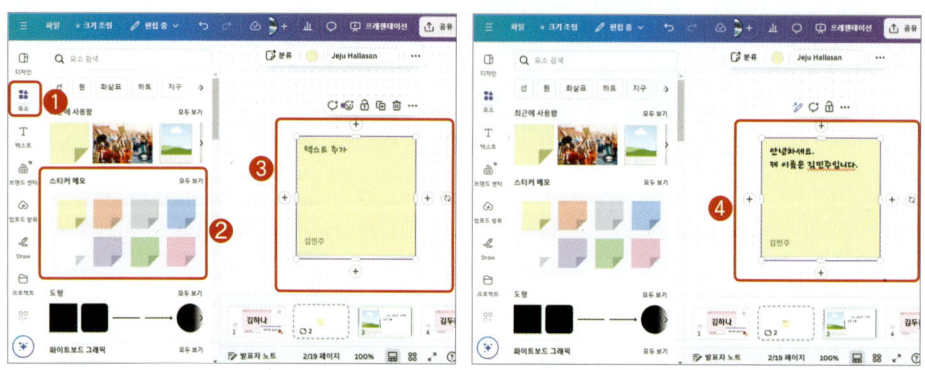

민주쌤의 TIP 화이트보드에서 포스트잇 활동뿐 아니라 모든 요소와 편집 기능을 일반 슬라이드와 동일하게 활용할 수 있습니다.

02 ❶입력한 내용이 잘 보이도록 텍스트의 크기 및 글꼴 등의 서식과 포스트잇의 모양 또는 크기를 변경합니다(그림2).

민주쌤의 TIP 포스트잇 요소는 추가한 ⓐ 사용자의 계정 이름이 삽입된 포스트잇 좌측 하단에 자동 입력됩니다.

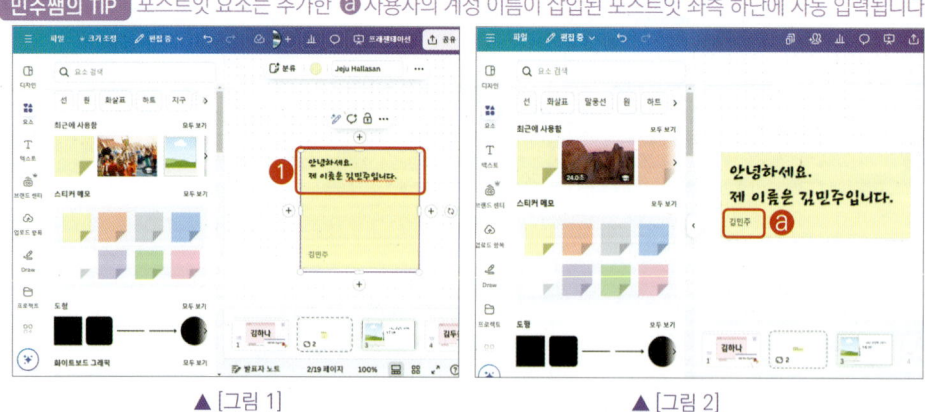

▲ [그림 1]　　　　　　　　　　▲ [그림 2]

포스트잇 복사하기

01 포스트잇을 클릭하면 나타나는 상하좌우의 ❶[복사 버튼(+)]으로 포스트잇을 복사할 수 있습니다.

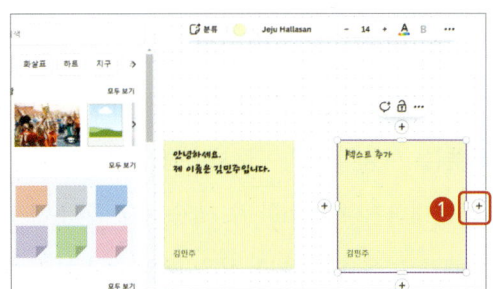

포스트잇 배치하기

01 위의 방법으로 학생들이 자신의 자기소개가 적힌 포스트잇을 모두 완성했다면, 요소를 드래그하여 화이트보드에 배치합니다. (그림1)

▲ [그림 1]

> **민주쌤의 TIP** 아래의 [그림1]은 화이트보드에 ❶유튜브 영상(예 '물 얼마나 쓰나요?')을 처음 삽입한 모습입니다. 이와 같이 화이트보드에서 처음 삽입된 요소는 기본적으로 크기가 작게 설정되어 한 화면에 보기 어려울 수 있습니다. 이 경우, 요소를 클릭하고 ❷[모서리의 원형 핸들]을 드래그하여 적절한 크기로 확대하거나 축소할 수 있습니다. (그림2)

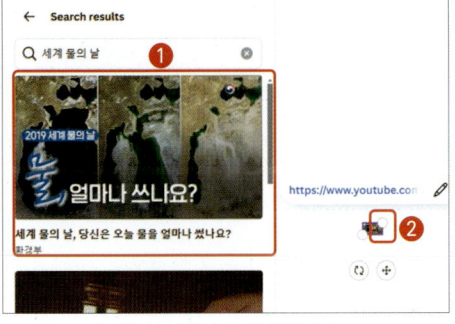

▲ [그림 1] 작게 삽입된 영상요소

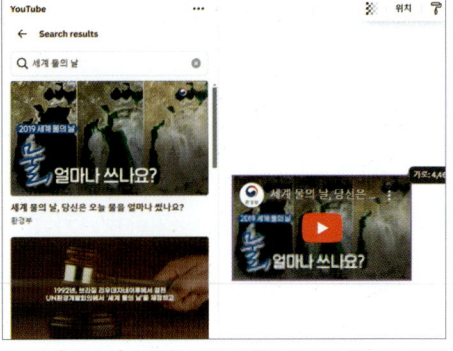

▲ [그림 2] 적절한 크기로 확대하거나 축소

화이트보드의 화면 비율 조정 및 이동하기

화면의 비율을 조정하는 핸들 사용하기

01 편집 화면 하단에 있는 ❶[비율 조정 핸들]을 사용하면 화이트보드 화면을 자유롭게 확대하거나 축소할 수 있습니다. 한눈에 전체 화면을 모아보고 싶을 때는 축소하고 (그림1), 요소를 자세히 확인하거나 편집할 때는 확대하여(그림2) 활용합니다. 예제에서는 6%, 42%, 81%의 비율로 화면을 조정해 보았습니다.

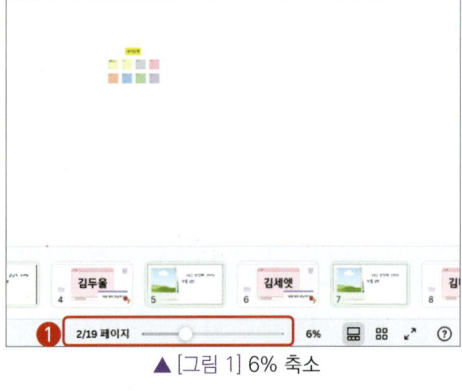
▲ [그림 1] 6% 축소

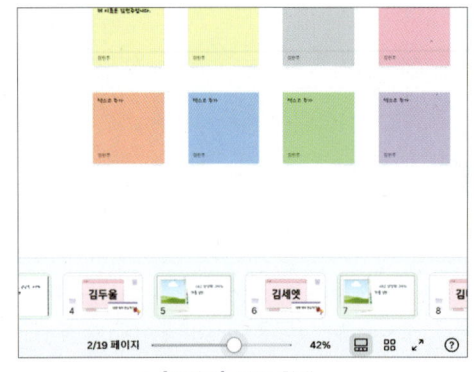
▲ [그림 2] 42% 확대

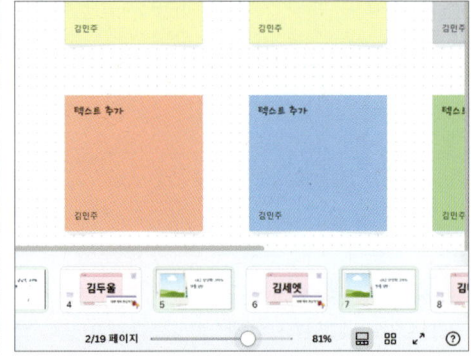
▲ [그림 3] 81% 확대

단축키 사용하여 이동하기

01 교사가 데스크톱으로 화이트보드 수업을 진행할 경우, 데스크톱으로 화이트보드에서 원하는 공간을 효과적으로 '이동하고 작업에 필요한' 단축키가 몇 가지 있습니다. 데스크톱이 아닌 터치스크린이 있는 스마트기기를 사용하는 학생들은 화이트보드에서 드래그(스크롤)를 사용해 이동할 수 있어 비교적 간단하게 조작할 수 있습니다.

주요 단축키	
확대(그림1)/축소(그림2)	Ctrl + 마우스 휠을 사용해 커서가 위치한 곳을 중심으로 화면을 확대하거나 축소합니다.
복사	복사하려는 개별 요소 또는 여러 요소를 드래그로 영역 설정 후, Alt + 드래그로 복사합니다.
좌우 이동	Shift + 휠을 사용하거나 화면 하단의 바를 드래그하여 좌우로 이동할 수 있습니다.
상하 이동	마우스 휠만으로 화면을 상하로 이동할 수 있습니다.

▲ [그림 1] 확대

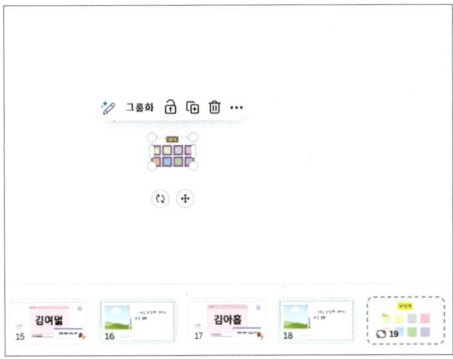

▲ [그림 2] 축소

화이트보드 전용 템플릿으로 수업하기

화이트보드 전용 템플릿 삽입하기

01 화이트보드 편집 화면에서 좌측 메뉴바의 ❶[디자인]을 클릭합니다. 한 공간에 여러 인원이 모여 활동할 수 있는 ❷템플릿 목록이 나타납니다. 목록에서 ❸원하는 템플릿을 클릭하면 화이트보드에 삽입됩니다(그림1).

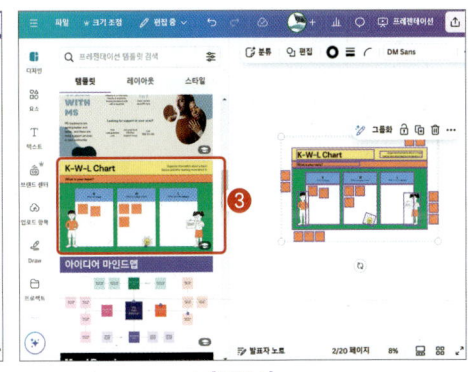

▲ [그림 1]

템플릿 요소 삭제하기

01 삽입된 템플릿에서 필요하지 않은 요소는 해당 ❶요소(예 남자 캐릭터)는 클릭한 뒤 상단 도구바의 ❷[삭제 버튼]을 누르면 제거됩니다. 여러 요소를 한 번에 삭제하려면 Shift 키를 누른 채로 삭제할 요소들을 차례로 선택하거나 ❸한 번에 드래그한 뒤 ❹[삭제 버튼]을 클릭합니다.

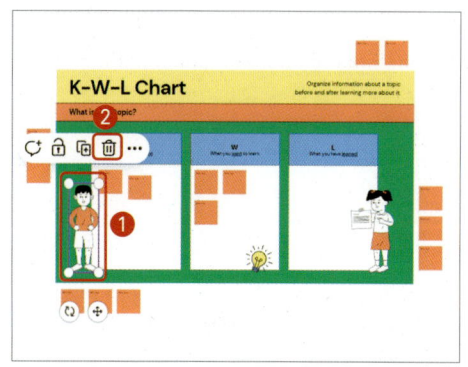 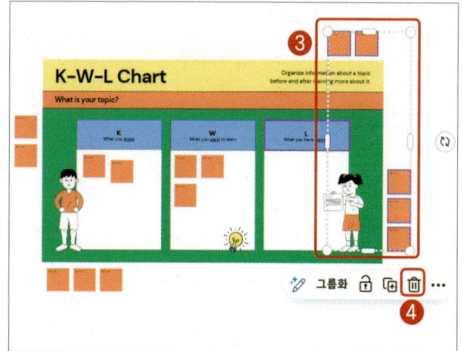

▲ [그림 1]

템플릿 내용 수정하기

01 삽입된 ❶템플릿의 텍스트(예 'K-W-L Chart')를 더블 클릭하여 ❷원하는 내용(예 '오늘 배운 내용 정리하기')으로 수정합니다. 또는 ❸템플릿의 요소나 배치 및 크기(예 캐릭터 배치 및 크기) 등을 변경할 수 있습니다.

 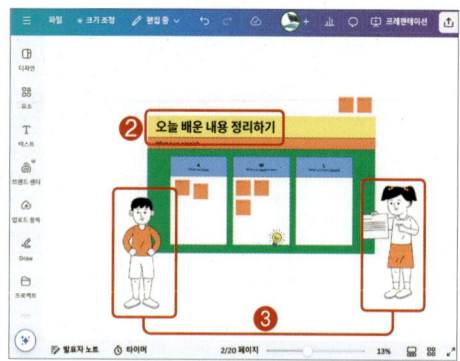

02 템플릿 수정이 완료되면, ❶하단 슬라이드 바에서 ❷해당 페이지 전체를 잠금 설정하거나 ❸화이트보드 내의 템플릿 전체를 드래그로 선택한 뒤 **우클릭하여** ❹**적절한 잠금** 설정합니다. 잠금 관련 내용은 89페이지를 참고합니다. 해당 작업 후에 학생을 초대해야 준비된 화이트보드의 구성을 유지할 수 있습니다.

템플릿 다중 삽입 및 활용하기

01 화이트보드 전용 템플릿을 여러 개 삽입하여 페이지를 구성할 수 있습니다(그림1). 이후 수업 진행 시 하나의 템플릿을 확대하여 과제에 대해 의견을 나누고, 다른 주제의 템플릿 위치로 이동하여 또 다른 과제를 수행하는 방식이 가능합니다.

▲ [그림 1]

> 민주쌤의 미니 특강

돌발 상황이 많은 협업 수업 원활하게 하는 비법

1. 협업 수업 중 발생하는 돌발 상황 '예방' 방법

1) 사전 지도: 수업 전, 학생들에게 협업 작업 시 지켜야 할 규칙과 주의사항을 명확히 안내합니다. 예를 들어, 자신의 작업 영역 외의 요소를 수정하거나 삭제하지 않도록 주의를 줍니다. 또한, ❶개별 요소 복원(되돌리기) 방법을 반드시 모든 학생이 숙지할 수 있도록 안내하여, 작업 중 실수로 발생할 수 있는 문제를 최소화합니다. 그리드뷰를 사용하는 연습도 필요합니다.

2) 시연: 교사가 직접 협업 작업 화면에서 기능(슬라이드 이동, 수정, 잠금 등)을 시연하며 올바른 작업 방법과 함께 발생할 수 있는 상황의 예시를 직접 보여줍니다.

3) 실습: 학생들에게 간단한 협업 실습을 진행하도록 합니다. 예를 들어, 각자의 슬라이드에 이름을 입력하거나, 지정된 슬라이드에서 간단한 디자인 작업을 하게 하여 실제 협업 상황에 익숙해질 수 있도록 합니다.

4) 사본 만들어 놓기: 캔바의 ❷버전 기록은 자동 저장 주기가 길어, 필요한 시점으로 복원하기 어려울 수 있습니다.(115 페이지를 참고하세요.) 이를 대비하여 교사는 최신 버전의 사본을 만들어 놓는 것이 좋습니다. 편집 화면 좌측 상단의 ❸[파일] - ❹[복사]로 사본을 생성합니다. 현재 작업 중인 디자인에 문제가 발생하더라도, 미리 저장된 사본으로 이동하여 비교적 최신 상태에서 작업을 이어갈 수 있습니다.

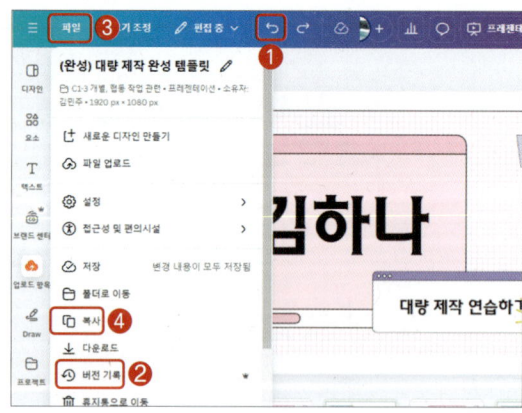

5) 안내 슬라이드 삽입하기 : 학생들이 편집 화면에서 가장 먼저 보게 될 슬라이드에 사전 지도 사항을 적어두고 강조할 수 있습니다.

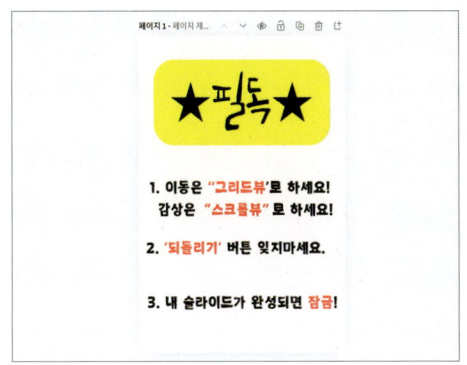 

6) 잠금 기능 활용하기 :잠금 기능에 대해서는 89 페이지 또는 아래의 예시를 참고합니다.

❶ 요소 잠금

 수업 중 중요한 요소가 이동되지 않도록 요소를 부분 잠금 또는 완전 잠금 상태로 설정합니다. 잠금이 필요한 ❶개별 요소(떼 자기소개)를 선택하거나 여러 요소를 드래그하여 영역으로 지정합니다. 선택한 요소를 우클릭하고 도구 목록에서 ❷[잠금]을 선택해 적절한 ❸잠금 상태(떼 부분 잠금)를 설정합니다.

 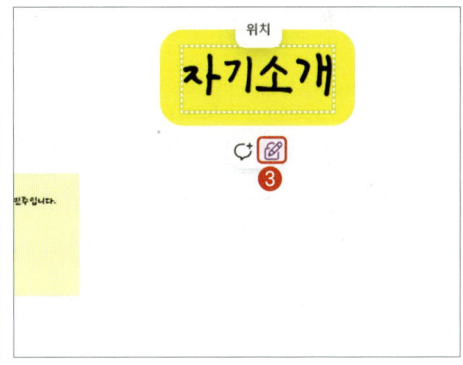

❷ 페이지 잠금

슬라이드바에서 ❶잠금 설정할 화이트보드(예 마지막 페이지)를 우클릭합니다. 목록에서 ❷[1페이지 잠금] 클릭 후 [(완전) 잠금] 또는 [부분 잠금] 중 ❸적절한 상태(예 (완전) 잠금)을 선택합니다.

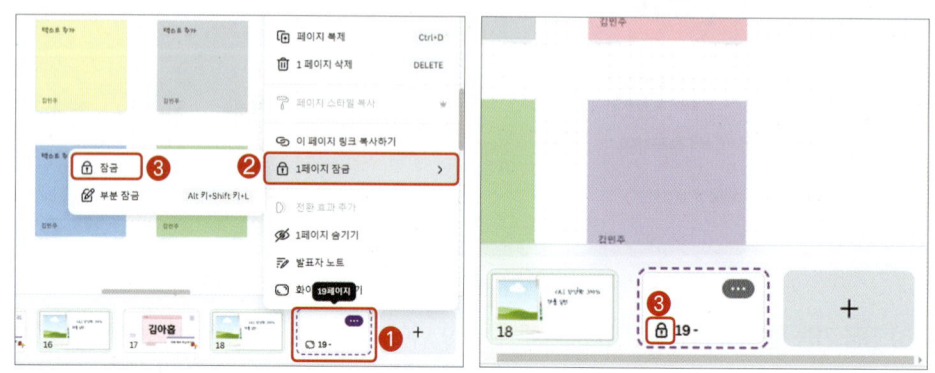

▲ ❸슬라이드 우측 하단의 완전 잠금 상태의 아이콘

민주쌤의 TIP 교사가 화이트보드에 미리 과제나 활동할 공간을 구성해 둔 상태에서, 학생들이 내용만 입력하면 되는 상황이라면 페이지 '부분 잠금' 기능이 유용합니다. 이를 활용하면 학생들이 협업 활동 중 실수로 페이지 구성을 변경하는 것을 방지하면서도, 필요한 내용은 자유롭게 입력할 수 있도록 할 수 있습니다.

2. 협업 수업 중 돌발 상황 발생 시 '대처' 방법

1) 개별 요소 복원하기

01 누군가 실수로 다른 슬라이드나 요소를 이동하거나 수정, 편집했을 경우, 편집 화면 좌측 상단의 ❶[되돌리기 버튼(뒤로가기 화살표)]을 사용해 이전 상태로 복원할 수 있습니다. 이 기능은 최근 작업만 복구할 수 있으므로, 돌발 상황이 발생했을 때 해당 학생이 즉시 [되돌리기] 버튼을 눌러야 합니다. 수업 전, 학생들에게 되돌리기 기능의 사용 방법을 미리 안내하는 것이 좋습니다.

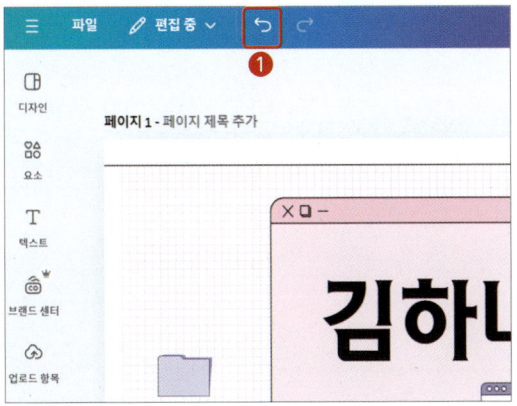

> **민주쌤의 TIP** 되돌리기 기능은 학생과 교사 모두 자신이 수행한 작업에만 적용됩니다.

2) 자동 저장 기록 복원하기

01 캔바는 작업 내용을 실시간으로 저장합니다. 편집 중 작품이 삭제되거나 수정되었을 경우, 편집 화면 좌측 상단의 ❶[파일]-❷[버전 기록]을 선택합니다. 나타난 창에서 저장된 ❸이전 버전 기록(예'자동 저장됨')을 클릭해 복원할 수 있습니다.

 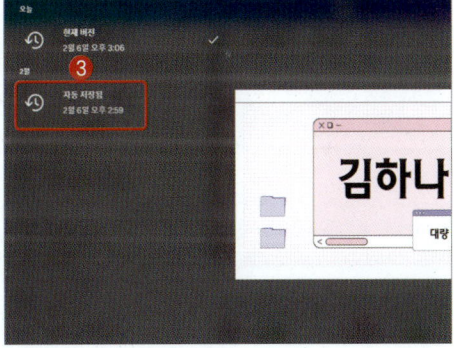

이 장에서는 캔바의 디자인 작업을 시작하기 전, 편집 화면의 명칭과 기능을 익히고, 템플릿을 활용하는 방법을 배웁니다. 이를 통해 디자인 작업의 기초를 다진 후, 다양한 기능을 활용한 수업 활동을 진행하며 함께 익혀보겠습니다.

C A N V A

CHAPTER 02

캔바 디자인과 수업레시피

02-01 캔바 디자인 편집 화면의 구성과 기본 기능 이해하기

캔바에서 디자인 기능을 활용하기 위해서는 먼저 편집 화면의 구성과 기본 기능을 이해하는 것이 중요합니다. 파일 이름 수정, 크기 조정, 되돌리기 및 자동 저장, 공유, 좌측 메뉴바, 도구창 숨기기 등 편집 화면의 주요 기능을 함께 살펴보겠습니다.

디자인 편집 화면 구성 이해하기

메인 메뉴 살펴보기

01 캔바 메인 홈페이지 좌측 상단의 ❶[디자인 만들기]를 클릭합니다. ❷'프레젠테이션 (16:9)'을 선택하여 편집 화면으로 이동합니다.

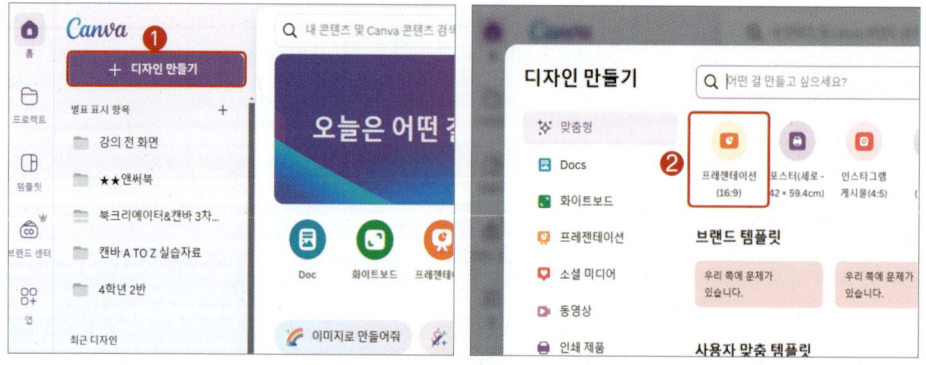

02 편집 화면 좌측 상단의 ❶[메인 메뉴 버튼] 클릭 시 ❷새로운 [디자인 만들기] 버튼, ❸'별표 표시 항목', ❹'최근 디자인' 도구창이 표시됩니다. 원하는 항목을 클릭하면 캔바 메인 홈페이지로 이동하여 해당 페이지를 열 수 있습니다.

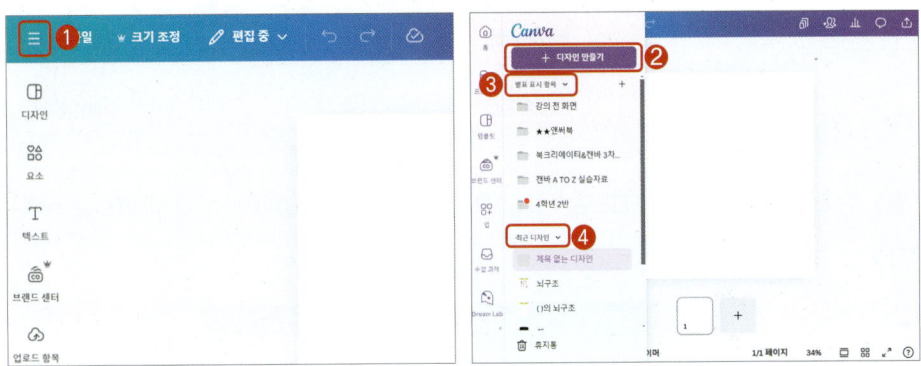

[파일] 살펴보기

편집 화면 좌측 상단의 **[파일]**을 클릭 후 메뉴를 선택합니다. 메뉴 기능은 다음과 같습니다.

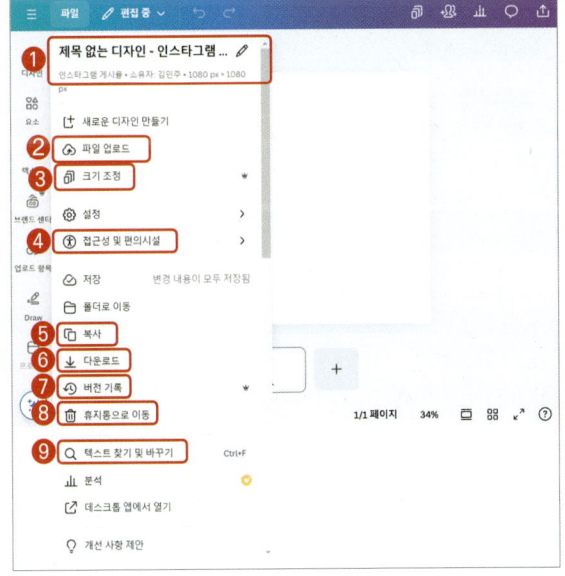

❶ **제목**: 제목 글자('제목 없는 디자인 - 인스타그램..')를 클릭해 파일 이름을 변경

❷ **파일 업로드**: 사진, 영상, 비디오, 문서 등 직접 소유한 콘텐츠를 업로드

❸ **크기 조정**: 현재 디자인을 유지한 채로 크기만 변경

❹ **접근성 및 편의 시설**: 편집 화면에서 필요한 표시를 설정

❺ **복사**: 작품을 복사해 새 파일로 생성

❻ **다운로드**: 다양한 확장자로 디자인을 다운로드

❼ **버전 기록**: 캔바의 자동 저장 기록을 확인

❽ **휴지통 이동**: 디자인을 삭제하면 휴지통에서 복원

❾ **텍스트 찾기 및 바꾸기**: 특정 단어를 검색하거나, 검색 후 다른 단어로 일괄 변경

Chapter 02 캔바 디자인과 수업레시피 **119**

크기 조정 실습하기

'크기 조정' 기능을 활용하여 현재 작업 중인 디자인 구성은 유지한 채로 디자인의 크기를 변경할 수 있습니다.

➡ 소스파일
https://m.site.naver.com/1CoAr

➡ 완성 파일
https://m.site.naver.com/1CoBb

01 주소(URL) 또는 QR 코드로 '(실습)크기 조정' 템플릿 불러와 편집 화면으로 이동합니다.

02 편집 화면 좌측 상단의 ❶[크기 조정]을 클릭합니다. ❷목록에서 원하는 디자인의 크기(예 '포스터')를 선택하거나 ❸'크기 조정 옵션 찾기' 검색창에 필요한 디자인 종류를 검색합니다.

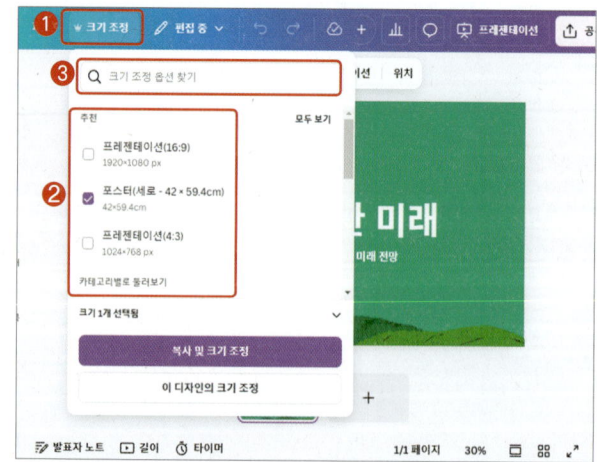

03 ❶변경할 디자인의 크기(예'포스터')를 선택합니다. ❷[복사 및 크기 조정]('새 디자인'으로 크기 변경) 또는 ❸[이 디자인의 크기 조정](현재 디자인의 크기 변경) 옵션을 선택하여 적용합니다.

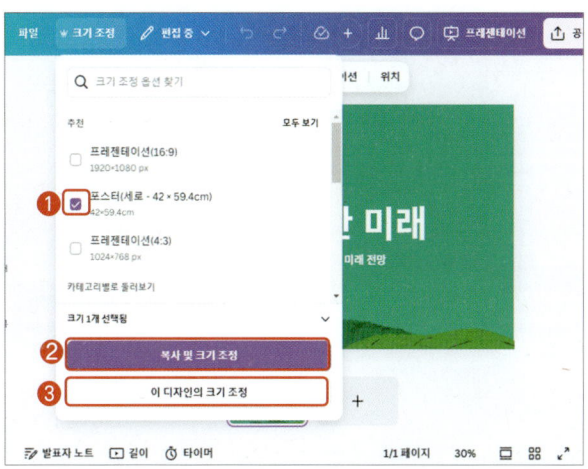

04 ❶[복사 및 크기 조정]을 선택한 경우, [그림1]과 같이 크기가 조정될 디자인의 ❷'미리보기'가 제공됩니다. ❸[포스터 열기]를 클릭하면 크기가 조정된 새로운 디자인(그림2)을 사용할 수 있습니다.

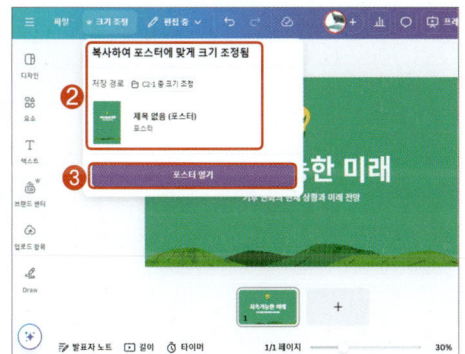

▲ [그림 1]

▲ [그림 2] 크기가 조정된 새로운 디자인

05 ❶[이 디자인의 크기 조정]을 선택한 경우, [그림1]과 같이 크기가 조정된 디자인의 ❷ '미리 보기'가 제공됩니다. 이후, ❸[이 디자인의 크기 조정] 버튼을 한 번 더 클릭하면 현재 디자인의 크기가 변경됩니다.

▲ [그림 1]

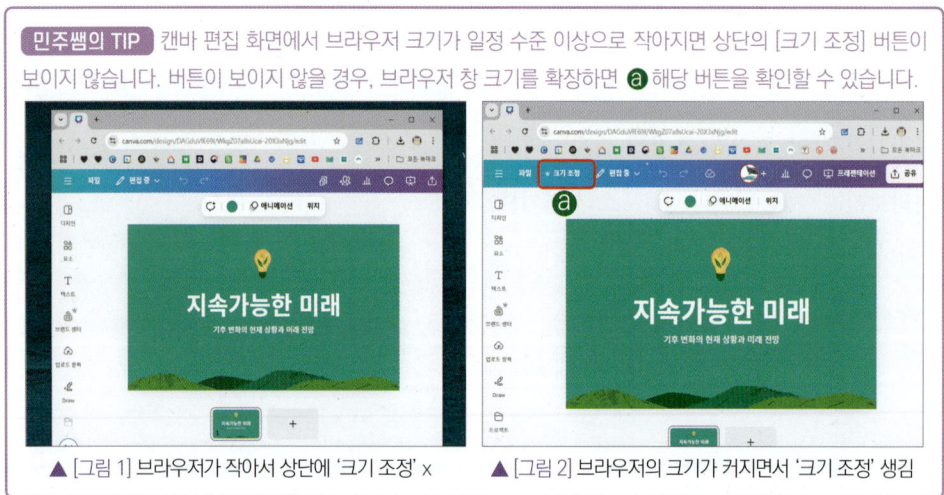

민주쌤의 TIP 캔바 편집 화면에서 브라우저 크기가 일정 수준 이상으로 작아지면 상단의 [크기 조정] 버튼이 보이지 않습니다. 버튼이 보이지 않을 경우, 브라우저 창 크기를 확장하면 ⓐ 해당 버튼을 확인할 수 있습니다.

▲ [그림 1] 브라우저가 작아서 상단에 '크기 조정' x   ▲ [그림 2] 브라우저의 크기가 커지면서 '크기 조정' 생김

되돌리기 / 자동 저장 기능 살펴보기

편집 화면 좌측 상단의 ❶[되돌리기] 및 ❷[다시 실행] 버튼을 사용하여 작업을 순서대로 되돌리거나 다시 실행할 수 있습니다. 또한, ❸'구름 아이콘과 체크 표시'는 자동 저장 상태를 나타내며, 구름 아이콘에 '/'가 표시되면 인터넷 연결이 원활하지 않음을 의미합니다.

'공유' 살펴보기

편집 화면 우측 상단의 ❶[공유]를 클릭하면, ❷초대할 사용자를 추가('액세스 권한이 있는 사용자'란)하거나, ❸협업 링크를 생성할 수 있습니다. 자세한 내용은 337 페이지를 참고합니다.) 또한, 하단의 ❹[다운로드] 버튼을 통해 다양한 형식으로 작품을 저장할 수 있습니다. 자세한 내용은 330 페이지를 참고합니다.

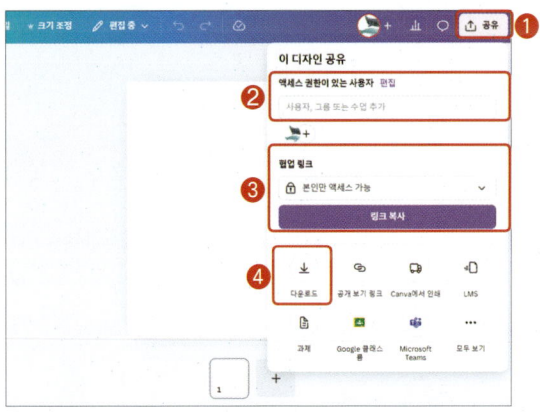

디자인 메뉴바의 주요 항목의 기능

실제로 작업이 이루어지는 공간(캔버스)의 좌측 디자인 메뉴바에는 작업하면서 필요한 각종 필요한 도구들을 모여 있습니다.

❶ **디자인:** 템플릿 추천 및 제공
❷ **요소:** 사진, 영상, 그래픽 등 삽입 가능한 콘텐츠
❸ **텍스트:** 텍스트 상자 삽입
❹ **브랜드 센터:** 팀 전용 템플릿과 글씨체 설정
❺ **업로드 항목:** 사용자 콘텐츠 업로드 및 관리
❻ **Draw:** 그리기 도구
❼ **프로젝트:** 자동 저장된 콘텐츠 관리
❽ **앱:** 캔바와 연동하여 사용할 수 있는 다양한 앱이 있는 화면으로 이동

도구창 숨기기

01 좌측 도구바의 아이콘 중 하나(❶'**디자인**')를 클릭해 관련 ❷'**도구창**'을 표시하거나, 우측 상단의 ❸[**숨기기 버튼**]으로 도구창을 숨겨 편집 화면을 더 넓게 사용할 수 있습니다 (그림1).

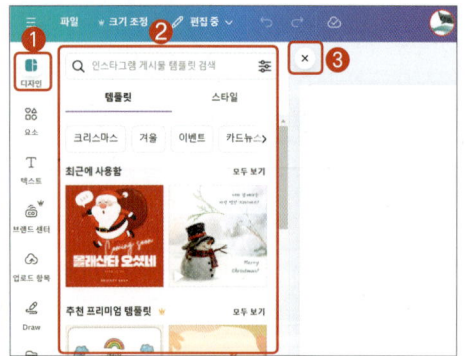 

▲ [그림 1]

디자인 캔버스(슬라이드) 살펴보기

디자인 작업이 이루어지는 공간으로, 다양한 요소를 배치해 본격적인 활동 및 디자인 제작을 할 수 있는 곳입니다.

편집 화면 하단 도구 살펴보기

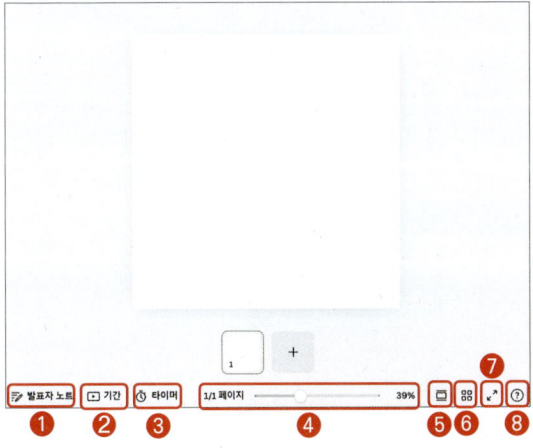

❶ **발표자 노트:** 슬라이드 설명 작성 및 대본 활용

❷ **기간:** 동영상 편집 화면 전환 (234 페이지 참조)

❸ **타이머:** 작업 시간을 설정하는 타이머

❹ **페이지 표시:** 현재 슬라이드 위치 표시

❺ **화면 비율:** 편집 화면 확대/축소

❻ **스크롤뷰:** 슬라이드 바를 숨기고 스크롤로 이동

❼ **그리드뷰:** 모든 슬라이드를 한눈에 표시 (137 페이지 참조)

❽ **전체 화면 프레젠테이션:** 전체 화면 프레젠테이션 모드 전환

Chapter 02 캔바 디자인과 수업레시피

디자인 템플릿 활용하기

디자인 템플릿 찾기

01 메뉴바에서 ❶[디자인]을 클릭합니다. ❷제시된 도구창의 템플릿을 선택하거나 ❸'템플릿 검색창'에 원하는 디자인(예'크리스마스')을 검색합니다. 특정 주제, 분위기, 색상 등 관련 키워드 검색도 가능합니다.

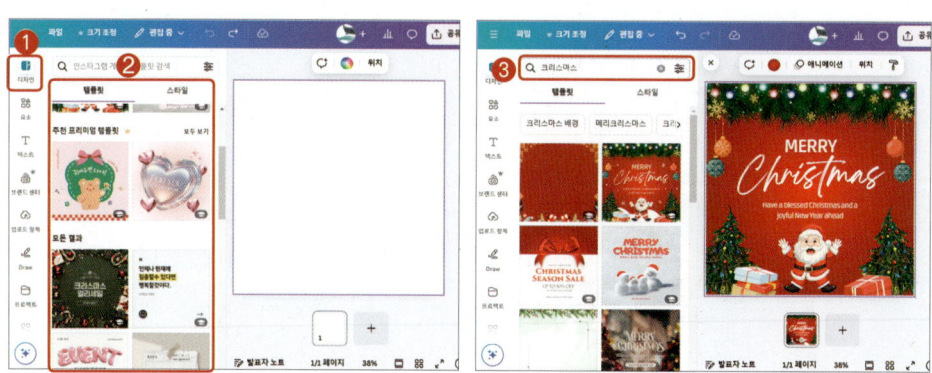

> **민주쌤의 꿀팁** — 원하는 디자인 찾기
>
> 수많은 템플릿에서 원하는 디자인을 찾기 어렵다면, 제시된 템플릿 목록에서 가장 비슷한 디자인을 클릭하고, ❶제목의 키워드(예 'Christmas')를 다시 검색하거나 도구창 좌측 하단의 ❷'비슷한 이미지'에서 유사한 템플릿을 찾아볼 수 있습니다.
>
>

템플릿 적용하기

01 좌측 메뉴바의 ❶[디자인]에서 ❷'템플릿' 카테고리를 선택합니다. ❸디자인에 적용할 템플릿(**예** 첫 번째 템플릿)을 선택합니다. 템플릿을 이루고 있는 ❹전체 슬라이드의 목록이 표시됩니다. 그 중 ❺원하는 슬라이드(**예** 슬라이드1)만 클릭하여 해당 페이지에 바로 적용할 수 있습니다.

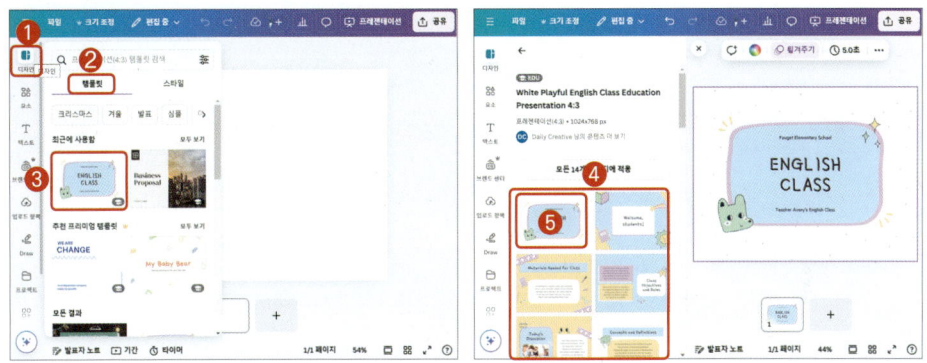

02 또는 ❶[모든 페이지에 적용]으로 '전체 슬라이드에 적용' 가능합니다.

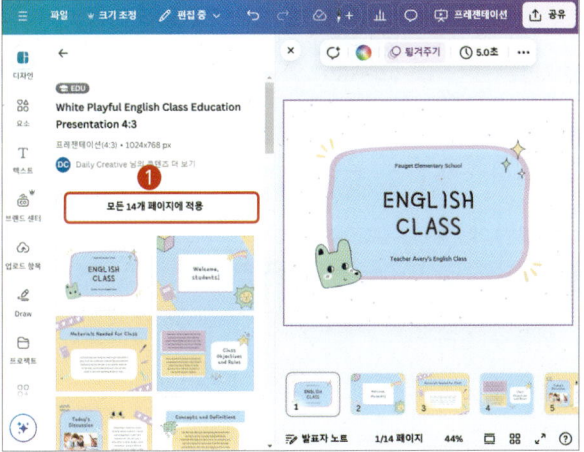

Chapter 02 캔바 디자인과 수업레시피 **127**

| 민주쌤의 꿀팁 | 빈 슬라이드에 새 페이지 추가시 주의 사항

[그림1]처럼 슬라이드가 비어있지 않은 경우는 ⓐ특정 템플릿 페이지 선택 시 ⓑ[현재 페이지 대체] 또는 ⓒ[새 페이지 추가] 옵션을 선택해야 합니다. [현재 페이지 대체]는 선택한 디자인 템플릿으로 현재 슬라이드를 '변경'합니다. [새 페이지 추가]는 새로운 슬라이드를 생성한 후 디자인 템플릿을 '추가'합니다. [현재 페이지 대체]를 선택하면 원래 있던 슬라이드의 디자인이 변경되므로 주의가 필요합니다.

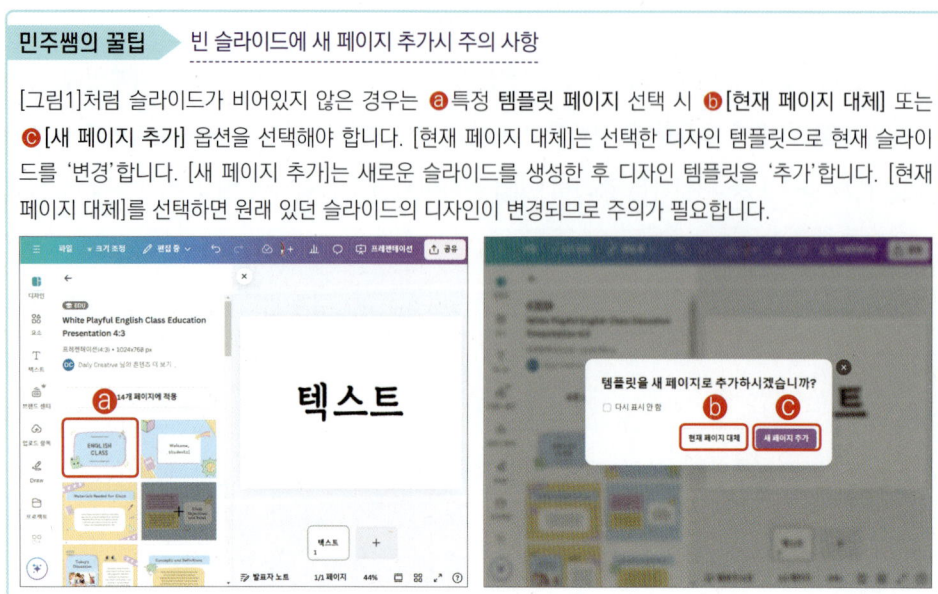

▲ [그림 1]

'템플릿 스타일' 활용하기

➡ 소스파일

https://m.site.naver.com/1CoCe

➡ 완성 파일

https://m.site.naver.com/1CoCU

01 [그림1]에서 슬라이드  마지막 페이지와 나머지 페이지 템플릿의 색감과 분위기가 다릅니다. 이때 '템플릿 스타일'을 활용해 마지막 페이지를 나머지 페이지와 비슷한 색과 분위기로 바꿀 수 있습니다.

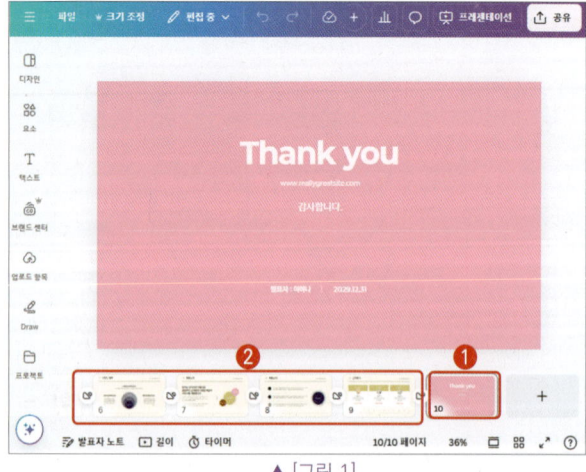

▲ [그림 1]

02 좌측 메뉴창의 ❶[디자인] - ❷[스타일] 카테고리을 클릭합니다. ❸'조합', ❹'색상 팔레트' 등이 제시됩니다. 조합과 색상 팔레트는 ❺[모두 보기] 버튼으로 각각 모아서 확인할 수 있습니다.

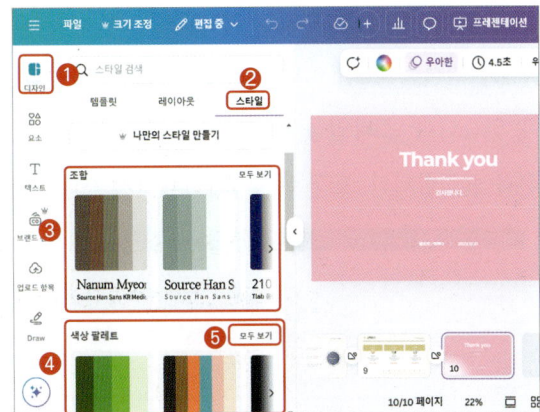

03 슬라이드의 전체적인 색감과 글씨체를 변경하려면 '**조합**', 색감만 변경하려면 '**색상 팔레트**' 기능을 활용합니다. 두 기능을 사용하여 ❶마지막 페이지의 디자인이 ❷나머지 페이지와 ❸조화를 이루도록 변경해 보겠습니다.

▲ [조합] 목록 중 'ⓐSUNFLOWER' 적용

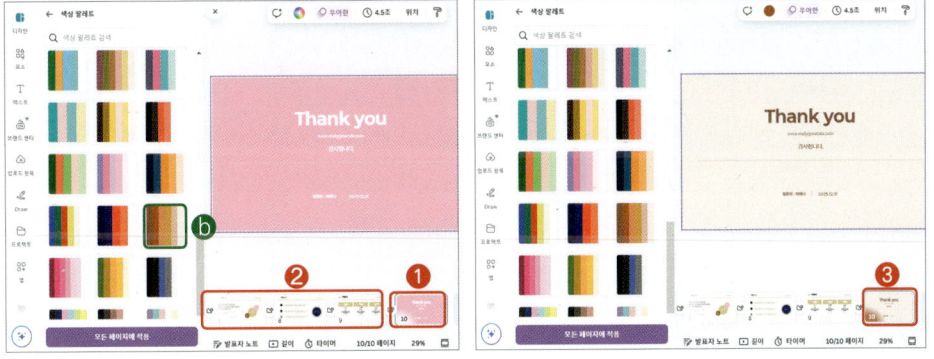

▲ [색상 팔레트] 중 ⓑ브라운 색상 팔레트 적용

템플릿 스타일 복사하기

01 원하는 '조합'이나 '색상 팔레트'가 없을 경우, '템플릿 스타일 복사' 기능을 사용할 수 있습니다. 스타일을 가져올 슬라이드(예 슬라이드 8)를 우클릭 또는 ❶[가로점 세 개] 버튼을 클릭합니다. 도구 목록 중 ❷[페이지 스타일 복사]를 클릭합니다.

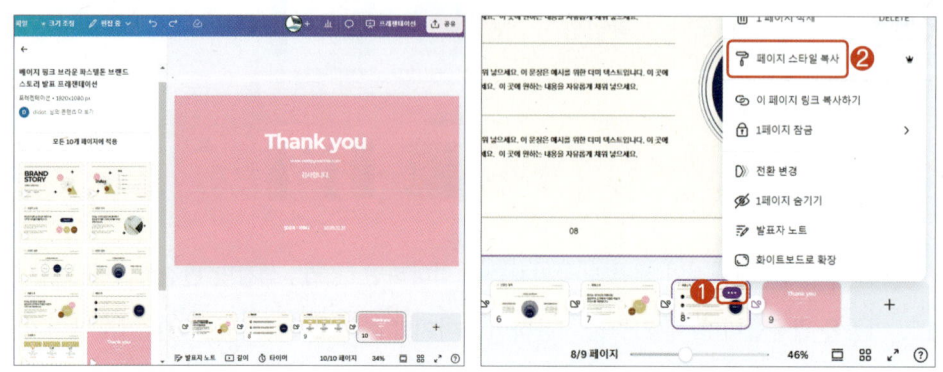

02 [그림1]에서 복사한 스타일을 적용할 슬라이드(마지막 슬라이드)를 우클릭 또는 ❶[가로점 세 개] 버튼을 클릭합니다. 도구 목록 중 ❷[페이지 스타일 붙여넣기]를 클릭하여 해당 슬라이드에 다른 슬라이드의 색상 및 조합을 적용할 수 있습니다.

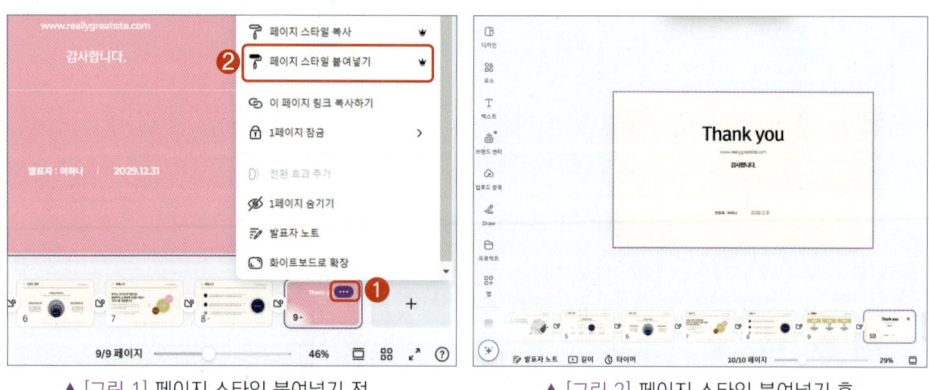

▲ [그림 1] 페이지 스타일 붙여넣기 전   ▲ [그림 2] 페이지 스타일 붙여넣기 후

02-02
디자인 편집 화면 보기 방식 3가지 이해하기

캔바의 편집 화면은 3가지 보기 방식이 있습니다. 각 보기 방식의 특징과 보기 방식 별 슬라이드 추가, 삭제, 복제 등의 기능을 먼저 이해하면 교사와 학생 모두 디자인 편집 작업을 수월하게 진행할 수 있습니다. 또한 각 보기 방식을 수업 활동에 적절하게 선택하면 더욱 효과적인 작업과 감상이 가능해집니다.

▶ 소스파일
https://m.site.naver.com/1CoDF

썸네일뷰 이해하기

01 소스 파일의 '(실습)편집 화면 보기 방식' 템플릿을 선택하여 준비합니다. 썸네일뷰는 [그림1]과 같이 편집 화면 하단에 슬라이드가 순서대로 정렬된 바가 표시되고, 슬라이드바에서 ❷개별 슬라이드(예 1번 슬라이드)의 썸네일을 선택해 한 페이지씩 편집할 수 있습니다.

▲ [그림 1]

슬라이드 순서 변경하기

01 슬라이드바에서 이동할 ❶슬라이드를 드래그하여 순서를 변경할 수 있습니다.

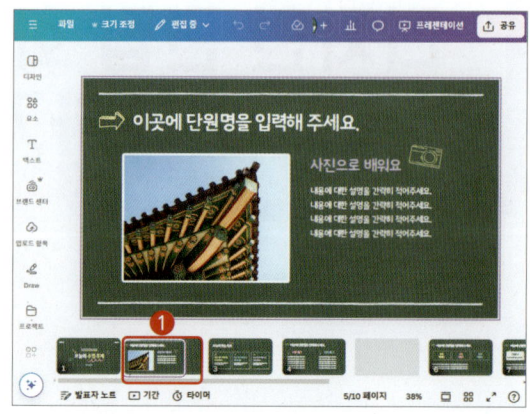

슬라이드 제목 변경하기

01 ❶제목을 변경할 슬라이드(예 2번 슬라이드)를 마우스 우클릭 또는 슬라이드 우측 상단의 ❷[가로점 세 개] 버튼을 누릅니다. 도구 목록 상단에 있는 ❸슬라이드 제목(예 '1페이지 이름 변경')을 클릭하여 ❹변경(예 '오늘의 학습 목표')합니다.

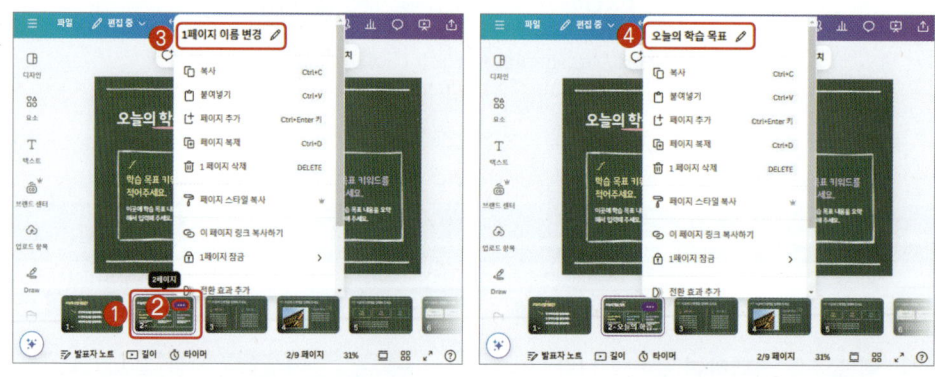

02 슬라이드바의 해당 슬라이드 하단에 ❺변경된 제목(예 '오늘의 학습…')이 나타납니다.

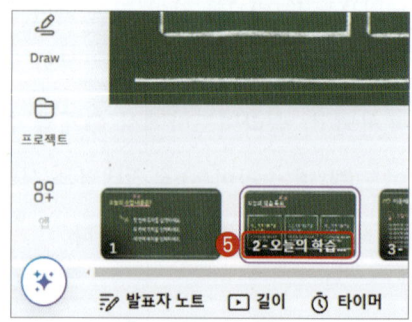

썸네일뷰의 슬라이드 관리 도구 살펴보기

슬라이드바에서 각 슬라이드를 우클릭 또는 [가로점 세 개] 버튼을 클릭합니다.

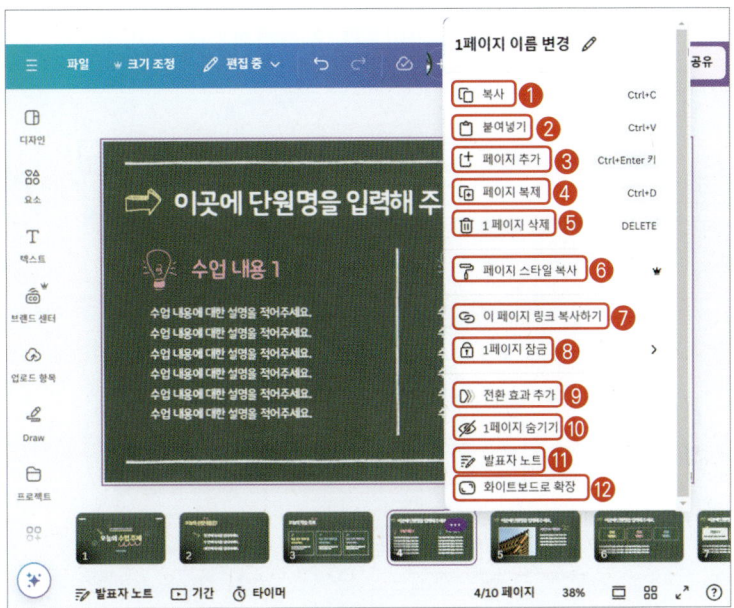

① **복사:** 해당 슬라이드를 복사합니다.
② **붙여넣기:** 복사한 슬라이드를 원하는 위치에 붙여넣습니다.
③ **페이지 추가:** 해당 슬라이드 옆에 새 페이지를 추가합니다.
④ **페이지 복제:** 해당 페이지를 복사하여 바로 옆에 붙여넣습니다.
⑤ **페이지 삭제:** 해당 페이지를 삭제합니다.
⑥ **페이지 스타일 복사:** 슬라이드의 디자인 서식과 테마를 복사합니다.
　페이지 스타일 붙여넣기: 복사한 스타일을 슬라이드에 적용합니다.
⑦ **페이지 링크 복사:** 해당 슬라이드의 링크를 복사합니다.
⑧ **페이지 잠금:** 수정이 불가능하도록 설정합니다. 관련 내용은 89페이지를 참고합니다.
⑨ **전환 효과 추가:** 슬라이드 간 전환 애니메이션을 추가합니다. 관련 내용은 247 페이지를 참고합니다.
⑩ **페이지 숨기기:** 프레젠테이션 시 해당 슬라이드를 숨깁니다.
⑪ **발표자 노트:** 슬라이드 메모나 대사를 작성합니다.
⑫ **화이트보드로 확장:** 해당 슬라이드를 화이트보드로 전환합니다. 관련 내용은 103 페이지를 참고합니다.

슬라이드 다중 선택하기

개별 슬라이드 다중 선택하기

01 Ctrl 키를 누른 채로 ❶원하는 슬라이드(1, 3 슬라이드)를 개별적으로 클릭하여 다중 선택합니다.

연속된 슬라이드 다중 선택하기

01 Shift 키를 누른 채로 ❶첫 번째(예슬라이드1)와 ❷마지막 슬라이드(예 슬라이드6)를 클릭하면, 그 사이 ❸모든 슬라이드까지 다중 선택됩니다.

스크롤뷰 이해하기

스크롤뷰에서는 편집 화면 하단의 ❶썸네일바(슬라이드바)가 사라지고, ❷상하 스크롤로 슬라이드 간 이동이 가능한 보기 방식입니다.

 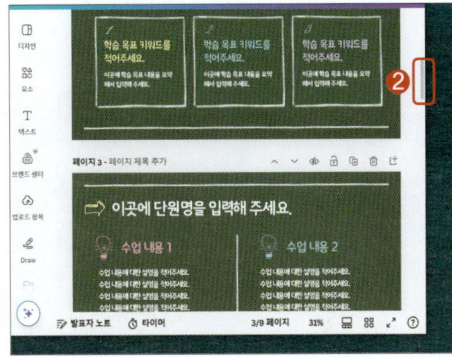

스크롤뷰로 전환하기

01 썸네일뷰 화면에서 ❶우측 하단의 [스크롤뷰 버튼(▫)]을 클릭하여 슬라이드바를 숨기고 스크롤뷰로 전환합니다(그림1).

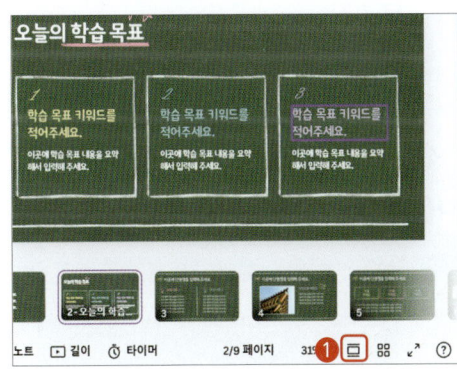 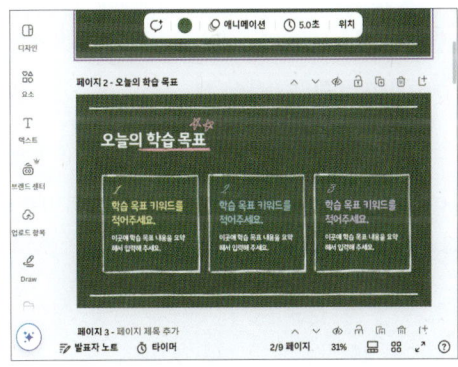

▲ [그림 1] 썸네일뷰 -> 스크롤뷰로 전환

스크롤뷰의 슬라이드 관리 도구 살펴보기

스크롤뷰는 각 슬라이드 우측 상단의 아이콘들을 통해 슬라이드 ❶이동, ❷숨기기, ❸잠금 설정, ❹복제, ❺삭제, ❻추가의 기능을 실행합니다.

❶ **이동**: 슬라이드 순서를 변경합니다.
❷ **숨기기**: 프레젠테이션에서 해당 슬라이드를 숨깁니다.
❸ **잠금 설정**: 슬라이드 수정을 제한합니다.
❹ **복제**: 슬라이드를 복사하여 붙여넣습니다.
❺ **삭제**: 해당 슬라이드를 삭제합니다.
❻ **추가**: 새로운 슬라이드를 생성합니다.

썸네일뷰로 전환하기

스크롤뷰 상태에서 우측 하단의 ❶[썸네일뷰 전환 버튼(🖵)]을 클릭하여 다시 하단에 슬라이드바가 있는 썸네일뷰로 전환할 수 있습니다(그림1).

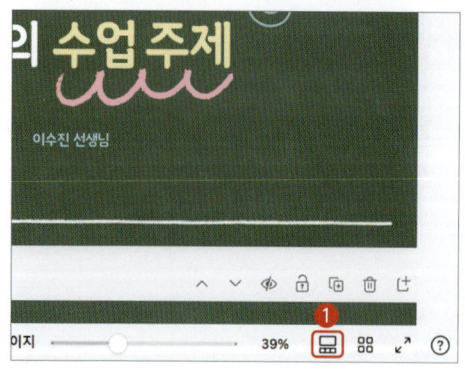
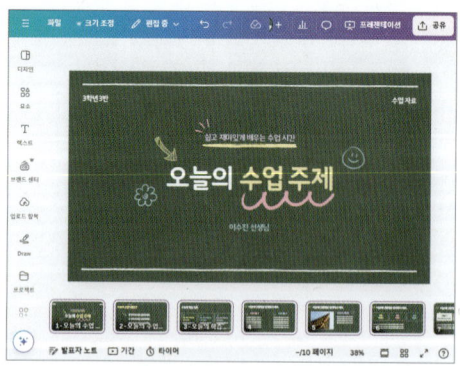

▲ [그림 1] 스크롤뷰 -> 썸네일뷰 전환

그리드뷰 이해하기

그리드뷰는 모든 슬라이드를 한눈에 볼 수 있는 보기 방식으로, 슬라이드의 개수가 많을수록 효과적으로 활용할 수 있습니다. 또한, 특정 슬라이드의 위치를 빠르게 확인하거나 수정이 필요한 슬라이드를 선택하기에도 유용합니다.

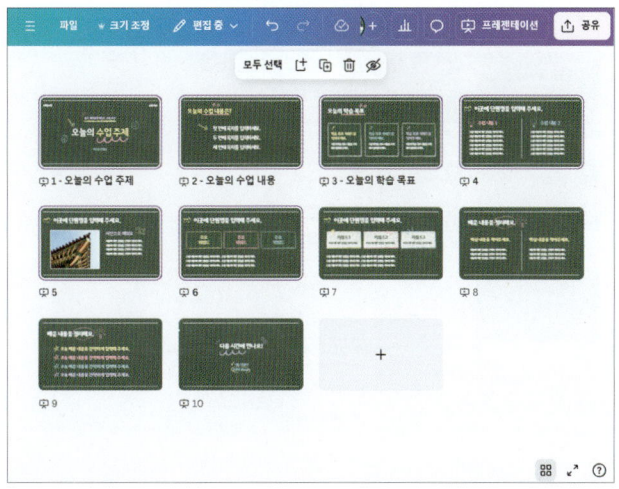

그리드뷰 전환하기

01 ❶[그리드뷰 전환 버튼( )]을 클릭하여 현재 스크롤뷰에서 그리드뷰로 보기 방식을 전환할 수 있습니다.

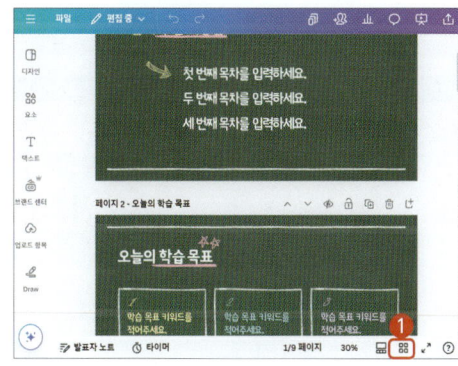

▲ 스크롤뷰

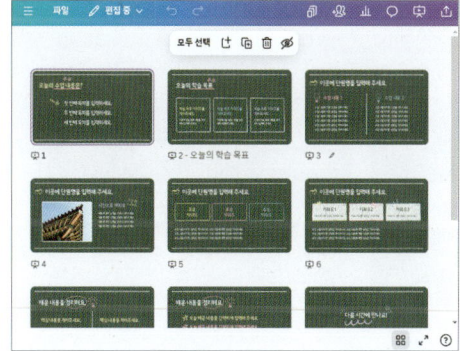

▲ 그리드뷰 전환

그리드뷰의 슬라이드 관리 도구 살펴보기

01 그리드뷰의 각 슬라이드 우측 상단의 ❶[가로점 세 개] 버튼을 클릭해 슬라이드의 ❷이름을 변경하거나 슬라이드를 ❸복사 및 붙여넣기, ❹추가, ❺복제, ❻삭제, ❼잠금 설정 등의 기능을 실행합니다.

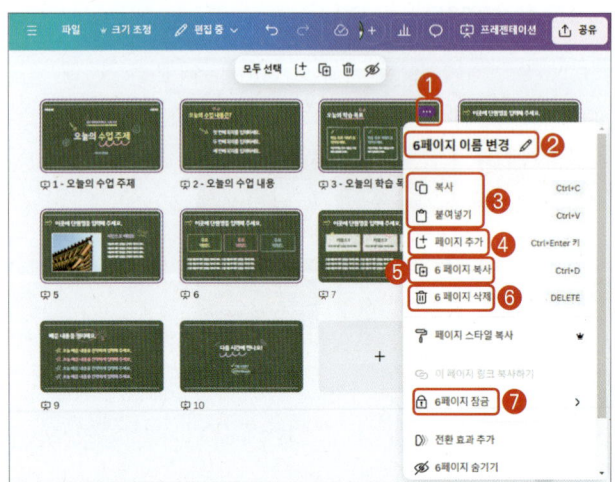

> **민주쌤의 TIP** 썸네일뷰에서 사용했던 슬라이드 다중 선택(134 페이지 참고)은 그리드뷰에서도 가능합니다.

그리드뷰 해제하기

01 우측 하단의 ❶[그리드뷰 전환 버튼(▦)]을 다시 클릭하거나 ❷이동할 슬라이드(예슬라이드8)를 더블 클릭하여 이전의 보기 방식인 썸네일뷰 또는 스크롤뷰로 전환할 수 있습니다.

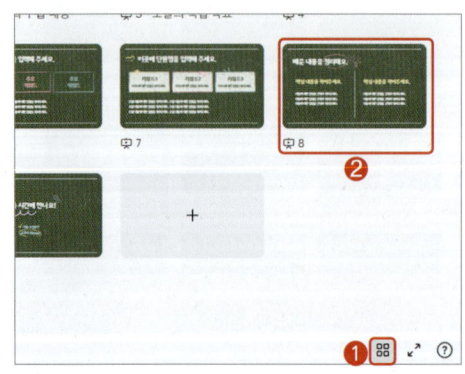

▲ 그리드뷰　　　　　　▲ 〈스크롤뷰〉 전환

> **민주쌤의 꿀팁** 수업 중 발생하는 돌발 상황 사례

수업 중 학생이 썸네일뷰의 ⓐ [가로점 세 개] 버튼을 찾지 못한다고 하면, 보기 방식이 스크롤뷰로 설정(그림1)되어 있을 가능성이 높습니다. 하지만 썸네일뷰와 스크롤뷰는 편집 화면 보기 방식의 차이를 모르면 구별하기 어려울 수 있습니다(그림2).
이런 혼란을 방지하려면 수업 시작 전에 학생들과 함께 각 보기 방식의 차이를 이해하고 같은 보기 방식을 사용하여 실습하는 것이 필요합니다.

▲ [그림 1] 스크롤뷰

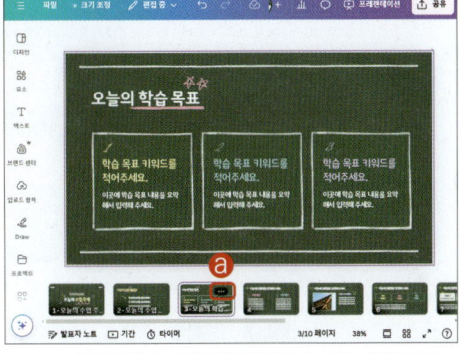
▲ [그림 2] 스크롤뷰와 헷갈릴 수 있는 썸네일뷰

수업에서 활용하기

수업의 활동이나 과정에 알맞는 보기 방식을 활용할 수 있습니다. 특히 학생들이 한 작품에 모두 모여 작품을 제작하는 협업 수업을 진행할 시에는 모든 학생들에게 편집 권한이 있기 때문에, 보기 방식이 적절하지 않을 경우 자신의 작품 이외에 다른 친구의 작품을 실수로 만질 수도 있습니다. 따라서 수업의 형태나 과정에 따라 어떤 보기방식이 더 효율적인지 배워보겠습니다.

썸네일뷰 활용하기

썸네일뷰는 슬라이드를 하나씩 편집하는 방식으로, 학생들이 협업 수업에서 자신의 작품 슬라이드를 독립적으로 제작하는 과정에 적합한 보기 방식입니다. 다만, 작품 감상 활동에

서는 썸네일뷰 상태에서 ❶슬라이드 바를 옆으로 터치하는 과정에서 실수로 다른 학생의 슬라이드를 이동시키는 상황이 발생할 수 있으므로 적합하지 않습니다.

▲ 썸네일뷰

스크롤뷰 활용하기

스크롤뷰는 작품 감상 활동에 비교적 적합한 보기 방식입니다. 스크롤뷰 편집 화면에서는 슬라이드 제작 공간 ❶양옆에 드래그할 수 있는 여백이 있어, 학생들이 해당 여백을 이용해 터치 스크롤하거나 ❷우측 스크롤바를 드래그하여 작품을 감상할 수 있습니다. 이를 통해 작품 간 이동 시 발생할 수 있는 드래그 오류를 최소화할 수 있습니다.

그리드뷰 활용하기

슬라이드 수가 많을 경우, 스크롤뷰에서 위아래로 스크롤하며 작품을 감상하는 것이 불편할 수 있습니다. 이럴 때 그리드뷰를 활용하면 모든 슬라이드를 한눈에 볼 수 있어 보다 효율적입니다. 그리드뷰에서는 작품 전체를 직관적으로 살펴볼 수 있으며, 감상 활동 시 자세히 ❶보고 싶은 슬라이드(예슬라이드10)를 더블 클릭하면 해당 슬라이드로 바로 이동(그림1)할 수 있어 보다 효율적이고 안정적인 감상이 가능합니다.

▲[그림 1]

이처럼 편집 화면의 보기 방식은 적절하게 활용할 경우 개인 작품 제작 시 편리성을 높여줄 뿐만 아니라, 협업 수업에서도 더욱 안정적인 진행이 가능합니다. 따라서, 학생들과 캔바로 본격적인 수업 활동을 시작하기 전에 세 가지 보기 방식의 특징과 전환 방법을 함께 익히고 활용하는 것이 효과적입니다.

02-03
캔바 디자인 요소 정복하기

캔바에서 디자인에 사용하는 모든 개체들은 '요소'라고 불립니다. 캔바는 사진, 동영상, 오디오, 차트, 프레임, 그래픽 등 다양한 요소를 제공하며, 이를 활용하면 주제에 맞는 학생 작품이나 교사용 자료를 보다 생동감 있고 풍부하게 만들 수 있습니다. 이 장에서는 각 요소별 특징과 사용법의 기초를 다지고, 요소를 실제 수업 자료와 프로젝트에서 어떻게 활용할 수 있는지 배워보겠습니다.

디자인 기초 다지기

[디자인 만들기]로 새 템플릿 만들기

01 필요한 템플릿의 크기를 선택해야 하는 경우, 캔바 메인 홈페이지 좌측 상단에서 ❶[디자인 만들기]를 클릭합니다. ❷다양하게 정형화된 디자인 템플릿 중 하나를 선택하거나, 창 좌측 하단의 ❸[맞춤형 크기] 옵션을 통해 원하는 사이즈를 직접 입력하여 새로운 디자인을 시작할 수 있습니다.

 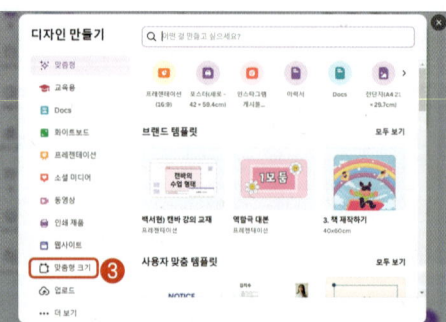

요소 간 위치 조정하기

소스파일 	완성 파일
https://m.site.naver.com/1CoEH	https://m.site.naver.com/1CoFB

01 디자인 페이지에서 다양한 요소를 활용하다 보면, 요소들이 예상과 다르게 겹치는 경우가 발생할 수 있습니다. 이러한 경우, [위치] 옵션을 활용하여 요소의 순서를 조정할 수 있습니다.

먼저, 소스 파일의 '(실습)요소 위치 정리' 템플릿을 준비합니다. 해당 페이지에는 1~4까지의 숫자 그래픽 요소가 겹쳐 삽입되어 있으며(그림1), 이를 [그림2]와 같이 번호 순서대로 앞쪽에 보이도록 정렬하기 위해 요소 간 위치 조정 기능 두 가지를 배워보겠습니다.

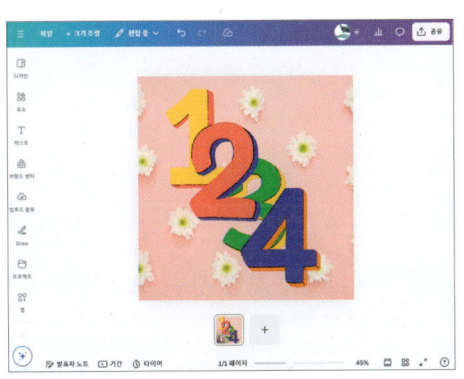
▲ [그림 1]

▲ [그림 2]

'정렬' 기능 활용하기

01 ❶위치를 조정하려는 요소(예: 그래픽 '3')를 클릭합니다. 해당 요소의 상단 도구바에서 ❷[위치]를 선택합니다. 그런 다음, 좌측 도구창의 ❸[정렬] 메뉴에서 ❹[앞으로], [뒤로], [맨 앞으로], [맨 뒤로] 버튼을 사용하여 요소의 순서를 조정합니다.

'레이어' 정리 기능 활용하기

❶**위치를 조정하려는 요소(예그래픽'3')**를 클릭한 후, 상단 도구바에서 ❷**[위치]**를 선택합니다. 좌측 도구창 상단의 ❸**[레이어]**를 클릭합니다. 목록으로 제시된 각 요소 블록의 ❹**[위치 이동 버튼('점 6개버튼')]**을 드래그하여 손쉽게 순서를 조정할 수 있습니다. 목록에서 위로 올라갈수록 해당 요소가 앞에 배치됩니다(그림1).

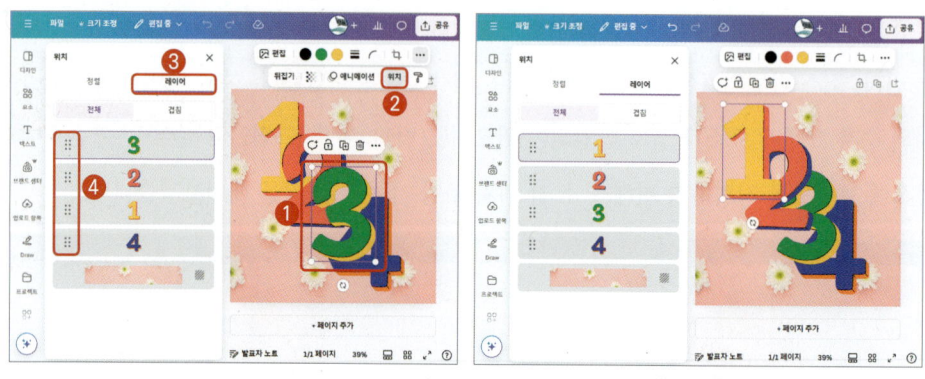

▲ [그림 1]

이제부터 본격적으로 다양한 작품을 제작하며 다양한 요소들의 기능을 익혀보겠습니다. 실습 중 삽입한 요소들의 위치 순서가 어긋나 완성작과 다르게 보일 경우, 요소 위치 조정 기능을 활용해보세요.

텍스트 요소 - 카드뉴스 제작하기

텍스트 요소는 디자인에서 정보 전달 역할을 하는 중요한 기본 도구로 다양한 글꼴과 크기, 색상으로 원하는 서식을 변경하여 정보의 가독성을 높이고 원하는 디자인의 분위기를 연출할 수 있습니다.

이번에는 텍스트 요소와 기본 요소의 사용법을 익히며, 학기 초에 유용하게 활용할 수 있는 '학급 규칙 카드 뉴스'를 만들어 보겠습니다. 카드뉴스는 짧고 간결한 형식으로 핵심 정보를 전달하는 도구로, 학생들이 친숙하게 접할 수 있는 매체입니다. 카드뉴스로 다룰 수 있는 주제는 환경, 건강, 홍보, 교육, 안내처럼 우리 생활 속에서 쉽게 접할 수 있는 것들입니다. 학생들의 삶과 가까운 주제라 더 재미있고, 자연스럽게 다양한 이야기를 나눌 수 있습니다.

➡ 소스파일
https://m.site.naver.com/1CoGn

➡ 완성 파일
https://m.site.naver.com/1CoGV

카드뉴스 템플릿 준비하기

01 캔바 홈페이지 메인 화면 상단 ❶템플릿 검색창에 '카드 뉴스'를 검색하고 사용할 디자인을 선택하거나, 소스 파일의 '(실습)카드뉴스' 템플릿을 선택하여 준비합니다.(그림1)

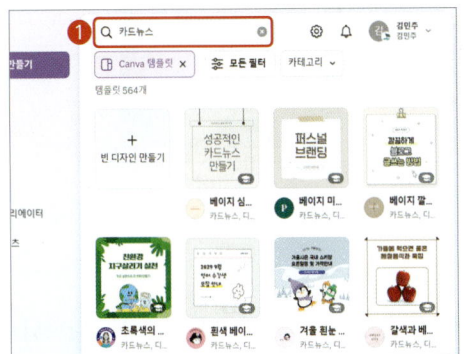
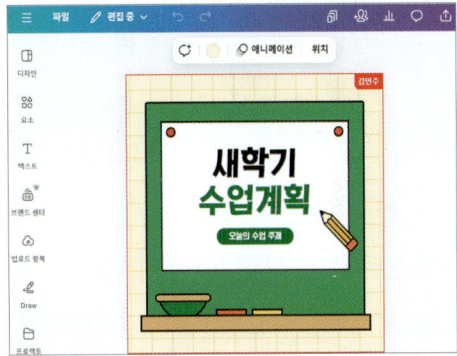

▲ [그림 1]

텍스트 요소의 크기 조정하기

01 카드 뉴스의 제목인 '새학기 수업계획'을 클릭합니다. 텍스트 상자에 영역이 표시되고, 꼭지점에는 ❶원형 핸들, 세로 모서리에는 ❷둥근 막대 모양의 핸들이 나타납니다. 원형 핸들을 드래그하여 텍스트 상자의 크기나 세로선의 둥근 막대 핸들을 드래그하여 텍스트 상자의 가로 길이를 조정할 수 있습니다.

| 민주쌤의 꿀팁 | 텍스트 상자 가로 길이 조절 안내 |

학생들이 캔바를 처음 사용할 경우 텍스트 상자의 가로 길이가 짧아 ⓐ 원치 않는 문장의 줄바꿈이 자주 발생합니다. 텍스트 요소를 학생들이 처음 배울 때 ⓑ 세로선의 둥근 막대 핸들을 활용한 텍스트 상자의 가로 길이 조정 방법을 알려주세요.

텍스트 요소 삭제 및 복제하기

01 ❶'새학기 수업계획'를 클릭하면 해당 텍스트 요소의 ❷상단 미니 도구바가 나타납니다. 미니 도구바에서 ❸[복제 버튼(📋)]을 클릭하여 똑같은 텍스트 상자를 복제할 수 있습니다. 또는 ❹[삭제 버튼(휴지통)]을 클릭하여 해당 텍스트 요소를 삭제할 수 있습니다.

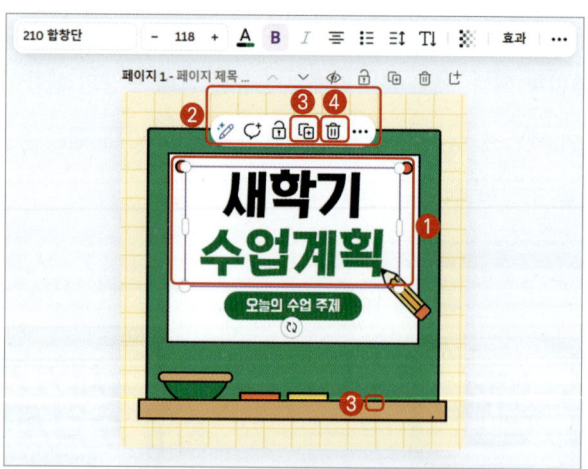

| 민주쌤의 TIP | 텍스트 요소 외의 다른 요소도 크기 조정 및 삭제 방법이 동일합니다. |

텍스트 수정하기

01 ❶수정할 텍스트 상자(예'새학기 수업계획')를 더블 클릭(또는 두 번 터치)하면 텍스트를 편집할 수 있는 커서나 영역이 나타납니다. 텍스트 상자의 내용을 우리가 만드는 카드뉴스 주제(예 ❷'우리반 학급규칙')에 맞게 수정해보겠습니다.

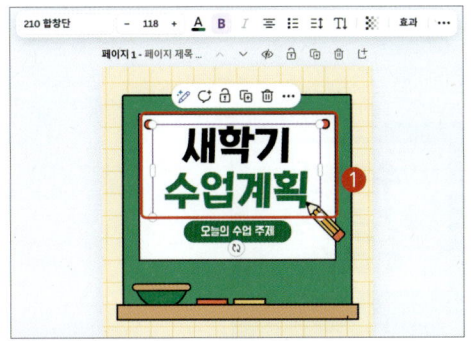 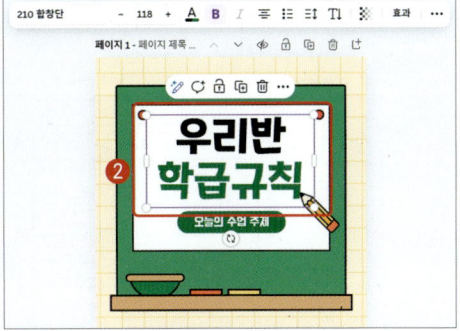

민주쌤의 TIP 텍스트 상자를 더블 클릭(또는 두 번 터치)해도 입력 커서(영역)가 나타나지 않는 경우, 해당 글자는 텍스트 요소가 아닌 이미지 요소로 만들어진 것입니다. 이 경우 문구를 변경할 수 없습니다.

글꼴 변경하기

01 텍스트 상자를 클릭하면 나타나는 상단 도구바에서 글꼴을 변경할 수 있습니다. 상단 도구바의 ❶[글꼴 옵션('210 합창단')]을 클릭합니다. 좌측 도구창에 표시된 글꼴 목록에서 ❷원하는 글꼴(예'Jeju Hallasan')을 선택합니다. 글꼴 선택 후 ❸[모두 변경]을 클릭하면 작품 전체의 제목 글꼴을 한 번에 변경할 수 있습니다.

 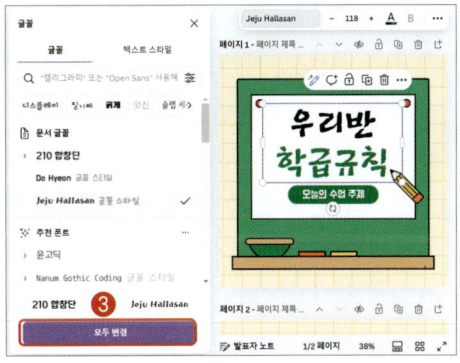

민주쌤의 TIP 글꼴 [모두 변경]은 전체 슬라이드의 모든 텍스트 글꼴이 일괄 변경되는 것이 아닙니다. [모두 변경] 버튼 위 '210 합창단 -> Jeju Hallasan' 표시는 슬라이드 내에서 원래 '210 합창단' 글꼴이었던 텍스트만 'Jeju Hallasan' 글꼴로 변경된다는 의미입니다.

> 민주쌤의 미니 특강

텍스트 요소 편집 기능 정복하기

1. 텍스트 요소 좌측 도구창 정복하기

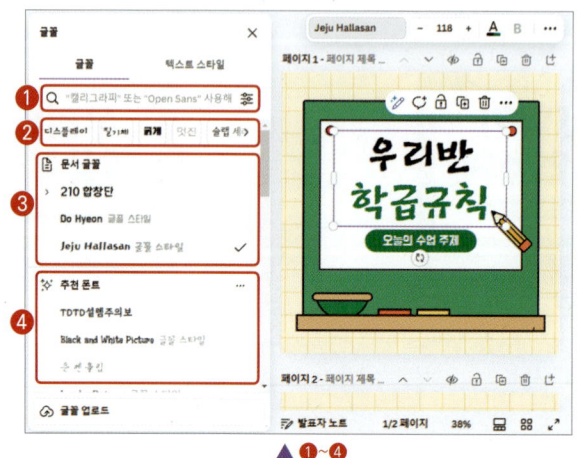

▲ ❶~❹

❶ 글꼴 검색창 : 검색창에 원하는 글꼴 이름이나 스타일을 직접 입력합니다. "손글씨", "고딕", "귀여운" 등의 키워드를 사용할 수 있습니다.

❷ 글꼴 카테고리(디스플레이, 필기체, 굵게 등) : 글꼴들이 서체, 굵기, 모양 등으로 나누어져 있어 원하는 스타일의 글꼴을 빠르게 찾을 수 있습니다.

❸ 문서 글꼴 : 해당 디자인에 사용된 글꼴들을 추천해줍니다. 이 기능을 활용하여 디자인의 일관성을 유지할 수 있습니다.

❹ 추천 폰트 : 디자인의 분위기나 내용에 따라 다양한 글꼴을 제안합니다.

❺ 최근에 사용함 : 최근에 사용했던 글꼴들을 한눈에 볼 수 있어 다시 찾기가 편리합니다.

❻ 글꼴 업로드 : 직접 다운로드한 폰트 파일을 추가하여 캔바의 기본 글꼴처럼 사용할 수 있습니다.

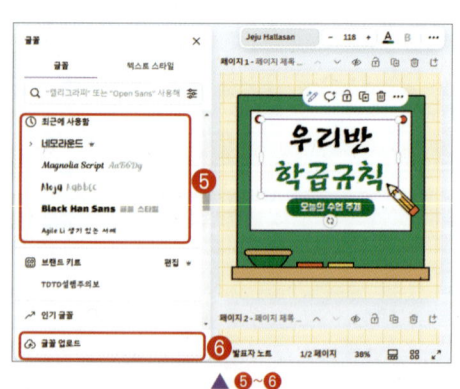

▲ ❺~❻

2. 텍스트 요소 상단 도구바 정복하기

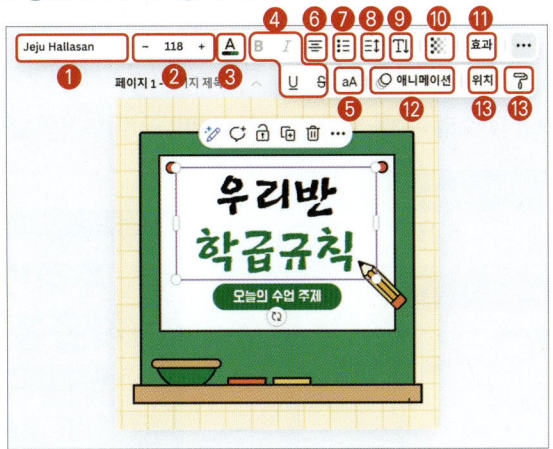

① **글꼴 선택 및 적용** : 다양한 글꼴 중 원하는 것을 선택하여 적용합니다.

② **텍스트 크기 조정** : 숫자를 직접 입력하거나 -, + 버튼을 이용해 크기를 조정합니다.

③ **텍스트 색상 변경** : 색상 팔레트에서 원하는 색 선택하여 적용합니다.

④ **굵기, 기울임, 밑줄, 취소선**: 다양한 서식 효과를 적용합니다.

⑤ **대소문자 변경** : 대문자 또는 소문자로 변경합니다.

⑥ **정렬** : 텍스트의 정렬을 왼쪽, 가운데, 오른쪽으로 설정합니다.

⑦ **글머리 기호** : 글머리 기호를 삽입하여 목록을 만듭니다.

⑧ **간격** : 글자 사이의 간격이나 줄 간격을 조절합니다.

⑨ **텍스트 방향** :텍스트 입력 방향을 가로나 세로로 변경합니다.

⑩ **투명도** : 투명도를 조절합니다.

⑪ **효과** : 다양한 스타일을 적용합니다.

⑫ **애니메이션** : 애니메이션 효과를 줍니다.

⑬ **위치** : 요소 간의 위치 관계를 앞뒤로 조절합니다.

⑭ **스타일 복사** : 해당 텍스트의 서식을 복사하여 다른 텍스트에 적용합니다.

새로운 텍스트 상자 추가하기

01 새 텍스트 상자를 추가하려면 좌측 디자인 메뉴바에서 ❶[텍스트]-[텍스트 상자 추가]를 통해 ❷우리반 학급 규칙(❹'행복하고 즐거운 4학년 2반의 매일을 위해')의 부제목을 입력합니다. 또 ❸'오늘의 수업 주제' 항목을 '4학년 2반'으로 변경했습니다.

나머지 페이지도 주제에 맞게 텍스트를 수정하여 학급 규칙 카드 뉴스를 완성합니다. 배운 것을 응용하여 환경, 경고, 안내, 홍보와 관련된 다양한 주제의 카드 뉴스를 만들 수 있습니다.

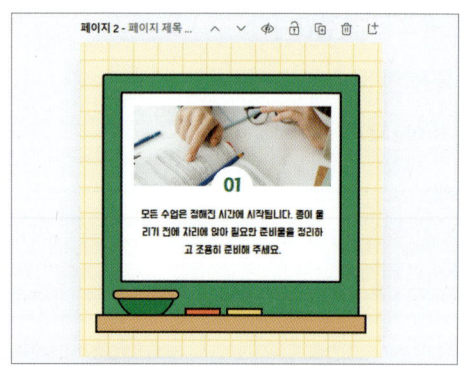 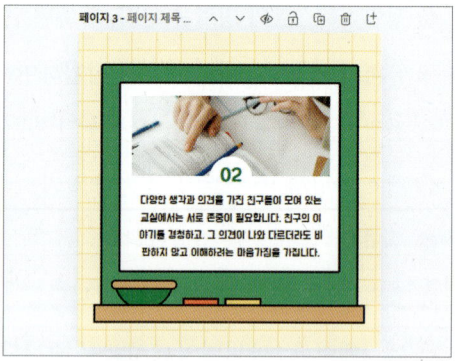

민주쌤의 TIP 완성된 카드 뉴스는 다양한 형태(PDF, JPG, GIF, MP4 동영상 등)로 다운로드가 가능합니다. 관련 내용은 330 페이지를 참고합니다.

그래픽 요소 - 책갈피 및 포스터 제작하기

'그래픽 요소'는 일러스트와 아이콘을 포함한 다양한 시각적 자료로, 원하는 주제어를 검색하면 풍부한 선택지를 제공합니다. 또한 그래픽 요소는 사용법이 간단하여 누구나 쉽게 활용할 수 있고, 창의성을 마음껏 발휘할 수 있습니다.

이번에는 그래픽 요소를 활용하여 **'책갈피'**를 디자인해보겠습니다. 책갈피 제작은 주제에 맞는 자신만의 디자인을 만들어볼 수 있는 간단하고 흥미로운 활동입니다. 환경의 날, 독도의 날, 독서 행사, 학교 행사, 계기교육, 미술, 교과 연계 활동 등 다양한 주제로 책갈피를 제작할 수 있습니다.

책갈피 제작하기

▶ 소스파일
https://m.site.naver.com/1CoUw

▶ 완성 파일
https://m.site.naver.com/1CoYF

책갈피 템플릿 준비하기

01 캔바 메인 홈페이지에서 [디자인 만들기]를 클릭하고, 좌측 하단의 [더보기]를 클릭합니다. 스크롤을 내려 '책갈피' 디자인을 선택하거나 소스 파일의 '(실습)책갈피' 템플릿을 선택합니다.

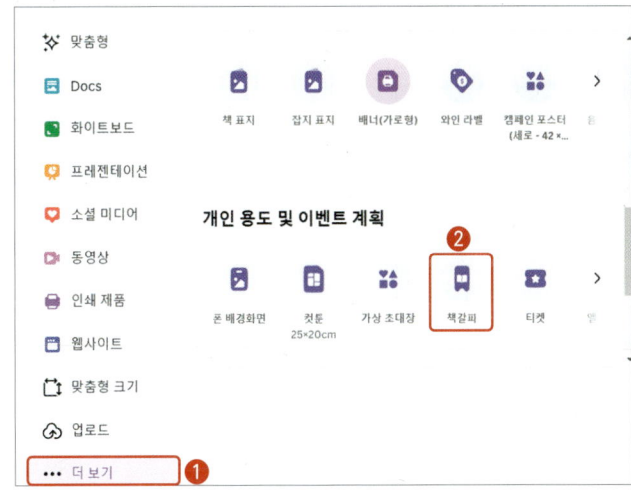

책갈피 디자인 구상하기

01 책갈피 디자인은 직접 구상하거나 캔바에서 제공하는 다양한 템플릿을 참고하여 아이디어를 얻을 수 있습니다. 편집 화면의 좌측 디자인 메뉴에서 ❶[디자인]을 클릭합니다. ❷도구창에 나타나는 사이즈에 맞는 다양한 디자인의 책갈피 템플릿을 참고합니다.

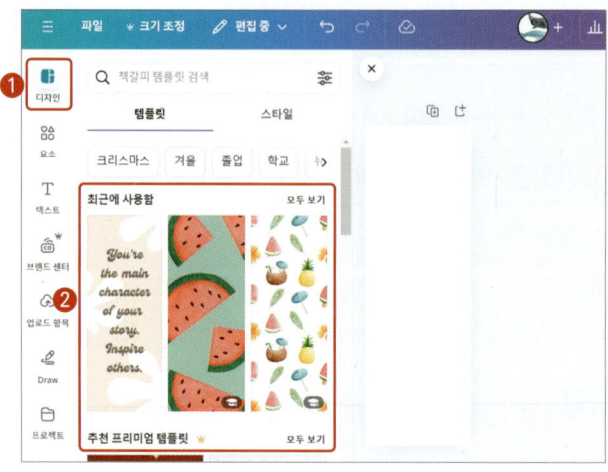

그래픽을 활용하여 책갈피 디자인하기

01 좌측 메뉴바에서 ❶[요소] - ❷'빈 요소 검색창'을 클릭합니다. 검색창 아래에 표시되는 ❸[그래픽] 카테고리를 클릭하면 ❹도구창에 다양한 그래픽이 제시됩니다.

민주쌤의 TIP 스크롤을 내려 [컬렉션]을 활용하면 같은 스타일의 그래픽들을 쉽게 사용할 수 있습니다.

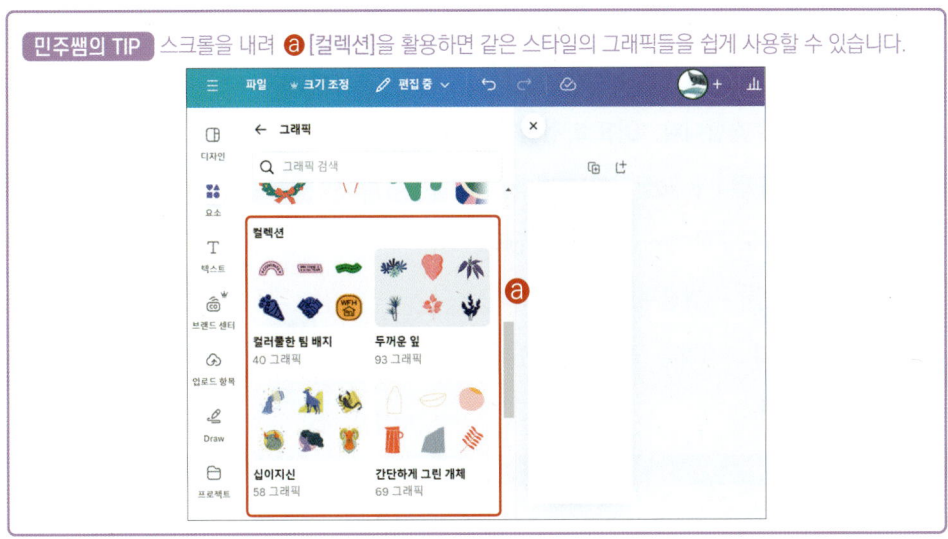

02 도구창에서 원하는 그래픽 요소를 클릭하여 페이지에 삽입합니다. 예제에서는 [컬렉션] 중 ❶마음에 드는 조합(예 '오가닉 과일 스케치')의 그래픽을 활용하여 책갈피를 디자인했습니다(그림1).

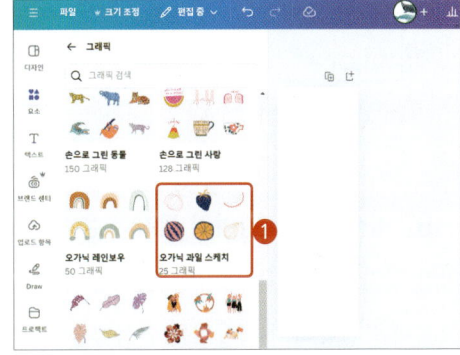

▲ [그림 1]

▲ 책갈피 완성작

그래픽을 검색하여 책갈피 디자인하기

01 ❶[페이지 추가 버튼( )]을 클릭해 새로운 슬라이드를 추가합니다. ❷[요소 검색창]에 '강아지'를 입력합니다. ❸삽입할 그래픽을 클릭합니다. 좌측 도구창에서 선택한 그래픽 하단의 ❹[자동 추천] - ❺[전체보기]를 클릭하여 비슷한 스타일의 그래픽을 모아보고(그림1) 추가할 수 있습니다.

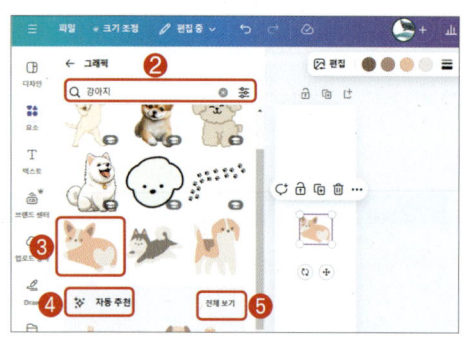

▲ [그림 1]

02 검색창에 ❶'강아지 발자국'을 검색합니다. 검색 결과에서 ❷원하는 그래픽(예)'분홍 파랑 발자국')을 선택하거나 ❸[자동 추천]을 활용합니다. 예제(그림1)에서는 [자동 추천]의 그래픽을 활용하여 책갈피를 완성했습니다.

▲ [그림 1] 책갈피 완성작

'배경'을 활용하여 책갈피 디자인하기

01 ❶[페이지 추가 버튼(↳)]을 클릭해 새로운 슬라이드를 추가합니다. 좌측 메뉴바에서 ❷[앱]을 클릭합니다. ❸도구창의 스크롤을 내려 ❹[배경]을 클릭합니다.

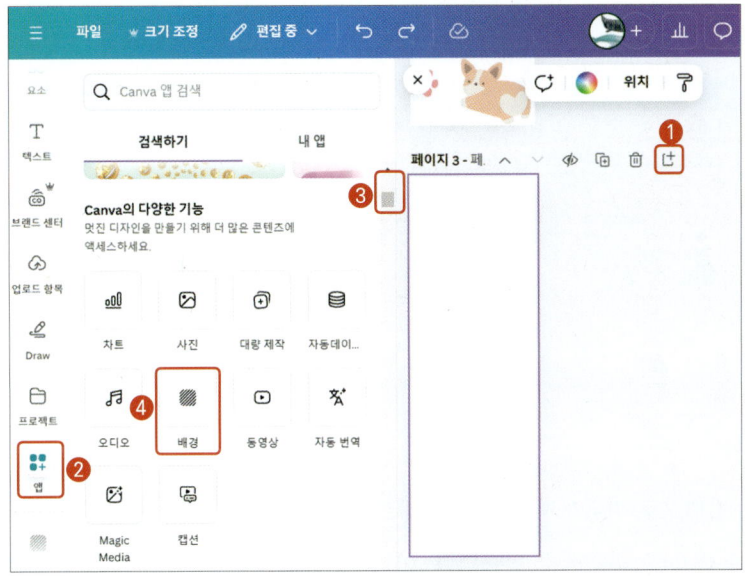

02 ❶배경 목록에서 책갈피에 어울리는 배경 디자인을 클릭합니다. 예제에서는 좌측 도구창의 스크롤을 내리면 나타나는 ❷'파랑분홍 빛번짐 배경'을 선택했습니다.

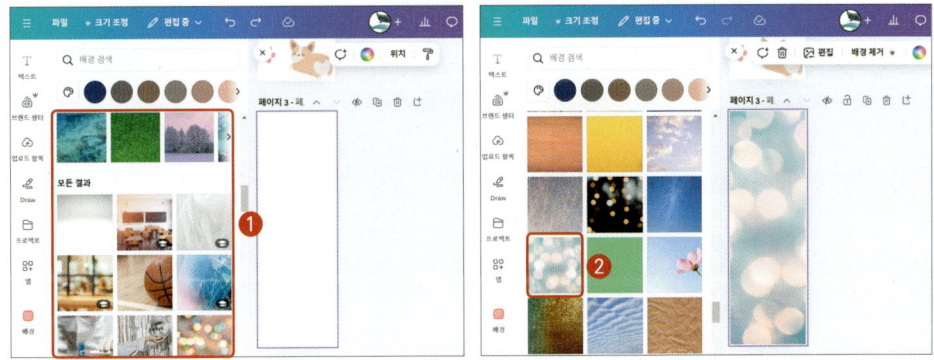

03 배경 설정 후 필요한 ❶그래픽 요소(예'손가락 하트')를 검색하여 책갈피를 디자인합니다. 이어서 ❷필요한 문구(예'오늘도 너라서 빛난다')를 삽입하고, 문구의 ❸글꼴(예'TDTD설렘주의보')과 글씨 크기(예'21.8')를 조정합니다.

민주쌤의 TIP 세로형 책갈피를 만들 때는 요소 상단 도구바의 ⓐ[세로 정렬] 버튼을 클릭하여 문구를 세로로 배치할 수 있습니다.

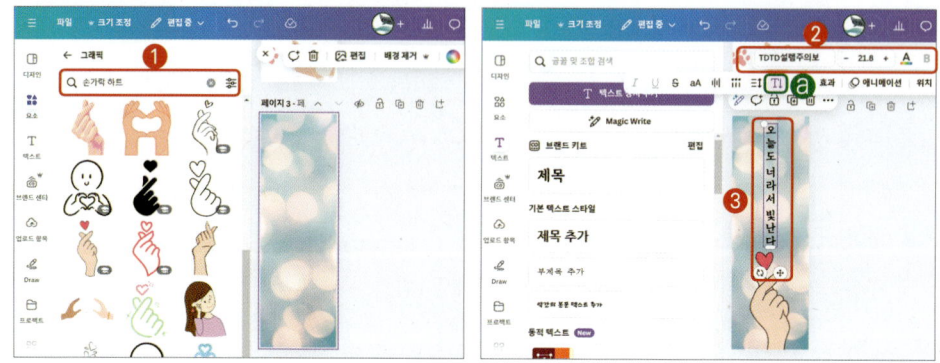

04 같은 방법으로 지금까지 배운 배경과 그래픽 요소, 텍스트를 활용하여 자신만의 특별한 책갈피를 추가로 제작할 수 있습니다. 아래 예제에선 독서 명언 책갈피를 제작해보았습니다. ❶'reading'을 검색창에 입력하고 나타난 결과 중 ❷원하는 그래픽을 선택했습니다. ❸글꼴은 '신과장', 글씨 크기는 24.1을 적용했습니다.

완성된 책갈피 활용하기

01 ❶[그리드뷰 전환 버튼(88)]을 클릭하여 ❷완성된 책갈피들을 한눈에 확인할 수 있습니다. 완성된 책갈피를 PDF로 다운로드하고(330 페이지 참고), 나타나는 인쇄 도구창(그림 1)에서 ❸'여러 페이지' 인쇄 옵션에서 '시트 당 페이지'를 4장으로 설정하면 실제 사용되는 책갈피와 비슷한 크기로 출력할 수 있습니다. 출력 후에 코팅까지 해주면 멋진 책갈피가 완성됩니다.

▲ [그림 1] 인쇄도구창

학급 행사 포스터 제작하기

포스터는 교사와 학생 모두에게 유용한 정보 전달 도구입니다. 교사는 학교나 학급의 행사 안내, 동아리 및 방송부 모집 등 다양한 정보를 알리는 데 활용할 수 있으며, 학생은 프로젝트 발표, 자율동아리 모집, 환경 및 사회 문제에 대한 메시지를 전하는 데 포스터를 제작할 수 있습니다.

지금까지 배운 텍스트 요소와 그래픽 요소의 기능을 활용해 포근한 '가을 운동회 포스터'를 함께 만들어보겠습니다.

포스터 템플릿 준비하기

01 캔바 메인 홈페이지에서 ❶'가을 포스터'를 검색합니다. 검색 결과 중 ❷마음에 드는 템플릿(❹'노랑 주황 ~ 포스터')을 클릭합니다. 이어서 ❸[이 템플릿 맞춤 편집하기]를 클릭합니다. 또는 소스 파일의 '(실습)운동회 포스터' 템플릿을 준비합니다.

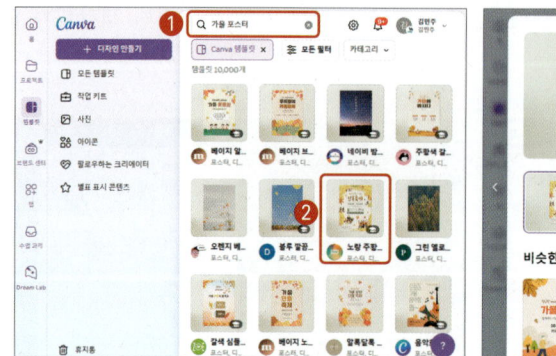 

포스터 내용 수정 및 요소 삭제하기

01 선택한 디자인의 내용을 ❶제목, 날짜, 세부 정보 등을 자신의 주제(❹가을 운동회)에 맞게 수정(그림1)합니다.

▲ [그림 1]

02 디자인에서 자신의 ❶주제와 관련 없는 그래픽 요소는 삭제합니다.

그래픽을 활용하여 포스터 디자인하기

01 '요소 검색창'에 ❶주제에 맞는 그래픽 요소('이어달리기')를 검색합니다. 좌측 도구창에 제시된 그래픽 목록에서 ❷원하는 그래픽 요소를 클릭하여 포스터에 삽입합니다.

| 민주쌤의 꿀팁 | 같은 테마의 그래픽을 쉽게 찾는 방법 3가지

방법 1) 그래픽 요소 클릭 시 하단에 표시되는 ⓐ '자동 추천' 활용하기

방법 2) 그래픽 요소 우측 상단의 ⓐ [가로 점 세 개] 버튼을 누르고 ⓑ [지금과 비슷한 이미지 더 보기] 활용하기

방법 3) 그래픽 요소 우측 상단의 ⓐ [가로 점 세 개] 버튼을 누르고 ⓑ [컬렉션 보기] 활용하기

> **민주쌤의 TIP** 같은 테마의 그래픽을 쉽게 찾는 방법은, 캔바에 해당 그래픽과 관련된 이미지가 업로드되어 있어야 가능합니다. 검색어에 대해 캔바가 소유한 이미지나 컬렉션이 없는 그래픽의 경우, 안내된 위의 방법1), 방법2)의 버튼이 표시되지 않을 수 있습니다.

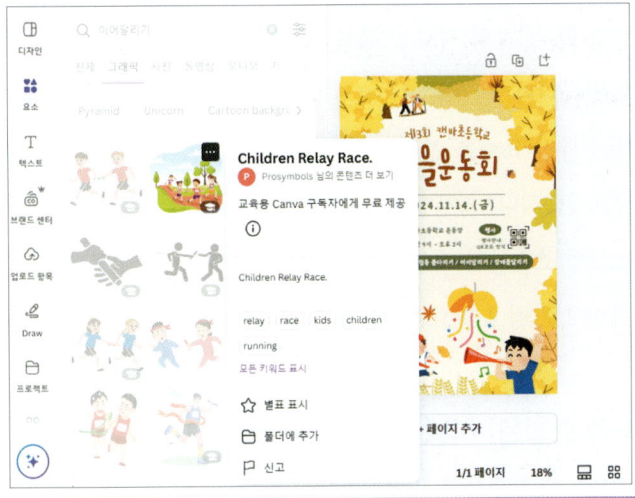

작업 마무리 및 다운로드하기

완성된 포스터는 원하는 형식(PDF, PNG 등)으로 다운로드(330 페이지를 참고합니다.)하여 온라인에 게시하거나 인쇄하여 학교 게시판, 행사 장소 등 다양한 곳에 활용할 수 있습니다.

사진 요소 - 여행 책자 표지 디자인하기

사진 요소는 학생들이 자신의 경험이나 생각을 보다 명확하고 생동감 있게 전달할 수 있도록 도와줍니다. 또한, 시각적 자료를 활용함으로써 내용의 이해도를 높이고 감정을 효과적으로 표현할 수 있습니다.

이번 활동에서는 사진 요소를 활용하여 자신이 선택한 여행지를 소개하는 '여행 책자의 표지'를 디자인해보겠습니다. 학생들은 여행지의 특징을 강조할 수 있는 사진을 선택하고, 제목과 디자인 요소를 조합하여 개성 있는 표지를 제작합니다. 이를 통해 사진 요소의 활용법을 익히고, 시각적으로 정보를 효과적으로 전달하는 방법을 배워보겠습니다.

(사진과 글자가 중첩된) 여행 책자 표지 가로 디자인

이번에는 사진 요소를 배경으로 설정하고 제목을 중첩한 표지를 디자인해보겠습니다.

▶ 소스파일
https://m.site.naver.com/1Cp1q

▶ 완성 파일
https://m.site.naver.com/1Cp2a

템플릿 준비하기

01 캔바 홈페이지 메인 화면 좌측 상단의 [디자인 만들기]에서 '**프레젠테이션(16:9)**' 디자인을 선택하거나 소스 파일의 '(실습)여행 책자 표지 가로 디자인' 템플릿을 준비합니다.

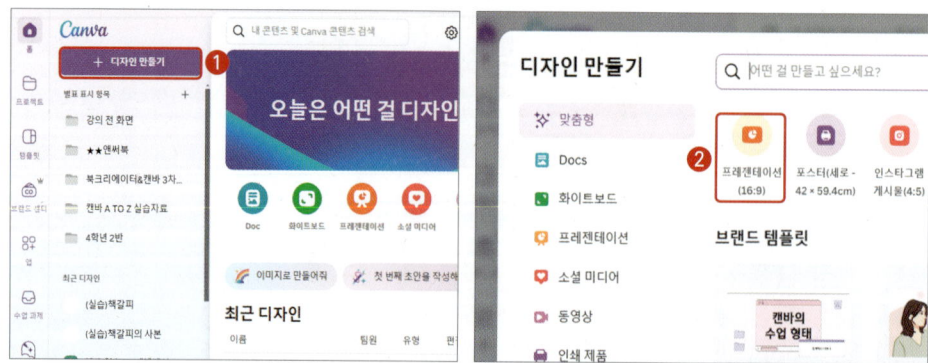

사진 요소 검색 후 삽입하기

01 편집 화면 좌측 상단 ❶'**요소 검색창**'에 소개할 여행지(예'제주도')를 검색합니다. 검색 결과에서 하단의 ❷[사진] 카테고리를 선택하면, 해당 키워드와 관련된 사진 요소만 모아볼 수 있습니다. 그중 ❸원하는 사진을 클릭하여 ❹페이지에 삽입합니다.

사진 요소 자르기

01 삽입한 사진의 상단 도구바에서 ❶[자르기 및 조정 버튼(✂)]을 클릭합니다. ❷꼭 지점의 원형 핸들이 ❸자르기 전용 핸들로 변경됩니다. 자르기 전용 핸들을 드래그하여 사진의 원하는 부분만 남기거나, 좌측 도구 창에서 ❹정해진 비율을 선택해 사진을 손쉽게 자를 수 있습니다.

 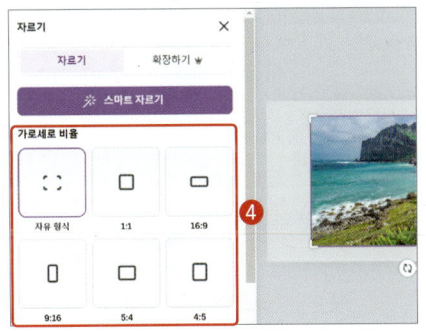

▲ 자르기 전용 핸들을 드래그하여 사진의 원하는 부분만 자르기   ▲ ❹정해진 비율로 자르기

02 자르기 화면에서 사진을 원하는 대로 조정하려면, ❶사진을 드래그하여 잘린 영역 내에서 위치를 조정하여 어떤 부분이 잘리지 않고 표시될지 설정할 수 있습니다. 또한, 사진 꼭지점의 ❷원형 핸들을 드래그하여 사진 크기를 조정하면, 특정 부분을 확대하거나 축소하여 원하는 영역이 잘리지 않도록 조정할 수 있습니다.

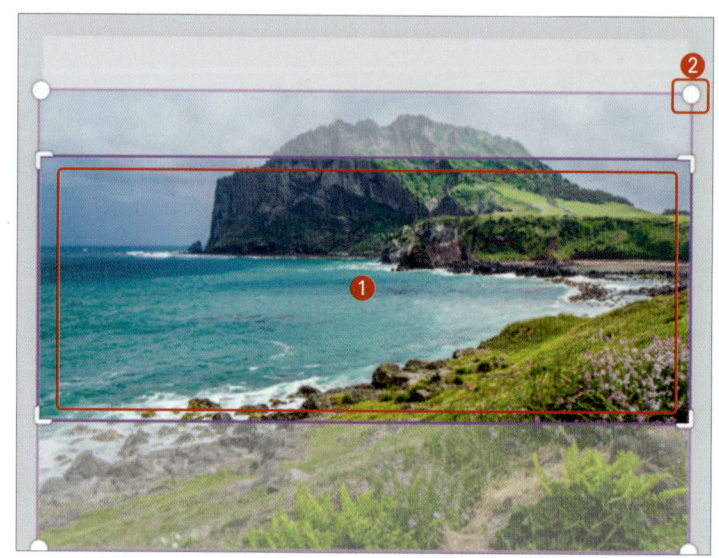

03 조정이 완료되면, 좌측 하단의 ❸[완료]를 클릭하여 작업을 마치고 페이지에 적절하게 배치합니다(그림1).

▲ [그림 1]

민주쌤의 TIP [완료] 버튼 대신 사진 바깥의 여백을 한 번 클릭해도 작업이 완료됩니다.

제목 텍스트 입력하기

01 좌측 디자인 메뉴의 ❶[텍스트] - ❷[텍스트 상자 추가]로 여행지 소개 책자의 ❸제목(⚑'제주, 마음이 쉬어가는 곳')을 입력합니다. 제목에 ❹어울리는 글꼴(⚑ 210 에필로그)을 적용하고 ❺적절한 크기(⚑149)로 조정합니다.

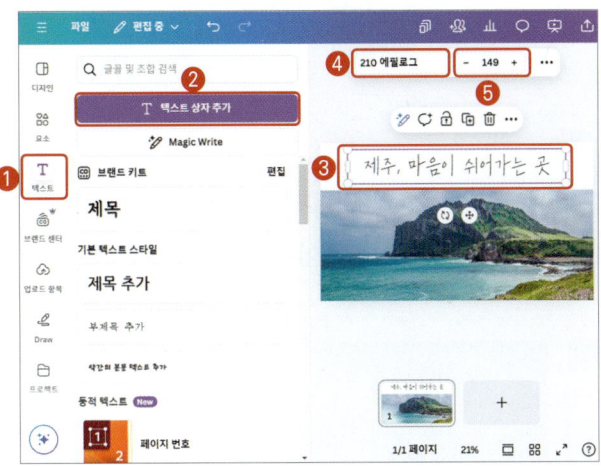

02 그런 다음, ❶제목('제주, 마음이 쉬어가는 곳')을 페이지의 적합한 위치에 배치하면 디자인이 완성(그림1)됩니다. 이처럼 사진 요소와 텍스트 요소만으로 간단하게 깔끔하고 조화로운 여행지 소개 페이지를 만들 수 있습니다.

▲ [그림 1] 여행 책자 가로 표지 디자인 완성

(사진과 글자가 구분된) 여행 책자 표지 세로 디자인

페이지 크기를 변경하여, 세로 레이아웃에 맞게 사진과 텍스트를 배치하면, 세로 책자에 어울리는 표지도 손쉽게 완성할 수 있습니다.

➡ 소스파일
https://m.site.naver.com/1Cp4w

➡ 완성 파일
https://m.site.naver.com/1Cp5A

템플릿 준비하기

01 캔바 메인 홈페이지 좌측 상단의 ❶[디자인 만들기]에서 ❷세로가 긴 템플릿(예 포스터)을 선택하거나 소스 파일에서 '(실습)여행 표지2' 템플릿을 준비합니다.

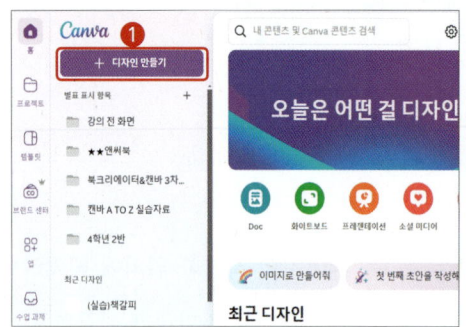
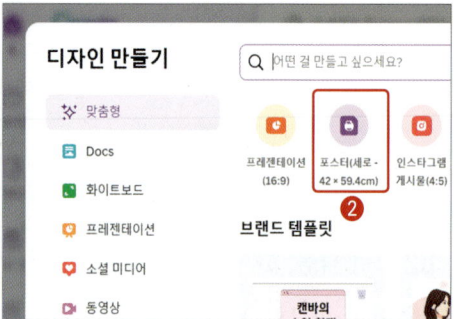

배경 설정 활용하기

01 좌측 디자인 메뉴의 ❶[앱]에서 스크롤를 내려 - ❷[배경]을 클릭합니다. ❸[팔레트 버튼(⊙)]을 클릭하고 페이지에 ❹단색(예) ❹#ebe4a9) 배경을 적용합니다.

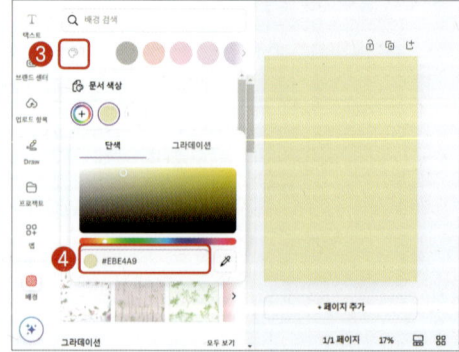

▲ 페이지에 단색(예) ❹#ebe4a9) 배경을 적용

02 ❶원하는 사진 요소를 삽입하여 구상한 표지에 맞게 사진 요소를 자르기 또는 크기 조정을 해줍니다(그림1).

▲ [그림 1]

03 표지의 적절한 곳에 사진 요소를 배치합니다.

04 ❶제목 텍스트(예 '제주, 마음이 쉬어가는 곳')를 입력합니다. ❷제목 텍스트의 글꼴(Agile Li 생기 있는 서예)과 ❸크기(104) 등의 서식을 변경하고 사진 요소와 어울리도록 배치합니다.

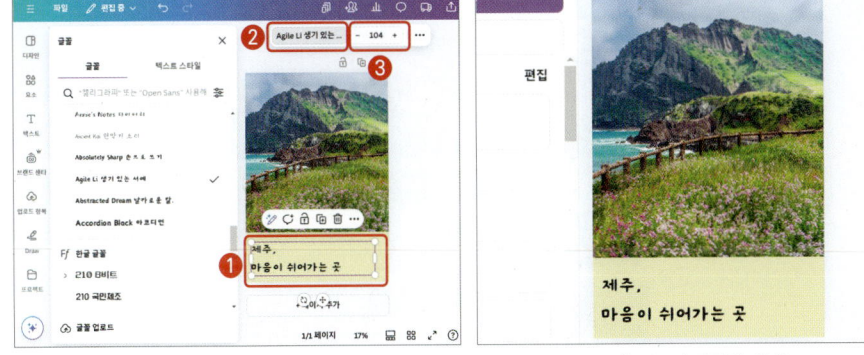

▲ 세로 표지 디자인 완성

(사진과 글자가 중첩된) 여행 책자 표지 가로 디자인

이번에는 사진 요소를 배경으로 설정하고 제목을 중첩한 표지를 디자인해보겠습니다.

▶ 소스파일
https://m.site.naver.com/1Cp69

▶ 완성 파일
https://m.site.naver.com/1Cp6E

템플릿 준비하기

01 캔바 메인 홈페이지의 ❶[디자인 만들기]에서 ❷'프레젠테이션(16:9)' 디자인을 선택하거나 소스 파일에서 '(실습)여행 책자3' 템플릿을 선택합니다.

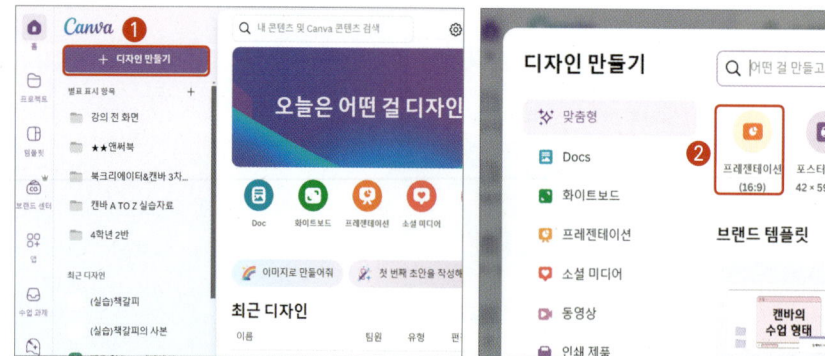

사진을 배경으로 설정하기

01 ❶'요소 검색창'에 필요한 사진(예'제주도')을 검색합니다. ❷원하는 사진을 클릭하여 ❸페이지에 추가합니다.

02 삽입된 사진을 우클릭하고 ❶[이미지를 배경으로 설정]을 클릭하면 사진이 페이지의 배경으로 설정됩니다.(그림1)

▲ [그림 1]

03 설정된 배경을 더블 클릭하여 자르기 화면(그림1)에서 나타낼 영역을 ❶원형 핸들을 드래그하여 조정 후 ❷[완료]를 클릭합니다.

▲ [그림 1] 자르기 편집 화면

04 배경의 사진 요소를 삭제할 때는 배경을 우클릭한 후, ❶[배경에서 이미지 분리합니다.]를 클릭합니다.

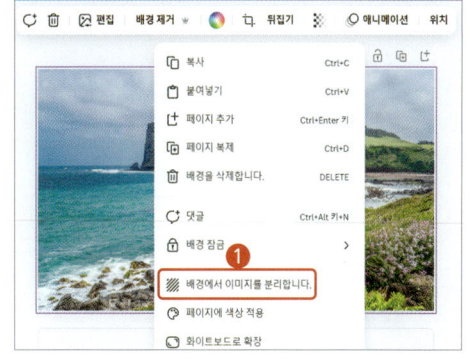

Chapter 02 캔바 디자인과 수업레시피 **169**

텍스트 요소 삽입 및 편집하기

01 텍스트 상자를 추가하여 ❶제목(예)'떠나요 제주도')을 입력합니다. 상단 도구바에서 ❷제목의 글꼴, ❸크기, ❹글꼴색을 조정합니다. 예제에서는 글꼴은 'Black Han Sans', 글꼴색은 흰색, 크기는 205로 설정하였습니다.

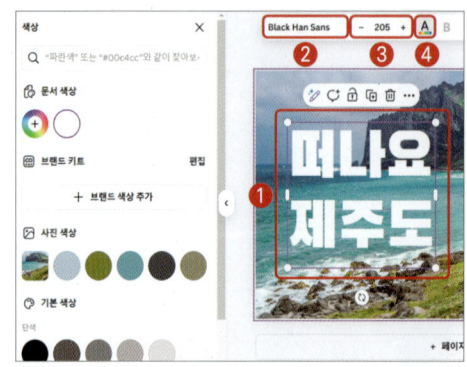

02 마지막으로 제목을 클릭하고 상단 도구바의 ❶[간격 설정 버튼(≣↑)]을 선택합니다. ❷글자 간격(42) 및 줄 간격(1.12)을 조절한 뒤 페이지의 적절한 위치에 배치합니다.

사진 요소(배경)에 필터 적용하기

01 ❶배경을 클릭한 뒤 상단 도구바의 ❷[편집]을 클릭합니다. 좌측 도구창에서 '필터'의 ❸[모두 보기]를 클릭합니다. 목록에서 ❹작품과 어울리는 필터(예)'윔지')를 클릭하여 적용합니다.

02 상단 도구바의 ❶[투명도 조절 버튼( )] 을 사용하여 ❷배경의 투명도를 82로 조정하여 텍스트와 조화를 이루도록 설정합니다.

▲ 완성

민주쌤의 TIP 배경과 텍스트가 중첩되는 디자인에서는 배경의 투명도를 조절하여 텍스트가 더 잘 보이도록 가독성을 높일 수 있습니다.

(사진과 글자가 중첩된) 여행 책자 표지 세로 디자인

페이지 크기를 변경하여, 같은 방법으로 세로형 여행 책자 표지를 제작할 수 있습니다.

▶ 소스파일
https://m.site.naver.com/1Cp7p

▶ 완성 파일
https://m.site.naver.com/1Cp88

템플릿 준비하기

01 캔바 메인 홈페이지 ❶[디자인 만들기]에서 ❷'포스터(42x59.4cm)' 디자인을 선택하거나 소스 파일에서 '(실습)여행 표지4' 템플릿을 선택합니다.

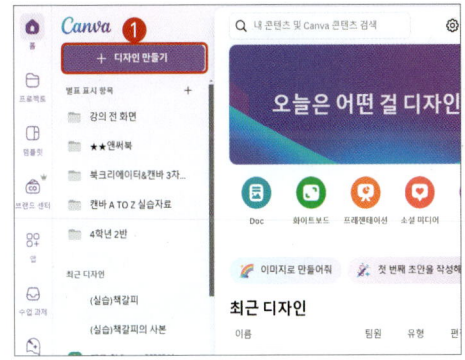 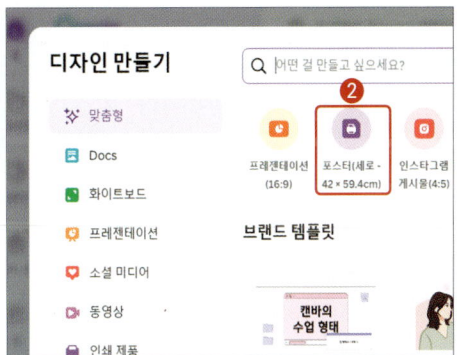

사진을 배경으로 설정하기

01 ❶'**요소 검색창**'에 원하는 사진을 검색(예'제주도')한 후, ❷원하는 사진을 클릭하여 ❸페이지에 추가합니다.

02 ❶삽입된 사진을 우클릭한 다음 ❷[이미지를 배경으로 설정]을 클릭하면 사진이 페이지의 배경으로 자동 설정됩니다.(그림 1)

▲ [그림 1]

03 삽입된 배경을 우클릭 후 ❶[배경에서 이미지를 분리합니다.]를 클릭하여 삽입된 배경 사진을 분리할 수 있습니다.

04 설정된 배경을 더블 클릭하여 자르기 화면(그림1)에서 나타날 영역을 ❶원형 핸들을 드래그하여 조정해줍니다.

▲ [그림 1]

사진 요소(배경)에 필터 적용하기

01 ❶배경을 클릭한 뒤 상단 도구바의 ❷[편집]을 클릭합니다. 좌측 도구창 '필터'의 ❸[모두 보기]를 클릭합니다. 목록에서 ❹작품과 어울리는 필터(예'윔지')를 클릭하여 적용합니다.

텍스트 요소 삽입 및 편집하기

01 ❶[텍스트 상자 추가]로 ❷제목(예'여행을 떠나요')을 입력합니다.

02 상단 도구바에서 ❶어울리는 글꼴, 크기, 글꼴색을 조정합니다. 예제에서는 글꼴은 'TDTD네온', 글꼴색은 흰색(#ffffff), 크기는 159으로 설정하고 ❷[세로 텍스트]를 적용했습니다. 같은 방법으로 부제 ❸'마음이 쉬어가는 곳'을 입력했습니다.

그래픽 요소 활용하기

❶'요소 검색창'에 '여행 아이콘'을 검색하고 ❷관련 그래픽(⬛ 지도, 비행기 그래픽)을 삽입하여 표지를 꾸며줍니다.

민주쌤의 꿀팁 업로드 항목

편집 화면 좌측 디자인 메뉴에서 ⓐ[업로드 항목] - ⓑ[파일 업로드]를 클릭하여 캔바에서 제공하는 요소뿐만 아니라 직접 준비한 사진, 영상, 오디오 요소를 업로드하여 사용할 수 있습니다. 한 번 업로드 한 이미지, 동영상, 오디오 파일은 다른 디자인 작업에서도 ⓐ[업로드 항목]에서 기본 요소처럼 자유롭게 활용할 수 있습니다.

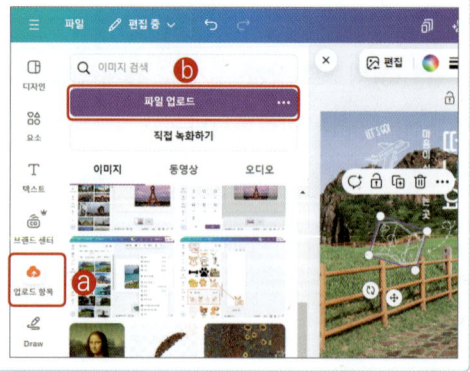

영상 요소 - 여행지 소개 프레젠테이션 만들기

영상 요소는 디자인에 생동감을 더해줍니다. 캔바로 디자인을 할 때 다양한 동영상이 제공되어 주제나 분위기에 맞는 페이지를 쉽게 연출할 수 있습니다. 캔바를 활용하여 다양한 동영상을 선택하고 배치하는 간단한 작업만으로도 페이지를 완성할 수 있어 발표 자료를 제작할 때도 유용하게 활용됩니다.

이번에는 자신이 소개하고 싶은 여행지를 주제로 '여행지 소개 PPT 표지'와 '여행지 소개 동영상 인트로' 두 가지를 제작해보며, 영상 요소의 효과적인 활용 방법을 배워보겠습니다.

여행지 소개 PPT 표지 제작하기

▶ 소스파일
https://m.site.naver.com/1Cp8S

▶ 완성 파일
https://m.site.naver.com/1Cp9q

템플릿 준비하기

01 캔바 메인 홈페이지 좌측 상단의 [디자인 만들기]에서 '프레젠테이션-프레젠테이션(4:3)' 디자인을 선택하거나 소스 파일의 '(실습) 영상 요소 여행 PPT' 템플릿을 준비합니다.

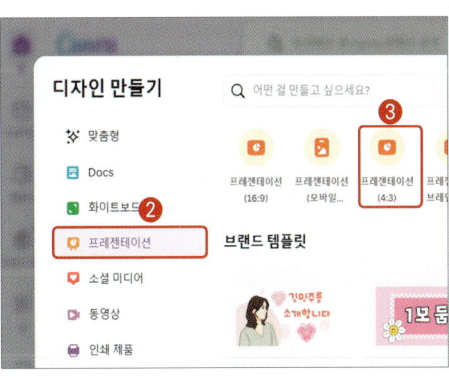

영상 요소 검색하기

01 ❶'요소 검색창'에 소개하고 싶은 여행지(예 'Paris')를 검색합니다. 검색된 영상 요소 중에 ❷마음에 드는 영상 요소를 클릭하여 ❸페이지에 삽입합니다.

02 삽입한 영상 요소를 사진 요소와 동일한 방법으로 더블 클릭하거나 상단 도구바의 ❶[자르기 버튼]을 통해 원하는 크기로 자르고, 페이지에 적절히 배치합니다. 예제에서는 '직접 자르기' 대신 좌측 도구창에서 제공하는 ❷'비율(1:1) 자르기' 사용하여 간편하게 조정했습니다.

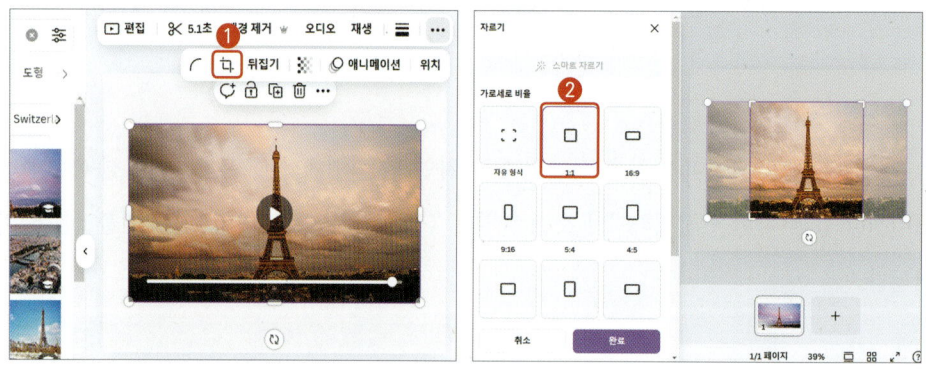

도형을 활용하여 제목 디자인하기

표지의 제목을 도형 요소를 활용해 눈에 띄게 만들어보겠습니다.

01 편집 화면 좌측 메뉴바의 ❶[요소]를 클릭합니다. 도구창에서 도형 카테고리의 ❷[모두 보기]를 선택합니다. 목록에서 ❸제목 디자인에 적합한 도형(사각형)을 클릭하여 ❹도형을 페이지에 삽입합니다.

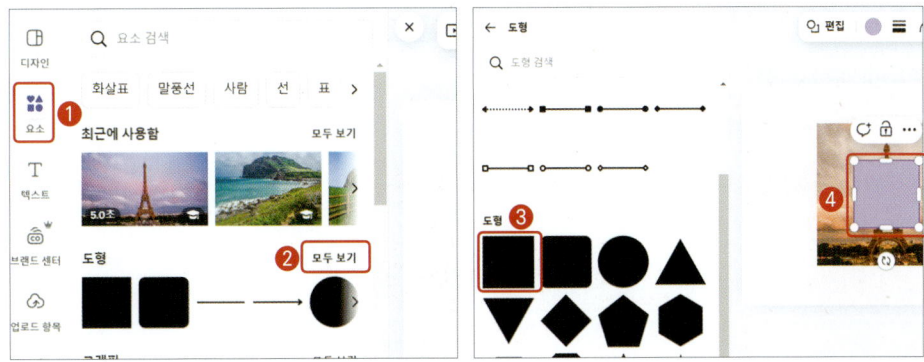

02 삽입한 도형을 제목을 입력할 수 있도록 가로로 긴 직사각형 형태로 조정합니다. 그렇게 그런 다음, 동일한 방식으로 ❶총 두 개의 직사각형을 만들고, 페이지 바깥까지 자연스럽게 확장되도록 왼쪽 측면에 배치합니다. 이후, 상단 도구바에서 원하는 색상(❷#BD545A, ❸#7d95a2)을 선택해 각 도형의 색상을 변경합니다.

03 그 다음, ❶[텍스트]-❷[텍스트 상자 추가]로 ❸제목(예 Bonjour, Paris!/'my travel note')을 입력하고 ❹원하는 글꼴(Aloja)과 ❺크기(49)로 조정합니다.

Chapter 02 캔바 디자인과 수업레시피 **177**

04 ❶제목 텍스트 상자를 직사각형 위에 적절히 배치합니다. 마지막으로 제목과 영상의 배치를 적절하게 조정하여 여행지 소개 표지를 완성합니다.

영상 요소를 활용한 작품 재생하기

제작한 여행지 소개 표지의 실제 작동 모습을 확인하려면, 편집 화면 우측 하단에 위치한 ❶[프레젠테이션 전체보기 버튼(↗)]을 클릭합니다. 이를 통해 동영상이 포함된 디자인이 어떻게 재생되고 보여지는지 확인할 수 있습니다.(그림 1)

▲ [그림 1]

여행지 소개 동영상 인트로 제작하기

➡ 소스파일
https://m.site.naver.com/1CpaR

➡ 완성 파일
https://m.site.naver.com/1Cpbm

템플릿 준비하기

캔바 메인 홈페이지 좌측 상단의 ❶[디자인 만들기] - ❷[동영상] - ❸[모바일 동영상] 디자인을 선택합니다. 또는 소스 파일의 '(실습)모바일 동영상 인트로' 템플릿을 준비합니다.

영상 요소를 배경으로 설정하기

01 ❶'요소 검색창'에 원하는 영상 요소를 검색(예 Paris)하여 ❷페이지에 삽입합니다. 삽입한 영상 요소를 우클릭한 후 ❸[동영상을 배경으로 설정합니다]를 클릭합니다.

▲ 동영상을 페이지의 배경으로 설정

민주쌤의 TIP 배경 기능을 활용하면 동영상이 페이지의 배경으로 설정되어 화면 전체에 자연스럽게 재생됩니다.

02 사진 요소와 마찬가지로 영상 요소도 상단 도구바의 ❶[편집]에서 ❷필터를 적용하거나 ❸[투명도 조절 버튼(▒)]으로 영상의 투명도를 조절할 수 있습니다.

도형을 활용하여 제목 디자인하기

01 편집 화면 좌측 메뉴바의 ❶[요소]를 클릭한 후, 도구창에서 도형 카테고리의 ❷[모두 보기]를 선택합니다. 제목 디자인에 적합한 ❸도형(원)을 클릭하여 ❹페이지에 삽입합니다.

 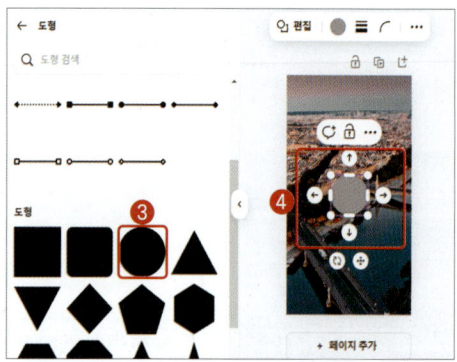

02 삽입한 ❶원의 크기(19)를 더 크게 조정합니다. 원의 상단 도구바에서 ❷원의 색을 ❸흰색(좌측 도구창 흰색 동그라미)으로 바꾸고, ❹투명도(▒)를 ❺낮춰(54) 배경과 자연스럽게 어우러지도록 설정합니다.

03 좌측 메뉴바의 ❶[텍스트] - ❷[텍스트 상자 추가]하여 ❸모바일 영상 인트로의 제목 (🎬'Bonjour Paris')을 입력합니다. 배경과 어울리는 ❹글꼴(Magnolia Script)과 ❺크기 (105)로 조정합니다. 마지막으로 제목 텍스트 상자를 동그라미 도형 위에 배치하면 여행 소개 모바일 영상의 인트로가 완성됩니다(그림1).

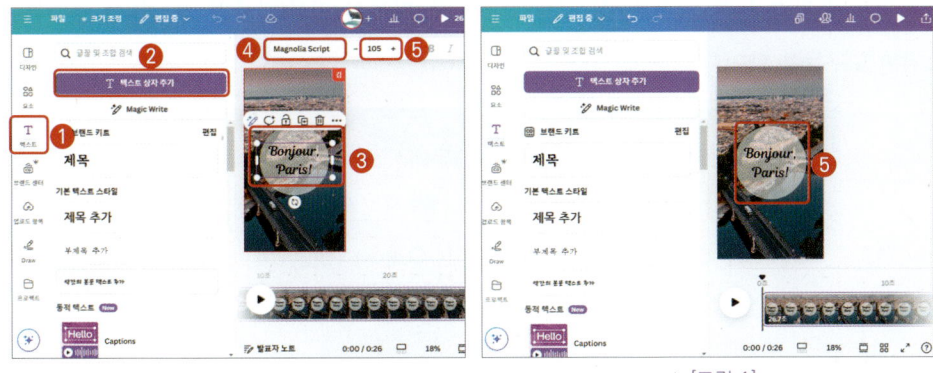

▲ [그림 1]

영상 요소를 활용한 작품 재생하기

01 모바일 동영상 인트로의 실제 작동 모습을 확인하려면, 편집 화면 우측 하단에 위치한 ❶[프레젠테이션 전체보기 버튼(↗)]을 클릭합니다. 이를 통해 동영상이 포함된 디자인이 어떻게 재생되고 보여지는지 확인할 수 있습니다.(그림 1)

▲ [그림 1]

> 민주쌤의 미니 특강

영상 요소 편집 기능 정복하기

브라우저 크기가 작을 경우, 상단 도구바의 ⓐ[더보기 버튼(가로점 세 개)]을 클릭하면 숨겨진 도구들을 확인할 수 있습니다.

① **댓글** : 영상에 댓글을 추가하거나 편집하는 도구로, 협업 시 특정 영상에 대한 피드백이나 감상 활동을 할 수 있습니다.

② **삭제** : 선택한 영상을 삭제하는 기능입니다. 실수로 삭제한 경우 [되돌리기] 버튼으로 복구할 수 있습니다.

③ **편집** : 영상 속 특정 장면을 개선하고 필터와 효과를 추가하거나, AI를 활용한 사진 편집도 가능합니다. (Magic studio의 자세한 내용은 301 페이지를 참고합니다.)

④ **조정** : 영상 전체 길이 중 원하는 부분만 잘라낼 수 있습니다.

⑤ **배경 제거** : 영상이 배경으로 설정되었을 때, AI를 활용하여 영상의 배경을 자동으로 제거하거나 투명하게 처리할 수 있습니다.

❻ **오디오** : 영상에 포함된 오디오를 조정하거나 음량을 설정할 수 있습니다.

❼ **재생(속도 조정)** : 영상 재생 속도를 조정하는 도구입니다. 느리게 또는 빠르게 재생하거나 자동 재생을 설정할 수 있습니다.

❽ **배경 색상** : 영상의 배경 색상을 단색이나 그라데이션 등으로 채워 변경할 수 있습니다.

❾ **자르기** : 영상을 원하는 크기와 비율로 잘라내는 도구입니다. 필요 없는 부분을 제거하고 영상의 구도를 조정합니다.

❿ **뒤집기** : 수평 또는 수직으로 영상을 뒤집을 수 있는 도구입니다.

⓫ **투명도** : 영상의 투명도를 설정하는 도구로, 배경이나 다른 요소와 겹쳐도 조화를 이룰 수 있습니다.

⓬ **애니메이션** : 영상에 다양한 애니메이션 효과를 추가하는 기능입니다. 등장, 퇴장, 강조 등으로 영상의 동작을 설정할 수 있습니다.

⓭ **위치** : 영상의 위치를 조정하거나 다른 요소와의 레이어 순서를 변경하는 도구입니다. 앞으로 가져오기 또는 뒤로 보내기 등이 가능합니다.

⓮ **서식 복사** : 선택한 영상의 스타일(색상, 효과 등)을 다른 영상이나 요소에 동일하게 적용할 수 있는 도구입니다.

유튜브 영상 삽입하기

페이지에 유튜브 영상을 삽입하는 방법은 캔바 내 앱을 활용하거나 유튜브 주소를 복사하는 두 가지가 있습니다. 유튜브 영상 삽입 방법을 화이트보드 디자인 화면에서 배워보겠습니다. (화이트보드 수업은 103 페이지를 참고하세요)

▶ 소스파일
https://m.site.naver.com/1CpbT

▶ 완성 파일
https://m.site.naver.com/1CpcZ

템플릿 준비하기

01 캔바 메인 홈페이지 좌측 상단의 [디자인 만들기]에서 좌측의 [화이트보드]를 클릭합니다. 제시된 '화이트보드' 디자인을 선택하거나 소스 파일의 '(실습) 유튜브 영상 삽입하기' 템플릿을 준비합니다.

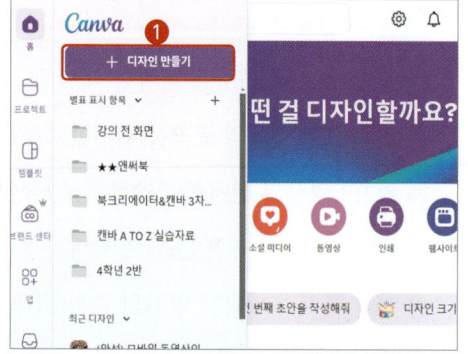

▲ 템플릿을 준비한 편집화면

[방법 1] 캔바 내 앱 활용하기

01 편집 화면 좌측 메뉴바의 ❶[앱]을 클릭합니다. ❷검색창에 'youtube'를 입력합니다. ❸'YouTube' 앱을 클릭합니다.

02 검색창에 필요한 ❶영상의 주제('세계 물의 날')와 관련된 유튜브 동영상을 검색합니다. ❷사용할 영상(예'얼마나 쓰나요?')을 선택하면 해당 영상이 ❸페이지에 삽입됩니다.

> **민주쌤의 TIP** 예제는 화이트보드 템플릿을 사용했습니다. 화이트보드에 처음 삽입한 유튜브 영상 [그림1]처럼 비율상 크기가 작을 수 있습니다. 이때 요소 꼭짓점의 둥근 핸들을 드래그하여 확대할 수 있습니다. 자세한 내용은 107 페이지를 참고합니다.
>
>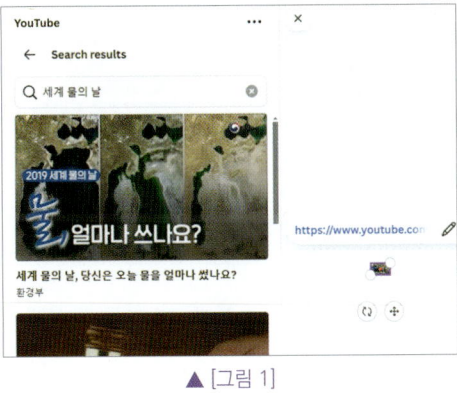
> ▲ [그림 1]

[방법 2] 영상 주소 복사 및 붙여넣기

01 캔바 디자인에 삽입할 ❶유튜브 영상('예 세계 물의 날')의 주소를 복사합니다. 캔바의 화이트보드 편집 화면에서 영상을 삽입하고 싶은 위치를 한 번 클릭합니다. 복사한 유튜브 주소를 Ctrl+V를 활용해 페이지에 붙여 넣습니다. 곧바로 ❷유튜브 영상이 페이지에 삽입된 것을 확인할 수 있습니다.

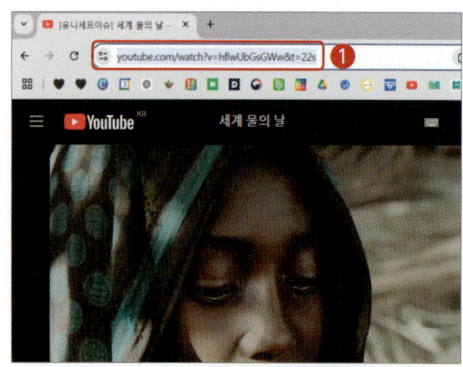

▲ ❷유튜브 영상이 페이지에 삽입된 것

02 ❶페이지에서 사용할 영상의 크기를 알맞게 조정합니다.

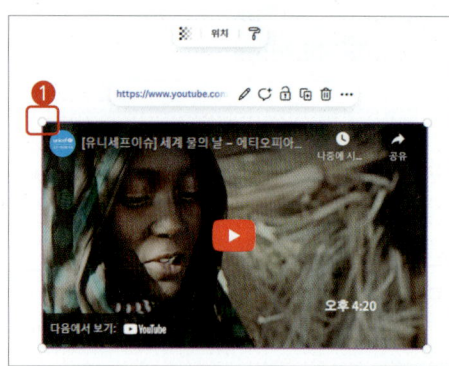

▲ 영상을 여러개 삽입하여 화이트보드 수업 구성

프레임과 그리드 - 학급 앨범 만들기

프레임과 그리드 요소는 사진과 영상 요소를 보다 쉽고 깔끔하게 정리할 수 있도록 도와주는 유용한 도구입니다. '프레임'은 사진 요소이나 영상 요소을 특정 모양에 맞춰 삽입할 수 있어, 단순한 이미지를 보다 창의적으로 변형할 수 있습니다. '그리드'는 프레임을 보기 좋게 배열한 도구입니다. 여러 구역으로 나누어 요소를 정렬하고 배치할 때 활용되며, 특히 콜라주나 사진첩처럼 여러 이미지를 균형 있게 배열할 때 유용합니다.

이 두 가지 도구를 활용하면 여러 사진을 한눈에 보기 좋게 정리할 수 있어, 많은 이미지를 담아야 하는 디자인에 특히 효과적입니다. 이번 장에서는 학급의 소중한 순간들을 정돈된 레이아웃과 개성 넘치는 디자인으로 기록하며, 학급 앨범을 만들어 보겠습니다.

➡ 소스파일
https://m.site.naver.com/1CpdI

➡ 완성 파일
https://m.site.naver.com/1Cpeb

템플릿 선택하기

01 캔바 메인 홈페이지 ❶검색창에 '앨범', '사진첩', '사진 앨범' 등의 키워드로 학급 앨범로 사용할 템플릿을 검색합니다. 또는 소스 파일의 '(실습)학급 앨범' 템플릿을 준비합니다(그림1).

▲ [그림 1]

프레임 비우기

01 불러온 템플릿 페이지의 기존 사진 요소를 우리 학급 앨범의 사진으로 변경하기 위해 먼저 ❶사진 요소(예 보라색 영역 표시 사진)를 클릭 후 ❷삭제(휴지통 아이콘)합니다. 프레임 속 요소가 삭제되면 ❸언덕과 하늘 그림이 나타납니다. 이는 해당 요소가 프레임 요소이며, 현재 비어 있음을 의미합니다.

02 페이지 내 기존 사진들을 모두 삭제하여 빈 프레임만 남겨놓습니다.

> **민주쌤의 TIP** 프레임에 있던 기존 사진을 반드시 삭제하지 않아도, 그 위에 새로운 사진을 드래그하면 자동으로 교체됩니다. 예제는 프레임의 구조를 이해하기 위해 기존 사진을 모두 삭제해 보았습니다.

프레임 채우기

01. ❶새로운 사진이나 영상 요소를 ❷프레임 위에 드래그하면 ❸프레임 모양에 맞추어 자동으로 삽입됩니다.

프레임 활용하기

01 프레임 위에 학급 앨범의 사진이나 영상 요소를 드래그하여 채웁니다.

> **민주쌤의 꿀팁** 프레임에 삽입된 사진이 영상 요소 일부가 잘려 보일 경우
>
> **01** 프레임에 삽입된 사진이나 영상 요소의 일부가 잘려 보일 수 있습니다. 이 경우, 프레임 안의 요소를 더블 클릭하여 자르기 화면(그림1)에서 영상을 드래그하여 위치를 조정하거나, ⓐ **원형 핸들**을 드래그하여 확대/축소하여 원하는 부분을 프레임 안에 맞출 수 있습니다.
>
>
>
> ▲ [그림 1]
>
> **02** 페이지에 알맞은 ⓑ **제목**을 입력하고 서식을 적용합니다. 예제에서는 제목으로 '캔바초등학교 4학년 2반'을 입력한 뒤 '캘리그라퍼 Pen' 글꼴을 적용했습니다.
>
>

프레임 직접 추가하기

지금까지는 이미 디자인에 삽입되어 있던 프레임 요소를 변경하여 활용해보았습니다. 이번에는 직접 프레임과 그리드 요소를 페이지에 직접 추가하여 학급 앨범을 디자인해보겠습니다.

01 슬라이드바의 ❶[페이지 추가](+) 버튼으로 ❷새 슬라이드를 하나 추가합니다.

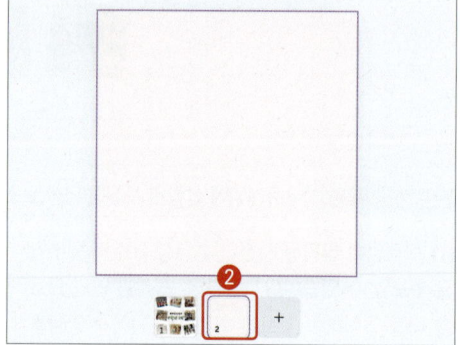

02 좌측 메뉴바의 ❶[요소] - ❷[빈 요소 검색창] - ❸[프레임]을 클릭합니다.

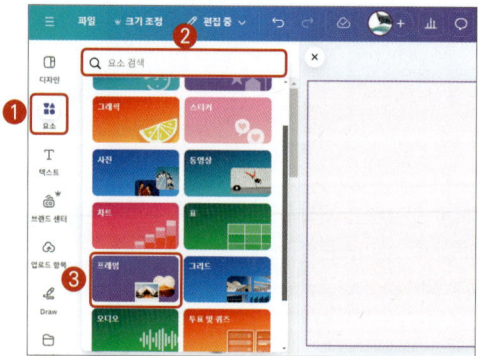

03 ❶'프레임 검색창'을 활용하거나 제시된 도구창의 ❷스크롤을 내려 ❸원하는 모양의 프레임(**예** 폴라로이드) 클릭하여 ❹페이지에 삽입합니다.

04 좌측 메뉴바의 ❶[업로드 항목]을 클릭합니다. ❷[파일 업로드]를 클릭하여 캔바에 삽입할 사진 또는 영상 요소를 업로드합니다. ❸업로드 된 요소를 프레임에 삽입합니다.

민주쌤의 TIP 위의 내용에서는 '업로드 항목'을 활용하여 실제 학급 사진을 업로드하는 방법을 안내했습니다. 그러나 실습에서는 실제 학급 사진이나 영상 대신 캔바의 사진 또는 영상 요소를 활용하여 진행해도 무방합니다.

배경과 텍스트 요소 활용하기

01 ❶사진에 대한 설명(**예** '체육대회 우승!')을 텍스트 상자로 추가하고, 상단 도구바에서 ❷알맞은 서식을 적용합니다. 예제에서는 글꼴은 '캘리그라퍼 Pen', 크기는 '93.4'를 사용했습니다.

02 좌측 디자인 메뉴의 ❶[앱] - ❷[배경]을 클릭합니다. 제작하고 있는 페이지에 ❸어울리는 배경(예 '잔디')을 검색 후 ❹원하는 배경을 클릭하면 페이지의 배경으로 삽입됩니다.

> **민주쌤의 TIP** 배경의 사진 요소를 삭제할 때는 배경을 우클릭 한 후, [배경에서 이미지 분리합니다.]를 클릭합니다.

그리드 직접 추가하기

그리드는 여러 프레임을 보기 좋게 배열한 도구로, 사용법은 프레임과 동일합니다. 페이지에 그리드를 삽입하고 활용해보겠습니다.

01 ❶새 슬라이드를 추가합니다.

02 좌측 디자인 메뉴의 ❶[요소] - ❷[빈 요소 검색창] - ❸[그리드]를 클릭합니다. 도구창에서 ❹원하는 그리드를 클릭합니다. ❺그리드의 원형 핸들을 드래그하여 크기를 알맞게 조정합니다. 그리드의 크기는 전체 레이아웃을 유지한 상태로 조정됩니다.

03 삽입한 그리드에 필요한 사진('학급 사진')이나 영상을 드래그하여 삽입합니다.

그리드 서식 변경하기

01 삽입한 그리드를 클릭하고, 상단 도구 바에서 ❶[간격]을 클릭하여 ❷그리드 간격(24)을 조정해줍니다.

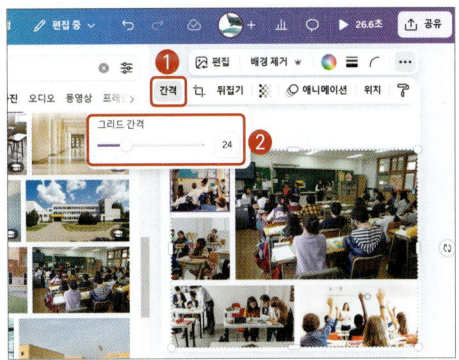

02 ❶삽입된 그리드의 프레임 중 하나(ⓓ 제일 큰 사진)를 선택하여 상단 도구바에서 ❷[모서리 둥글게 만들기(⌒)]를 적용합니다. 예제에서는 ❸'모서리 둥글게 만들기 정도'를 72로 적용했습니다.

텍스트 상자에 효과 적용하기

01 좌측 메뉴바의 ❶[텍스트] - ❷[텍스트 상자 추가]로 ❸사진과 어울리는 문구(ⓓ '열공하는 4학년 2반')를 입력합니다. 예제의 ❹글꼴은 '캘리그라퍼 Pen', 크기를 '85.1'로 적용했습니다.

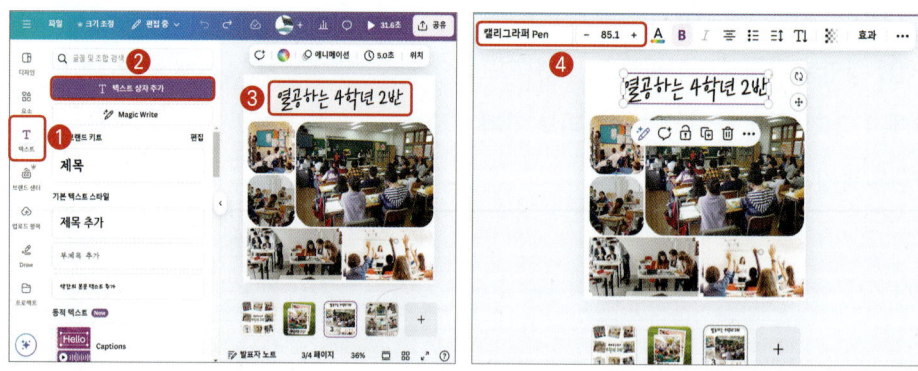

02 삽입한 텍스트 상자를 클릭하고 상단 도구바에서 ❶[효과]를 클릭합니다. 좌측 도구 창에 제시되는 다양한 텍스트 효과 중 ❷원하는 효과(ⓓ '배경')를 클릭하여 적용합니다.

❸선택한 효과의 옵션을 조정합니다. 예제에서는 효과의 색상으로 ❹밝은 회색(#f5f1f1)으로 설정했습니다.

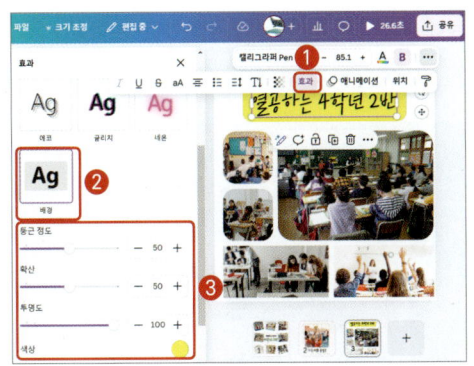 

앨범 템플릿 활용하기

01 새 슬라이드를 추가하고 좌측 디자인 메뉴의 ❶[디자인]을 클릭합니다. ❷원하는 템플릿을 선택하여 ❸페이지에 적용합니다. 필요에 따라 ❹검색창에 주제나 분위기를 입력해 적합한 템플릿을 찾을 수도 있습니다.

02 삽입한 템플릿의 프레임 속 사진과 영상 요소를 자신의 자료로 교체합니다. ❶적절한 텍스트(예 '사랑스러운 순간들')와 그래픽(예 '분홍 물감')을 추가해 학급 앨범 페이지를 완성합니다.

Chapter 02 캔바 디자인과 수업레시피 **195**

학급 앨범 완성작 공유하기

01 프레임과 그리드를 활용한 학급 앨범의 실제 작동 모습을 확인하려면 편집 화면 우측 하단에 위치한 ❶[프레젠테이션 전체보기 버튼(↗)]을 클릭합니다. 이를 통해 프레임에 사진과 영상이 삽입된 학급 앨범이 어떻게 재생되고 보여지는지 확인할 수 있습니다(그림1).

▲ [그림 1]

02 완성된 작품은 ❶[공유]에서 MP4 형식으로 ❷다운로드 받거나, ❸공개 보기 링크로 학급 게시판에 게시하거나 공유할 수 있습니다. 333 페이지를 참고합니다.)

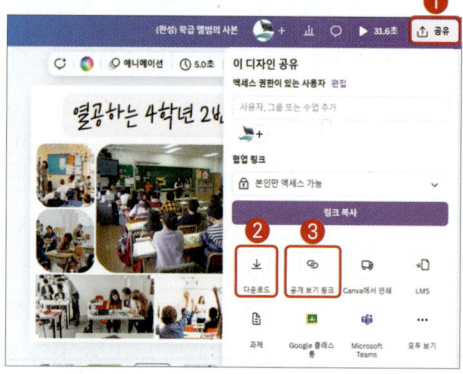

표 차트 요소 - 통계 자료 시각화하기

캔바의 표와 차트 요소는 통계 자료를 보기 쉽게 정리하고 시각적으로 표현할 수 있는 유용한 도구입니다. 표는 데이터를 체계적으로 정리해 비교를 쉽게 하고, 차트는 숫자 데이터를 그래프로 표현해 복잡한 정보를 한눈에 이해할 수 있도록 돕습니다. 캔바는 막대형, 원형, 선형 등 다양한 차트를 제공하며, 색상과 스타일을 조정할 수 있어 수업 활동 중 필요한 정보를 효과적으로 전달할 수 있습니다.

이번에는 '우리반 학생들이 선호하는 교과목'을 주제로 표와 차트를 활용하여 '통계 자료를 시각화'해 보겠습니다.

▶ 소스파일
https://m.site.naver.com/1CpeU

▶ 완성 파일
https://m.site.naver.com/1Cpfn

표 요소 활용하기

표 삽입하기

01 종류 상관 없는 비어있는 페이지, 또는 소스 파일의 '(실습)표, 차트'를 준비합니다. 편집 화면에서 좌측 메뉴바의 ❶[요소]-❷[빈 요소 검색창]- ❸[표] 카테고리를 선택합니다.

02 ❶원하는 디자인의 표( 첫 번째 기본표)를 클릭하여 ❷페이지에 삽입합니다.

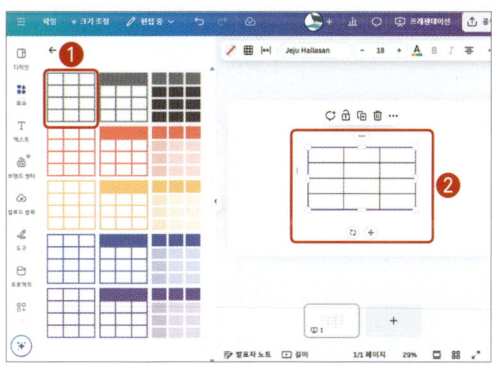

Chapter 02 캔바 디자인과 수업레시피 **197**

표의 전체 크기 조정하기

01 표 전체 크기를 조정하려면 해당 ❶표를 클릭한 후 ❷모서리에 나타나는 원형 핸들을 드래그하여 확대 또는 축소합니다.

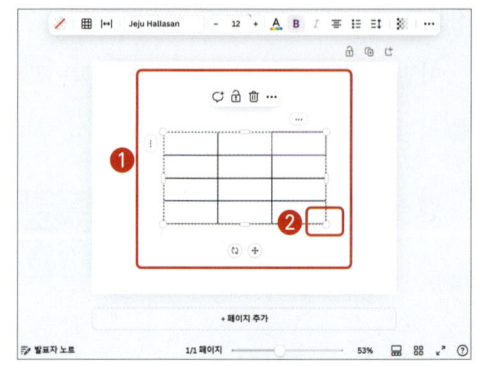

셀의 너비와 높이 조정하기

셀의 너비나 높이를 조정하려면 표의 가로와 세로 모서리 가운데의 ❶원기둥 모양의 핸들이나 ❷표 내부의 선을 선택해 드래그합니다. 이를 통해 표의 높이와 너비를 세부적으로 조정할 수 있습니다.

> **민주쌤의 TIP** 위의 방법은 '개별' 행과 열의 너비 및 크기를 조정하는 방법입니다. 여러 행이나 열을 동시에 조정하려면 다음 단계를 참고해주세요.

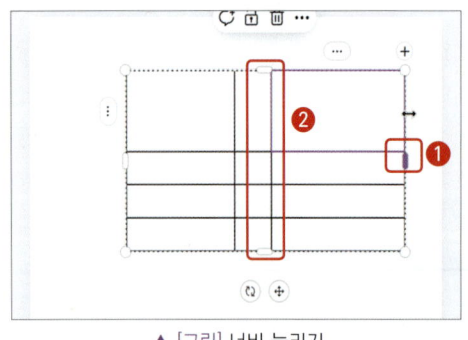

▲ [그림] 너비 늘리기

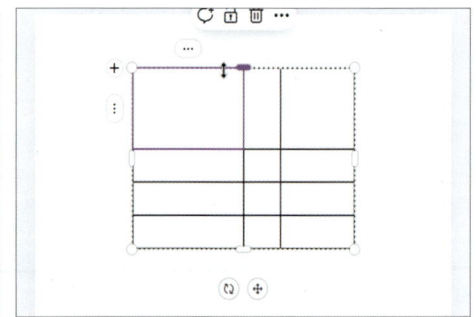

▲ [그림 1] 높이 늘리기

여러 셀의 너비와 높이 변경하기

여러 셀의 너비나 높이를 동시에 조정하려면 Shift 키를 누른 상태에서 ❶영역을 설정할 시작 셀과 ❷마지막 셀을 클릭합니다(그림1). ❸선택한 영역이 보라색으로 강조 표시됩니다. 강조 표시된 영역의 가로선이나 세로선을 드래그하면 영역 내 모든 셀의 높이나 너비를 조정할 수 있습니다.

> **민주쌤의 TIP** 여러 셀의 너비나 높이뿐만 아니라 특정 서식이나 효과도 동시에 적용할 수 있습니다. 이를 위해 Shift 키를 누른 상태에서 원하는 영역을 다중 선택한 후, 적용할 서식이나 효과를 설정하면 해당 영역의 셀에 한 번에 반영됩니다.

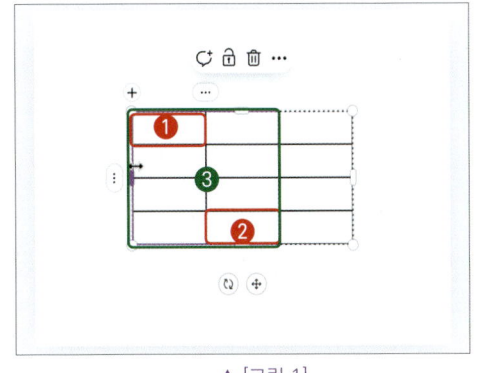

▲ [그림 1]

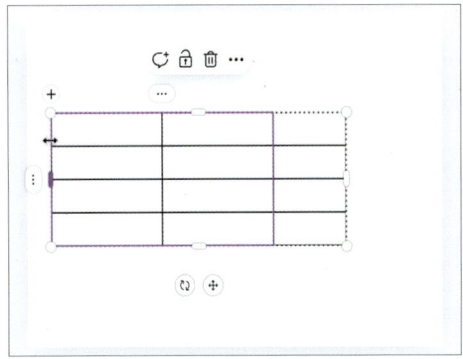

▲ 선택한 영역의 너비 변경하기

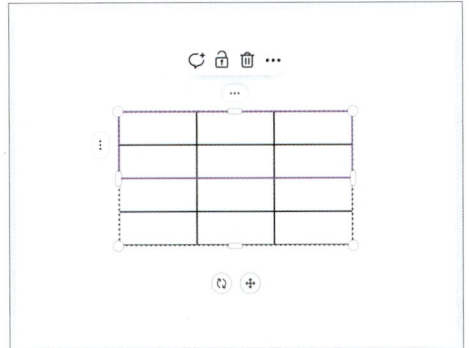

▲ 선택한 영역의 높이 변경하기

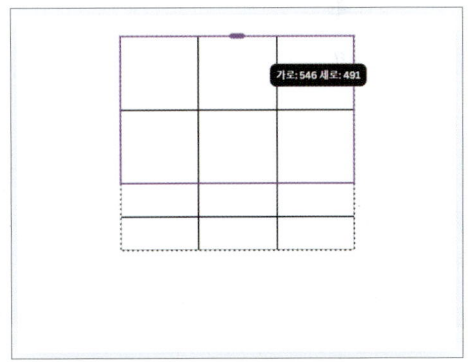

여러 셀의 너비와 높이 일정하게 맞추기

01 열과 행의 모든 셀의 너비 또는 높이를 동일하게 맞추려면 모든 셀의 영역 설정이 필요합니다. Shift 키를 누른 상태에서 표 전체를 선택할 수 있도록 ❶처음 셀과 ❷마지막 셀을 클릭합니다.

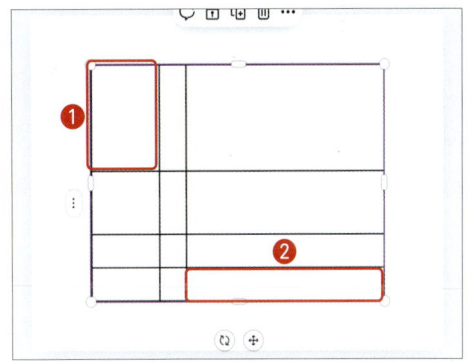

▲ 해당 표는 실습 자료실 슬라이드 2에 준비되어 있습니다

02 선택된 영역 위를 마우스 우클릭합니다. 우클릭 메뉴에서 ❶[행간격 맞추기]를 선택하면 영역의 모든 행의 높이가 동일해집니다. ❷[열 간격 맞추기]를 선택하면 영역의 모든 열의 너비가 동일해집니다(그림1).

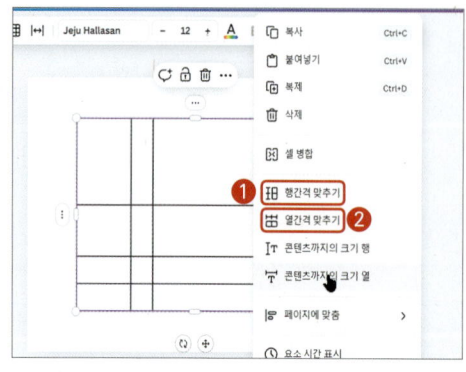 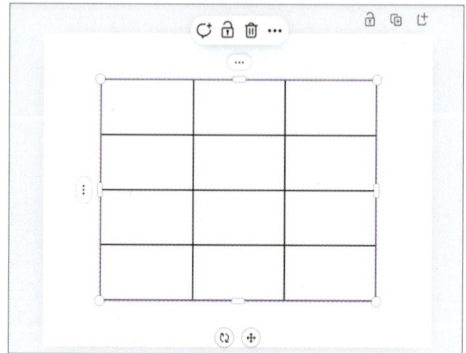

▲ [그림 1]

행과 열 추가하기

01 표를 클릭합니다. ❶우측 상단의 원형 핸들로 커서를 가져가면 ❷[열 추가 버튼(+)]이 상단에 나타납니다.

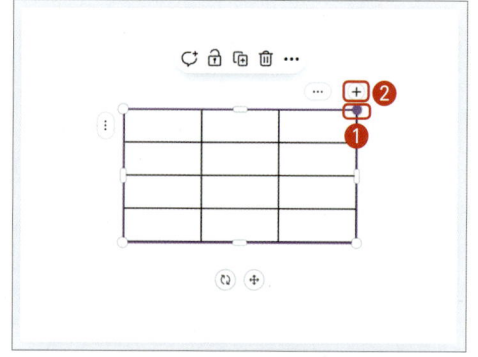

02 ❶왼쪽 상단 원형 핸들에 커서를 가져갑니다. 원형 핸들의 상단에 ❷[열 추가 버튼(+)]과 좌측에 행을 추가할 수 있는 가로선 끝의 ❸[행 추가 버튼(+)]이 나타납니다.

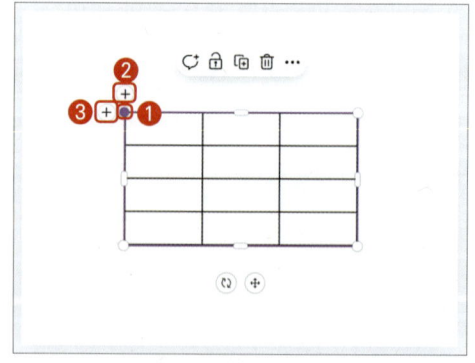

03 ❶좌측 하단의 원형 핸들에 커서를 두면 맨 아래 줄에 행을 추가할 수 있는 ❷[행 추가 버튼]이 나타납니다.

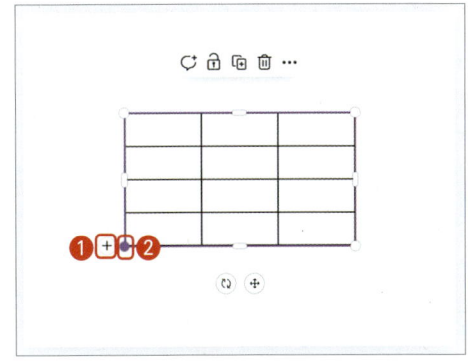

04 ❶왼쪽 상단 원형 핸들에 커서를 가져간 후, ❷[열 추가 버튼(위의 +)]을 활용하여 열을 6번 추가한 9 x 4 형태의 표를 만듭니다. 만든 표는 슬라이드의 하단에 배치합니다(그림1).

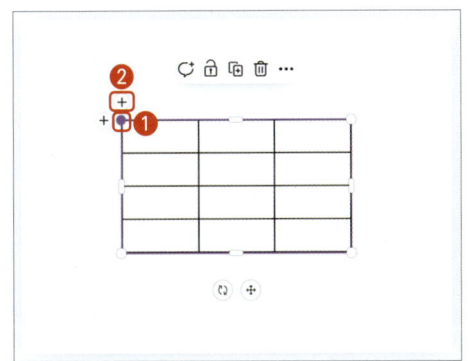 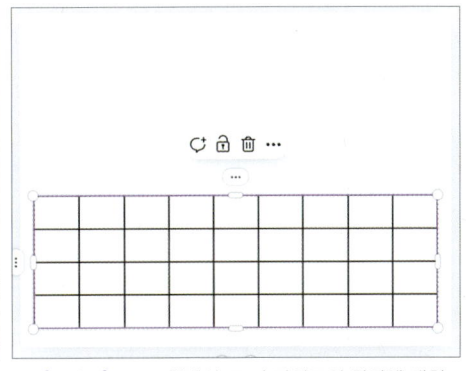

▲ [그림 1] 9 x 4 형태의 표, 슬라이드의 하단에 배치

행과 열 관리하기

01 특정 행이나 열에 서식을 적용하려면, 먼저 서식을 적용할 ❶행 또는 열의 셀 중 한 개(보라색 영역 표시)를 클릭합니다. 클릭한 셀의 ❷위쪽(열) 끝과 ❸옆쪽(행) 끝에 [가로점 세 개] 버튼이 나타납니다.

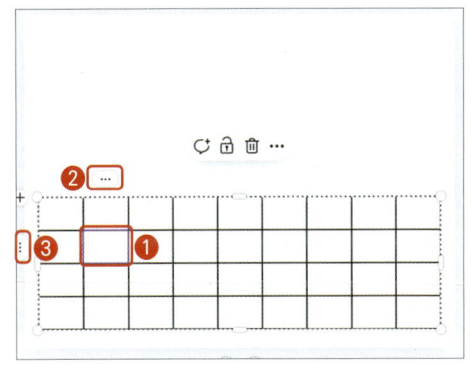

02 ❶위쪽 [가로점 세 개] 버튼을 클릭하면 해당 열과 관련된 다양한 ❷기능 목록이 나타납니다. 마찬가지로, ❸옆쪽 [가로점 세 개] 버튼을 클릭하면 해당 행과 관련된 기능 목록이 표시되며, 필요한 작업을 선택하여 실행할 수 있습니다.

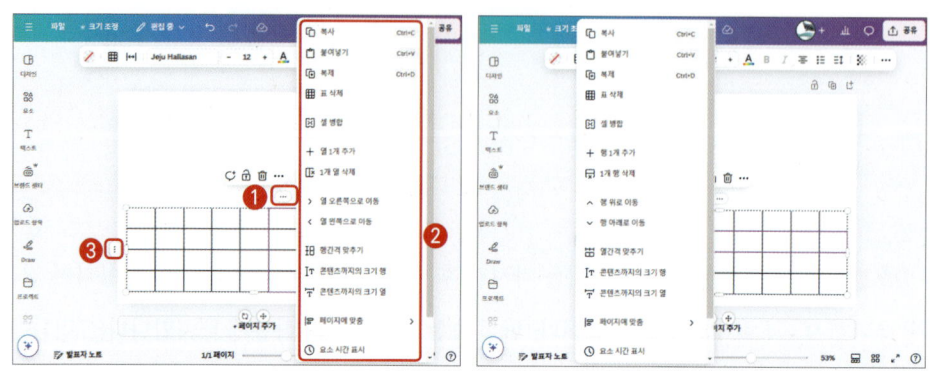

▲ ❶번 클릭 후 기능 목록　　　　　　　▲ ❸번 클릭 후 기능 목록

03 가장 위의 행을 ❶삭제하여 그림1과 같이 ❷9 x 3 형태의 표를 만들고 배치합니다.

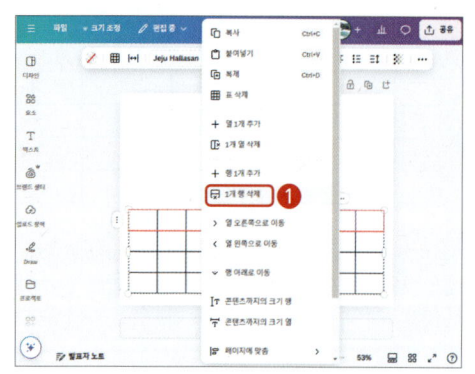
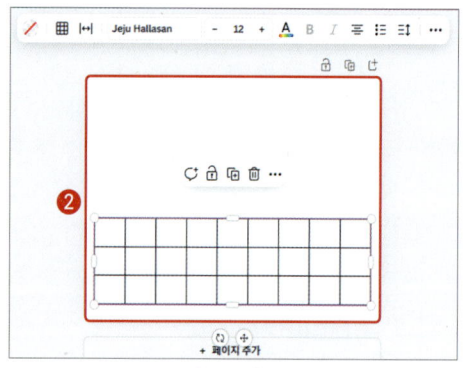

▲ [그림 1]

내용 입력 및 셀 서식 변경하기

01 내용을 입력할 셀을 더블 클릭하면 셀 안에 텍스트를 입력할 수 있습니다. 예제에서는 ❶행에 교과목 종류를, ❷열에 학생 수와 백분율을 입력했습니다. 예제와 같이 입력해보세요.

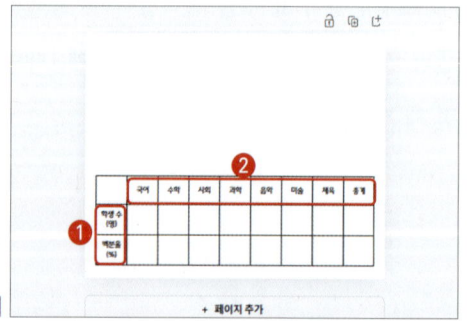

▶ [그림 1]

02 입력한 텍스트는 가독성을 높이기 위해 서식을 조정합니다. 여러 개의 셀에 동시에 글꼴 서식을 적용하기 위해 Shift 키를 누른 상태에서 텍스트 서식을 적용할 영역의 ❶첫 번째 셀('국어')과 ❷마지막 셀('총계')을 각각 클릭하여 교과목 입력 행을 영역으로 지정합니다.

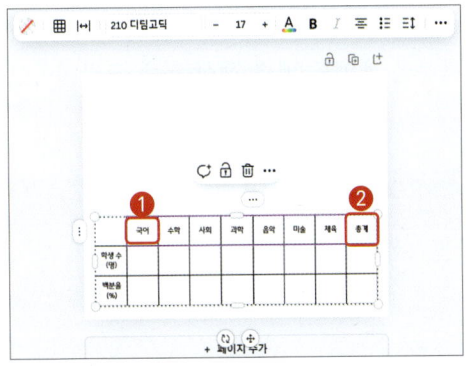

03 1행의 '교과목'은 ❶'네모라운드' 글꼴을 적용하고, ❷글자 크기를 23으로 설정했습니다. 1열의 '❸학생 수와 백분율'은 같은 글꼴을 적용하고 크기는 13으로 설정했습니다.

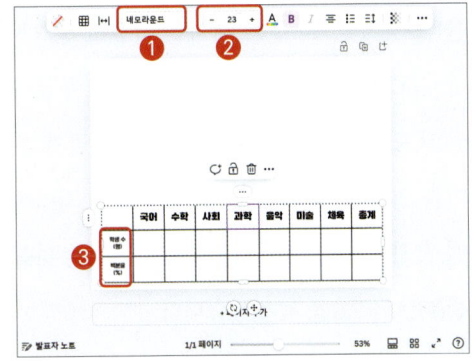

04 여러 개의 셀의 색을 동시에 변경하기 위해 Shift 키를 누른 상태에서 적용할 영역의 ❶첫 번째 셀('국어')과 ❷마지막 셀('총계') 클릭하여 영역을 지정합니다. 그런 다음, 상단 도구바에서 ❸[색상(✏)] 버튼을 활용해 선택한 셀의 배경색을 변경할 수 있습니다. 예제에서는 ❹회색 그라데이션 색상을 적용했습니다.

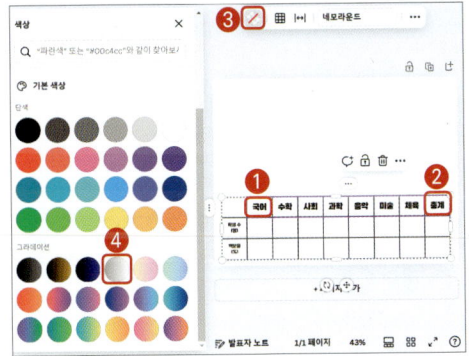 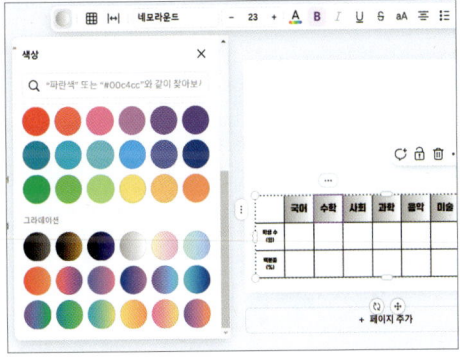

Chapter 02 캔바 디자인과 수업레시피 **203**

05 동일한 방법으로 ❶1열의 학생 수와 백분율 셀에도 배경 색상(회색 그라데이션)을 적용합니다.

> **민주쌤의 TIP** Ctrl 키를 누른 상태에서 원하는 셀을 개별적으로 선택하면, 비연속적인 셀들을 각각 영역 설정할 수 있습니다.

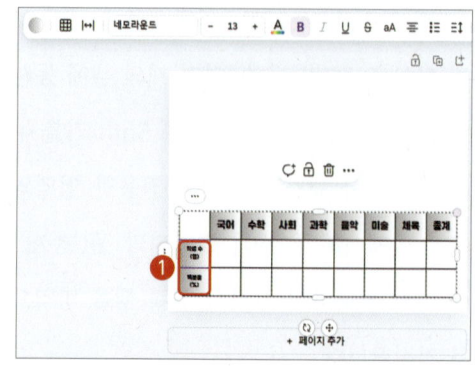

06 표 안에 ❶데이터(㎝ 학생 수 및 백분율)를 입력한 후, 셀의 서식을 적절히 변경해 줍니다. 예제에서 데이터를 입력한 부분에 ❷'네모라운드' 글꼴을 적용하고 ❸글자 크기를 26으로 설정했습니다. 또 상단 좌측바 맨 끝의 ❹[색상 버튼]을 누르고 ❺옅은 하늘색(#EAEFF2)을 적용했습니다.

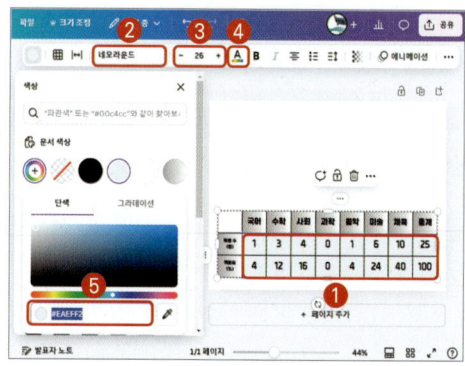

차트 요소 활용하기

차트 삽입 및 데이터 입력하기

편집 화면 좌측 메뉴바의 ❶[요소]- ❷[빈 요소 검색창]- ❸[차트] 카테고리를 선택합니다. 원하는 종류의 차트를 클릭하여 페이지에 삽입합니다. 예제는 ❹원형 차트를 선택했습니다.

차트 데이터 입력창 확대하기

01 ❶삽입된 차트를 클릭한 후, 상단 도구바에서 ❷[편집]을 클릭합니다. 좌측의 디자인 도구창에서 ❸[데이터 크게 보기(⬈)] 버튼을 클릭하여 차트의 데이터 입력창을 확대합니다(그림1).

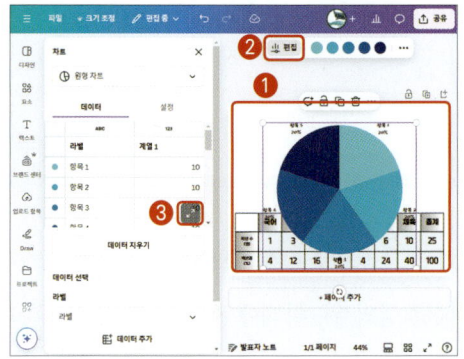

▲ [그림 1] 차트의 데이터 입력창 확대

데이터 입력창 구성 이해하기

표의 인기 상위 과목 5개에 대한 원형 차트를 제작해보겠습니다.

01 ❶'라벨' 열에 상위 과목(체육, 미술, 사회, 수학, 기타)을 입력합니다. ❷'계열1'열에는 각 항목의 값(학생수 10, 6, 4, 3, 2)를 입력합니다. 입력한 데이터를 기반으로 차트가 자동으로 업데이트 됩니다.

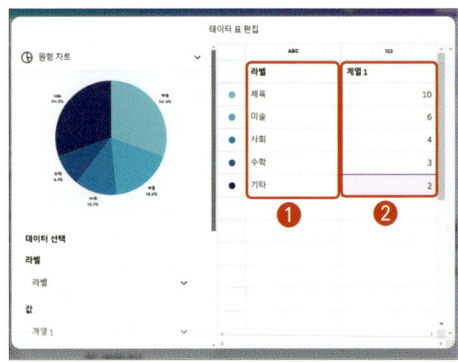

02 상단의 ❶'라벨' 과 '계열1' 항목을 각각 더블 클릭하여 ❷'과목', '학생 수'로 수정합니다.

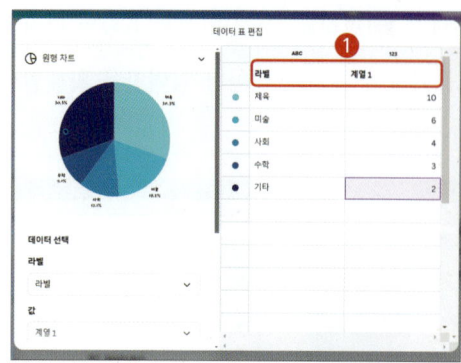 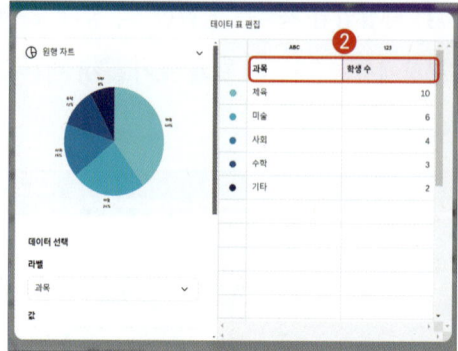

03 데이터 입력 시트의 ❶마지막 행을 클릭하면 자동으로 ❷새 항목이 맨 아래에 추가됩니다. 또는 ❸특정 셀을 우클릭한 메뉴에서 ❹해당 셀의 위, 아래에 새로운 행을, ❺좌측과 우측에 새로운 열을 추가할 수도 있습니다.

 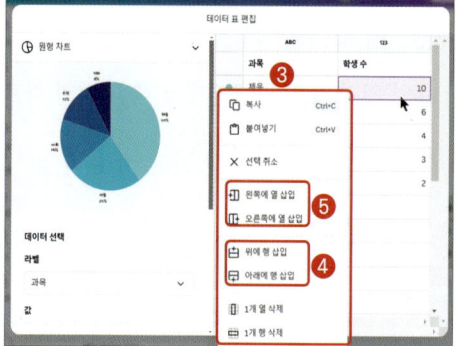

차트 데이터 입력 및 서식 변경하기

01 ❶[차트 종류 옵션('원형 차트')]을 클릭하면 동일한 데이터를 기반으로 ❷막대형, 원형, 선형 등(목록에서) 다양한 스타일의 차트를 생성할 수 있습니다.

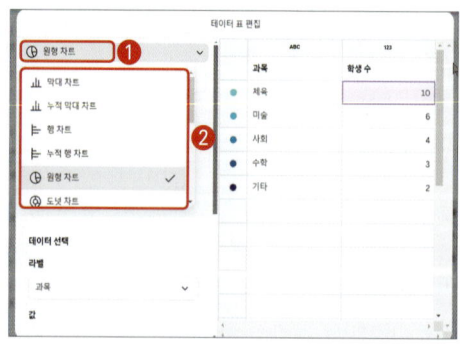

02 데이터 입력창의 좌측에서 '텍스트' ❶[라벨] 옵션을 체크하지 않으면 차트 가장자리에 항목 이름이 표시되지 않습니다(그림1). 그러나 ❷[라벨]을 체크하면, 각 항목의 이름과 값이 차트에 나타납니다(그림2).

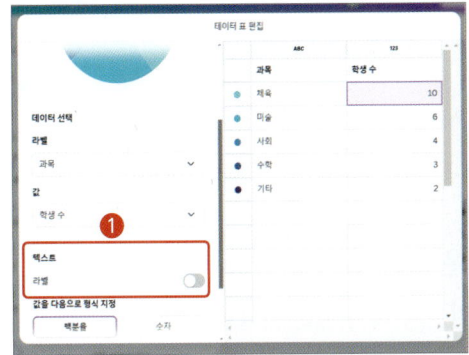 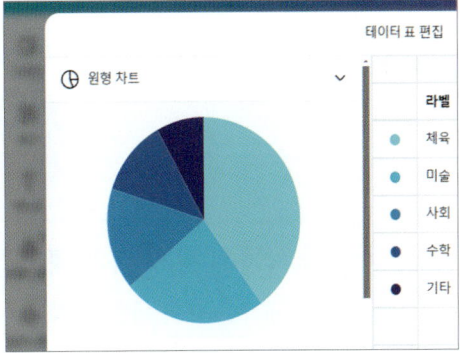

▲ [그림 1]

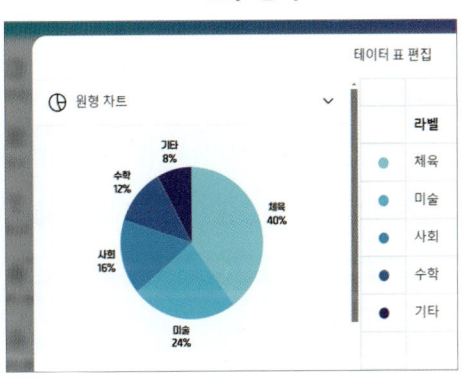

▲ [그림 2]

03 항목의 값을 나타나는 방식을 ❶[백분율]이나 ❷[숫자]로 변경하거나, ❸범례를 삽입하는 등의 추가 설정도 좌측 하단에서 조정할 수 있습니다

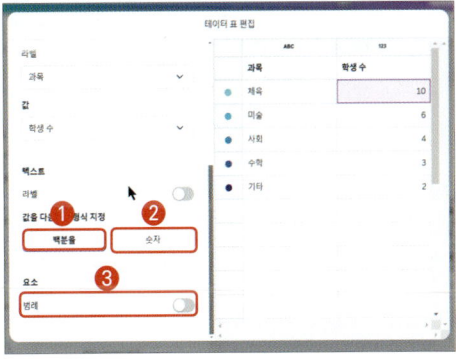

Chapter 02 캔바 디자인과 수업레시피   **207**

04 차트의 서식은 편집 화면에서 해당
❶차트를 클릭한 후, 상단 도구바를 통해 변경
할 수 있습니다. 예제에서는 항목 라벨의 글씨
체를 ❷'네모라운드'로 설정하고, 글자 크기를
기존보다 크게 ❸14.9로 조절하였습니다.

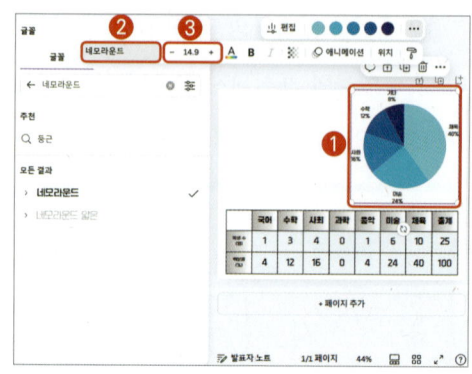

표와 차트를 활용해 통계 결과 페이지 완성하기

지금까지 함께 제작한 표와 차트 그리고 이전 차시에서 배운 다양한 요소를 활용하여 통계 결과 페이지를 완성해 보겠습니다.

페이지 배경 설정 및 투명도 조절하기

01 ❶요소 검색창에 '교실'을 입력하고 통계 자료와 관련된 ❷사진 요소를 클릭합니다. 삽입한 사진 요소를 우클릭하여 ❸[이미지를 배경으로 설정]을 클릭합니다.

208 선생님을 위한 캔바 수업 활용

02 배경을 클릭하고 ❶상단 도구바에서 ❷투명도( )를 ❸'50' 정도로 조절합니다.

> **민주쌤의 TIP** 배경의 투명도 조절은 주로 다른 요소와 조화를 이루도록 돕는 기능으로 사용됩니다.

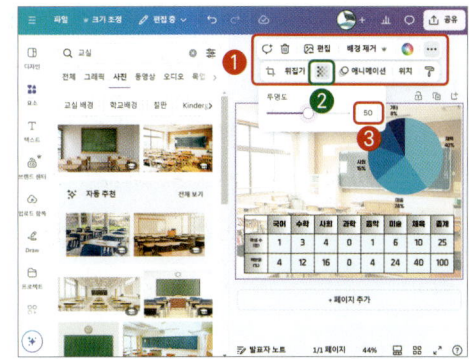

도형으로 텍스트 상자 배경 만들기

통계 자료의 제목 텍스트 상자를 강조해주는 배경으로 사용할 도형을 삽입해보겠습니다.

01 좌측 메뉴바의 ❶[요소]-❷[도형]-❸[모두 보기]를 선택합니다. 제목의 배경이 될 도형을 선택합니다. 예제에서는 ❹'모서리가 둥근 직사각형'을 선택했습니다.

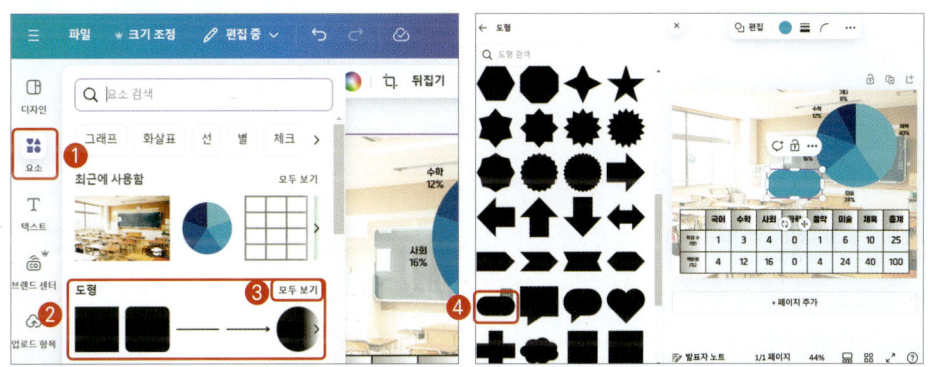

02 삽입된 도형의 ❶꼭지점 원형 핸들이나 ❷세로 모서리의 원기둥 버튼을 드래그하여 제목 길이에 맞는 형태로 조정합니다. 상단 도구바의 ❸[색상 옵션( )]으로 도형의 바탕색을 변경합니다. 예제에서는 ❹흰색을 바탕으로 설정했습니다.

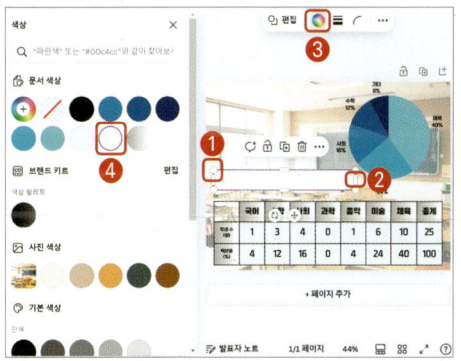

Chapter 02 캔바 디자인과 수업레시피 **209**

03 삽입된 도형의 상단 도구바에서 ❶[테두리 서식 버튼(≡)]을 클릭하여 도형의 ❷테두리 종류(기본)와 굵기(4)를 설정해줍니다.

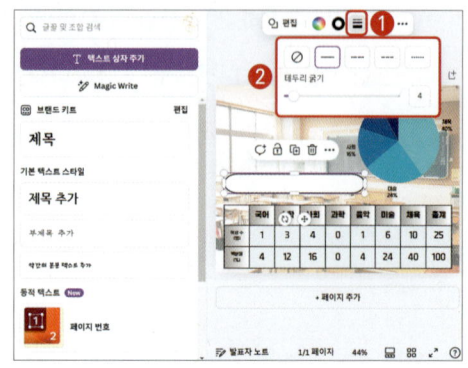

04 완성된 도형 위에 ❶제목 텍스트 상자(예'우리반의 교과목 선호도')를 배치하고 서식을 변경합니다. 예제의 글꼴은 ❷'네모라운드', ❸글씨 크기는 35로 설정했습니다.

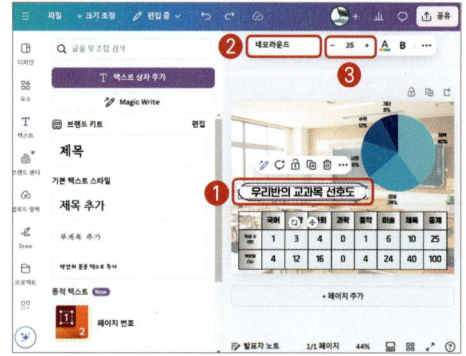

도형의 투명도 조절하기

01 도형의 투명도를 조절하여 텍스트 상자의 배경으로 활용할 수도 있습니다. 먼저, 좌측 메뉴바의 도형 요소 중 텍스트 상자의 배경으로 사용할 ❶도형(예'모서리가 둥근 직사각형')을 선택합니다. 삽입된 도형을 ❷원형 핸들을 사용하여 적절한 크기로 조절하고, 원하는 위치에 배치합니다.

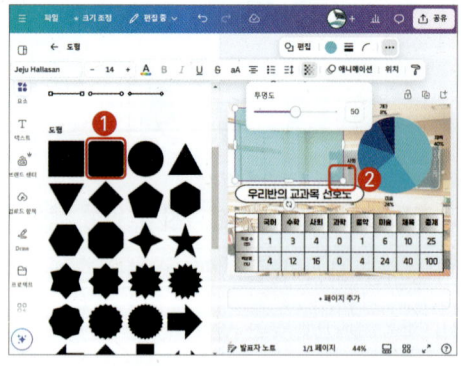

02 상단 도구바의 ❶[색상 옵션]으로 도형의 색상(#6ce5e8)을 변경합니다. 상단 미니바에서 ❷[투명도 설정 버튼]을 선택해 투명도(50)를 조절합니다.

03 마지막으로, 투명해진 도형 위에 통계 결과를 담은 ❶텍스트 상자를 배치하고 서식을 변경합니다. 예제의 텍스트는 '25명 중 10명이 체육을 가장 선호, 주지교과에 대한 선호도가 낮은 편'을 입력하고 ❷글꼴은 '네모라운드', ❸크기는 28.2로 설정했습니다.

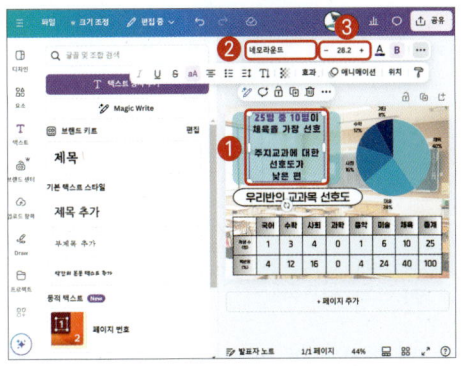

민주쌤의 TIP 텍스트 상자를 별도로 추가하지 않고도 도형을 더블 클릭하여 직접 텍스트를 입력할 수 있습니다. 그러나 이 경우 도형의 투명도를 조절하면 텍스트까지 함께 투명해지는 단점이 있습니다. 따라서 도형의 투명도를 조절하여 텍스트와 함께 배치할 때는 위와 같이 도형과 텍스트 상자를 각각 삽입한 후 배치하는 것이 가독성을 유지하는 데 더 효과적입니다.

그래픽 요소 추가하기

편집 화면 좌측 메뉴바의 ❶[요소]-❷'요소 검색창'에 '체크'를 입력합니다. 검색 결과 중 그래픽만 보기 위해 검색창 아래의 카테고리를 ❸'그래픽'으로 선택합니다. 강조하고자 하는 문장이나 데이터를 시각적으로 돋보이게 할 ❹그래픽 요소를 선택한 뒤, ❺페이지에서 알맞은 위치에 배치합니다.

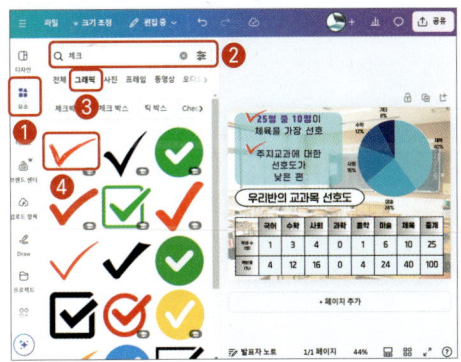

민주쌤의 꿀팁 ▶ 유용한 그룹화 기능

페이지에 삽입된 여러 요소를 하나의 세트로 묶어 동시에 이동, 편집, 서식 적용 등을 할 때 유용한 기능입니다.

01 ⓐ 하나의 세트로 다룰 요소들을 Shift 키를 누른 상태에서 클릭하여 다중 선택합니다.

02 선택된 요소들을 마우스 우클릭 후 ⓑ **[그룹화]** 를 선택하면 ⓒ 하나의 그룹으로 묶여 동시 이동 및 편집이 가능해집니다.

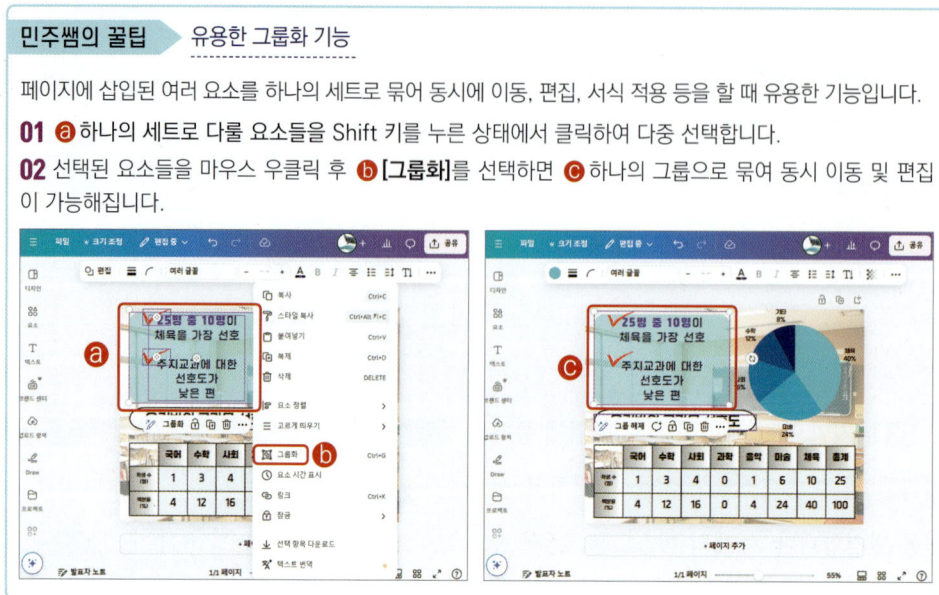

완성작 확인하기

01 편집 화면 우측 하단의 ❶ [전체화면 프레젠테이션 버튼]을 클릭하여 완성작을 확인합니다(그림1).

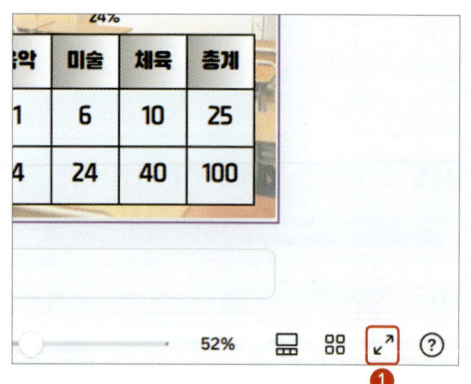

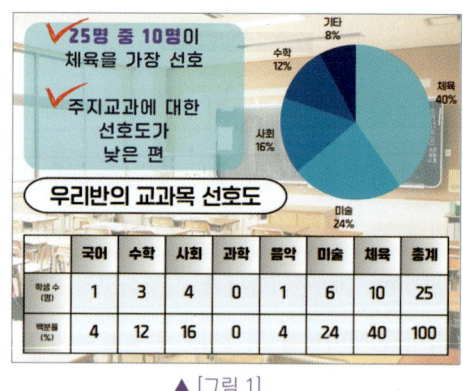

▲ [그림 1]

02-04
디자인 임베드

개인 작품을 제작하는 수업에서 학생들의 완성작을 공유하는 방법으로 공유 폴더를 활용(63 페이지)하거나 보기 전용 링크(333 페이지)를 게시하는 방식이 있습니다. 하지만 개별적으로 공유하는 대신, 하나의 작품 안에 학생들의 작품을 통합하여 전시할 수도 있습니다.

그러나 모든 학생의 작품을 하나의 디자인에 추가하면 슬라이드 수가 많아져 감상하기가 어렵습니다. 이를 해결하기 위해 '**디자인 임베드**' 기능을 활용하면 보다 효율적으로 작품을 전시할 수 있습니다. 이 기능은 하나의 슬라이드 안에 다른 디자인 작품을 프레젠테이션 형태로 삽입하는 방법으로, 학생들이 서로의 작품을 쉽게 감상할 수 있도록 도와줍니다.

모둠별로 제작한 여행지 소개 프레젠테이션을 전시하는 수업 준비를 통해 '디자인 임베드' 기능을 배워보도록 하겠습니다.

▶ 소스파일
https://m.site.naver.com/1Cpg5

▶ 완성 파일
https://m.site.naver.com/1Cpgr

공유 폴더에 모둠별 작품 저장하기

모둠별 공유 폴더 생성하기

폴더 생성에 관한 자세한 내용은 63 페이지를 참고합니다.

01 모둠별 작품을 저장할 공유 폴더를 생성합니다. 예를 들어, ❶상위 폴더로 '우리지역 홍보 책자 만들기'를 만들고, ❷하위 폴더로 '1모둠'~'7모둠'를 각각 생성합니다.

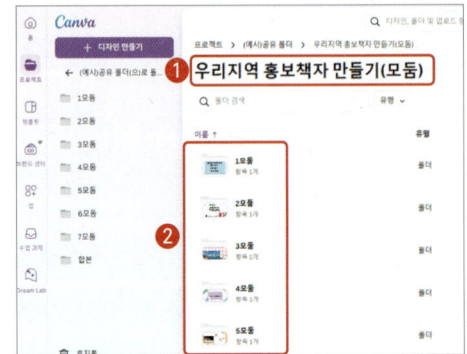

02 실제 수업 진행 시에는 학생들에게 각 모둠별 작품을 해당 모둠 폴더에 업로드하도록 안내합니다.(83 페이지를 참고하세요.)

실습시에는 소스 파일의 '(실습)디자인 임베드 1조'~'(실습)디자인 임베드 7조' 템플릿 링크를 통해 접속한 후, 각 모둠별 템플릿을 해당 조별 공유 폴더에 업로드합니다.

모둠별 작품 전시 슬라이드 준비하기

01 소스 파일의 '(실습)디자인 임베드' 템플릿(그림1)을 준비합니다. 소스 파일의 자료를 이용하지 않고 직접 디자인을 생성할 시에는 아래 [그림1]과 같이 각 모둠의 작품을 전시할 모둠별 슬라이드들을 준비합니다.

▲ [그림 1]

02 예제에서는 ❶[디자인]에서 ❷템플릿(예 south korea)을 추가하여 표지를 만들고, 각 모둠별 슬라이드에는 ❸배경을 적용했습니다. ❹모둠별 텍스트 상자(예 '1모둠')에는 상단 도구바의 ❺[효과] - ❻[배경(노란색)]을 적용했습니다.

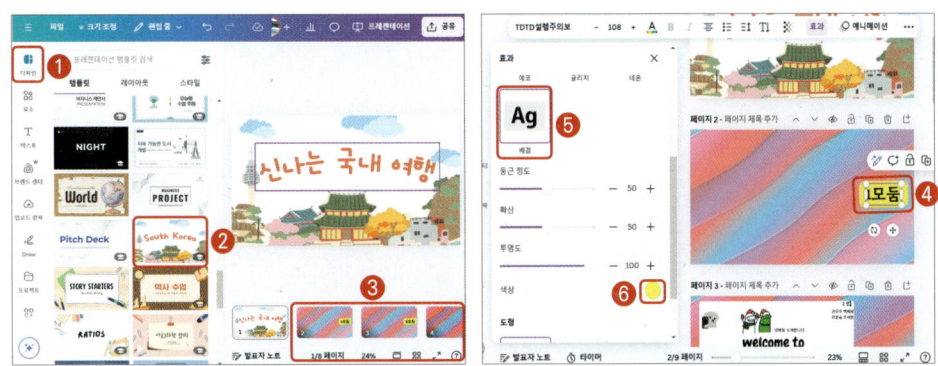

디자인 임베드하기

캔바의 '디자인 임베드 기능'을 사용하면, 다른 작업 중인 디자인이나 슬라이드를 현재 슬라이드에 프레젠테이션 형태로 삽입할 수 있습니다. 한 번 삽입하면 연결된 디자인이 실시간으로 업데이트되어 항상 최신 상태를 유지하며, 한 곳에서 다양한 프로젝트를 손쉽게 관리하고 보여줄 수 있습니다.

01 ❶'1모둠 전시 슬라이드'에 위치합니다. 좌측 메뉴바의 ❷[프로젝트]를 클릭합니다. [폴더]에서 조별 작품이 저장되어 있는 ❸공유 폴더(예 '우리지역 홍보책자 만들기(모둠)')를 클릭합니다.

02 ❶'1모둠' 공유 폴더에서 ❷전시할 작품(❺'1모둠')을 클릭합니다. ❸페이지를 확인하고 ❹[디자인 삽입]을 클릭하면 디자인이 ❺프레젠테이션 형태로 삽입(임베드)됩니다.

03 임베드 된 작품 프레젠테이션의 ❶크기를 조정(원형 핸들 드래그)한 후, 적절한 위치에 배치합니다.

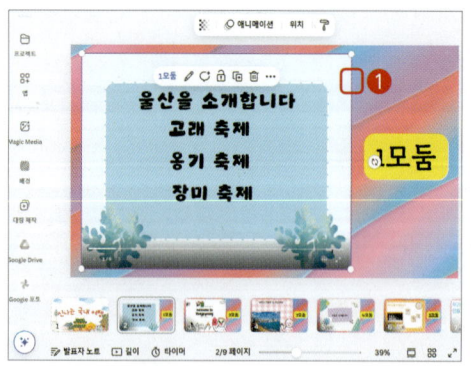

04 편집 화면에서는 임베드 된 작품을 ❶더블 클릭하면 슬라이드를 이동하지 않고 작품의 양 옆을 ❷클릭(화살표)하여 프레젠테이션 형태로 감상할 수 있습니다.

05 같은 방법으로 다른 모둠의 여행지 소개 프레젠테이션도 각 모둠 슬라이드에 임베드합니다.

▲ 다른 모둠의 여행지 소개 프레젠테이션도 각 모둠 슬라이드에 임베드 한 썸네일뷰 및 그리드뷰

06 다음 그림들은 하나의 슬라이드에 임베드된 '6모둠의 프레젠테이션 작품'을 슬라이드를 이동하지 않고 그 자리에서 넘기며 감상하는 모습입니다. 원래는 8장의 슬라이드에 걸쳐 전시해야 했던 디자인을 '디자인 임베드' 기능을 활용해 하나의 슬라이드에서 전환하며 감상할 수 있습니다.

| 민주쌤의 꿀팁 | 작품 프레젠테이션 전시할 때 주의할 사항 |

작품 프레젠테이션을 전시할 때는 반드시 임베드 할 각 작품의 액세스 권한이 'ⓐ링크가 있는 모든 사용자'로 설정되어 있어야 합니다. 만약 액세스 권한이 제한된 상태라면, [그림1]처럼 독자가 작품 전시 슬라이드에서 임베드된 프레젠테이션을 정상적으로 볼 수 없습니다. 따라서 임베드 전, 각 작품 공유 설정을 확인하고 적절한 권한을 부여해야 합니다. 권한 부여에 대한 자세한 사항은 338 페이지를 참고합니다.

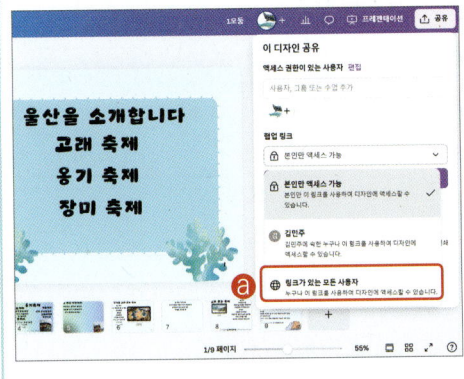 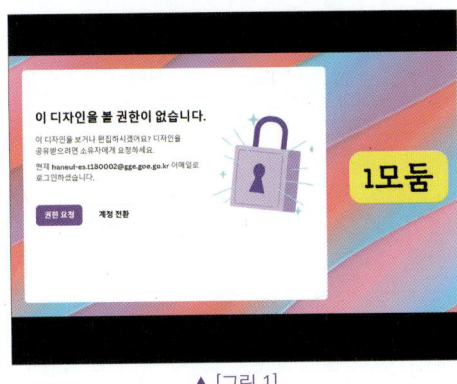

▲ [그림 1]

댓글 감상 활동하기

학생들이 프레젠테이션 전시를 감상한 후, 서로의 작품에 대해 댓글을 남기며 피드백을 주고받는 과정은 의미 있는 감상 활동이 될 수 있습니다. 작품 전시 화면에서 댓글을 작성하고 관리하는 방법을 알아보겠습니다.

협업(초대) 링크 생성하기

감상 댓글 활동을 위해 학생들을 편집 화면으로 초대하는 협업 링크는 생성해보겠습니다. 협업 링크 관련해서는 338 페이지를 참고합니다.

01 편집 화면 우측 상단의 ❶[공유]를 클릭합니다. '협업 링크'의 액세스 권한을 ❷[링크가 있는 모든 사용자]로 설정합니다. 역할을 ❸[댓글 가능]으로 설정한 뒤 ❹[링크 복사]하여 학생들에게 전달합니다.

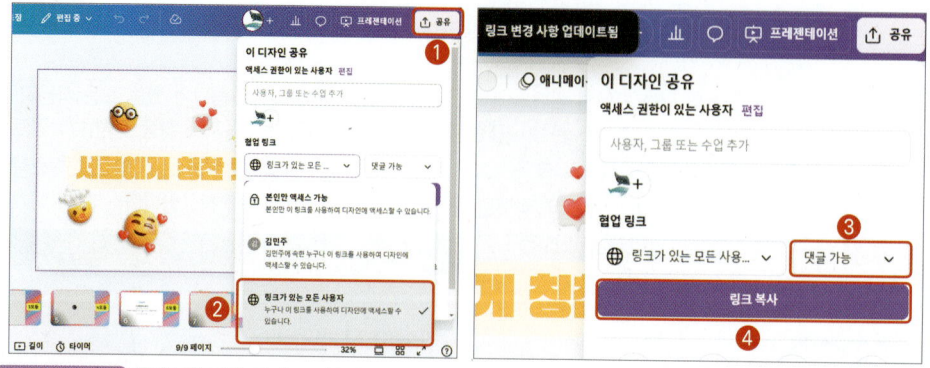

민주쌤의 TIP '협업 링크'의 액세스 권한을 '댓글 가능' 대신 '편집 가능'으로 설정해도 댓글 활동은 가능합니다. 그러나 '편집 가능' 권한을 부여하면 학생들이 원래 작품을 수정할 수 있으므로, 감상 활동에는 편집은 불가한 '댓글 가능' 역할을 설정하는 것이 더 적합합니다.

작품 감상하기 - 학생

학생은 교사에게 받은 초대 링크로 작품의 편집 화면에 접속합니다.

01 편집 화면 우측 하단의 ❶[전체 화면 프레젠테이션 버튼(▦)]을 클릭하여 각 슬라이드에 임베드 된 모둠별 여행지 소개 프레젠테이션(그림1)을 감상합니다.

▲ [그림 1] 모둠별 여행지 소개 프레젠테이션 시작 화면

댓글 달기

01 편집 화면에서 댓글을 달고 싶은 모둠의 작품 슬라이드를 한 번 클릭합니다. 상단 도구바에서 ❶[댓글 버튼]을 클릭하거나, 배경을 우클릭한 후 나타나는 목록에서 ❷[댓글]을 선택합니다. ❸댓글 입력창에 내용(💬'울산은 정말 멋진 곳이네요!')을 입력한 뒤 ❹[전송 버튼]을 클릭합니다.

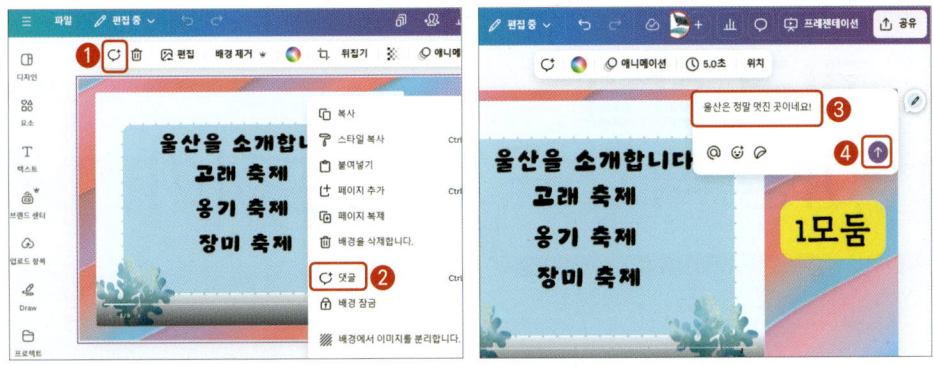

댓글 확인하고 답글 달기

01 각 슬라이드에 표시되는 ①[댓글 확인 버튼(말풍선)]을 클릭합니다. ②해당 슬라이드에 다른 학생들이 남긴 댓글을 확인할 수 있습니다. ③[답글 달기] 입력창를 통해 답글을 달며 소통도 가능합니다.

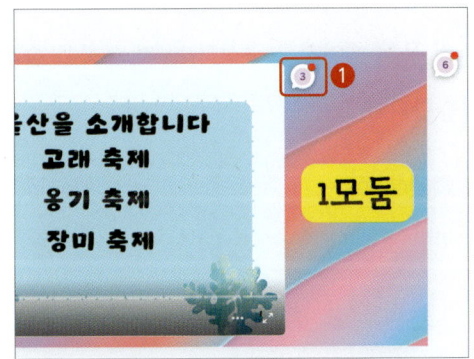
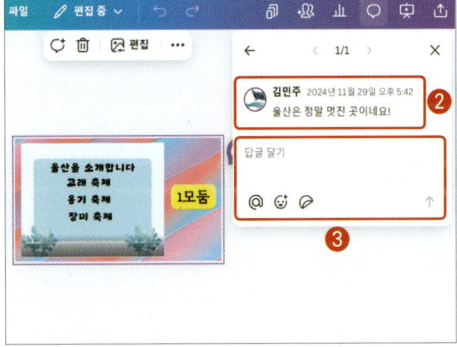

02 서로의 댓글을 보며 감상을 나눕니다.

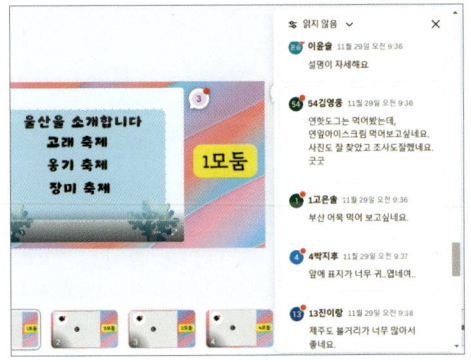
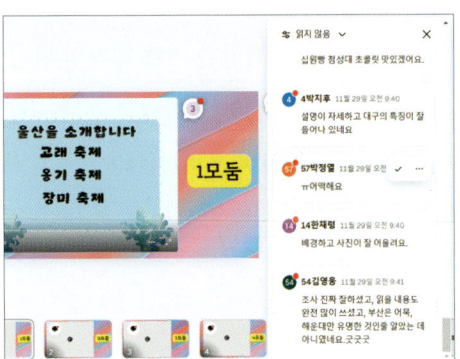

02-05
링크 삽입 - 여행 책자 목차 생성하기

　디자인에 링크를 연결하면 특정 요소를 클릭하면 설정된 슬라이드로 이동하거나, 외부 자료로 연결됩니다. 수업에서 링크 기능을 활용하면, 발표 자료를 더 효과적으로 구성하거나 프로젝트 작업의 완성도를 높일 수 있습니다. 또한 링크 기능을 통해 디자인이 단순히 보는 자료를 넘어 상호작용할 수 있는 도구로 활용됩니다.

　이번 실습에서는 학생들이 제작한 여행 책자의 목차 페이지를 구성하며, 각 항목을 슬라이드나 외부 자료와 링크로 연결하는 과정을 실습합니다.

▶ 소스파일
https://m.site.naver.com/1CpgZ

▶ 완성 파일
https://m.site.naver.com/1Cphn

템플릿 준비하기

01 이전에 함께 제작한 여행 책자의 완성작이나(168 페이지) 소스 파일의 '(실습)링크' 템플릿을 선택하여 준비합니다.

슬라이드 이름 변경하기

01 슬라이드바에서 ❶이름을 변경할 슬라이드(예 '슬라이드 3')를 우클릭하거나 슬라이드의 ❷[가로점 세 개] 버튼을 클릭합니다.

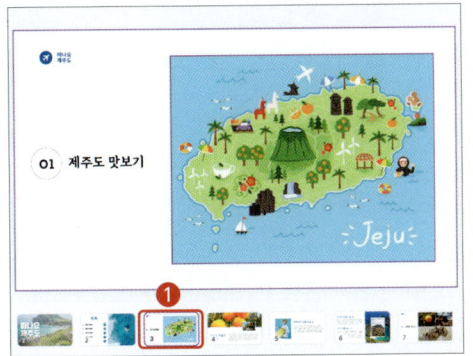 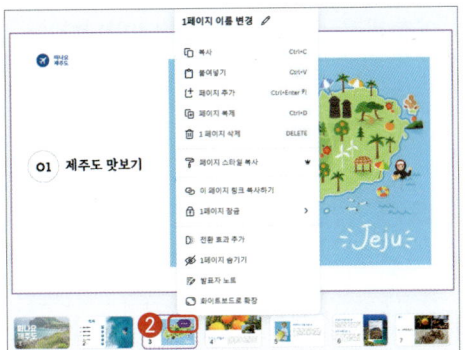

02 목록 상단의 ❶'페이지 이름 변경' 문구를 클릭합니다. 슬라이드 제목을 '1. 제주도 맛보기'로 변경합니다.

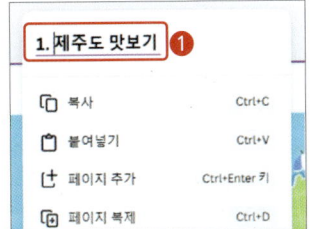

> **민주쌤의 TIP** 슬라이드 이름 변경은 다음 단계에서 링크로 연결할 슬라이드를 쉽게 알아보기 위한 과정입니다.

'슬라이드 이동 링크' 삽입하기

01 목차가 있는 2번 슬라이드(그림1)로 이동합니다. ❶링크를 삽입할 요소(비행기)를 우클릭합니다. 목록에서 ❷[링크]를 클릭합니다.

▲ [그림 1] 2번 목차 슬라이드

02 ❶ '링크 입력란'을 클릭하여 하단에 표시된 목록에서 ❷이동할 슬라이드(예 '제주도 맛보기')를 선택합니다. 이때 슬라이드를 구분하기 위해서는 이전 단계의 슬라이드 이름 변경 과정을 거치는 것이 편리합니다.

03 '링크 입력란'에 ❶링크로 연결할 슬라이드의 이름(예 '3-1. 제주도 맛보기')이 표시됩니다. ❷[완료] 버튼을 클릭하여 링크 삽입을 마무리합니다.

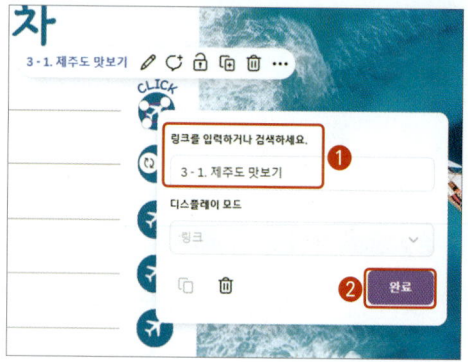

> **민주쌤의 꿀팁** 링크가 눈에 띄도록 편집하기
>
> 슬라이드에서 링크가 삽입된 요소가 눈에 띄도록, ⓐ '클릭' 문구나 ⓑ 클릭을 유도하는 그래픽(예 마우스 커서 아이콘)을 추가하면 독자가 링크를 쉽게 인지하고 사용할 수 있습니다.

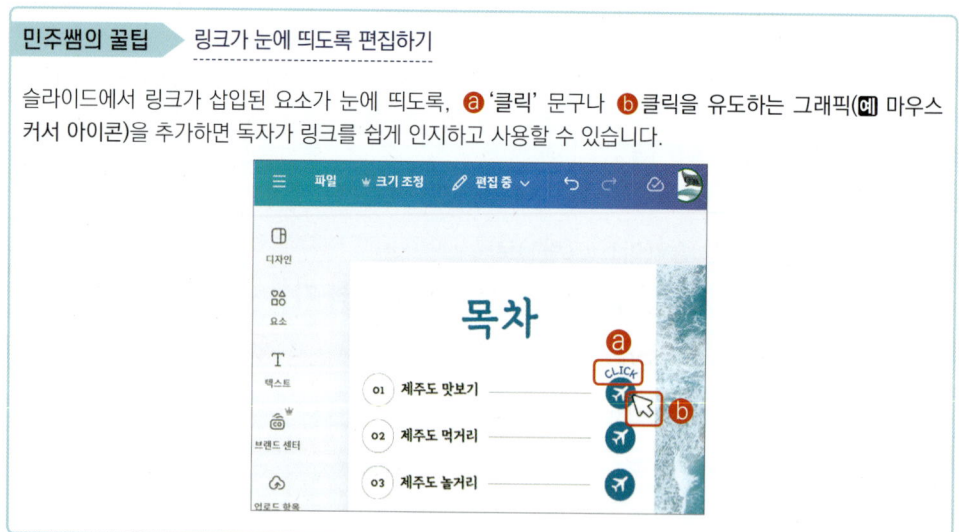

링크 연결 확인하기

01 편집 화면에서 링크를 삽입한 ❶비행기 그래픽을 클릭합니다. 상단 도구바에 ❷연결된 슬라이드의 제목('제주도 맛보기')이 파란 글씨로 표시됩니다. 파란 글씨를 클릭하면 편집 화면에서 **링크로 연결된** 슬라이드로 바로 이동합니다(그림1).

▲ [그림 1]

02 목차의 다른 항목에도 각각 알맞는 슬라이드의 ❶링크를 연결(예 '9-제주도 놀거리') 합니다.

 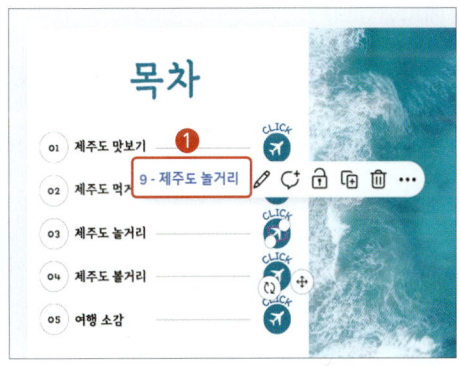

▲ '9-제주도 놀거리' 링크 연결 예시

03 우측 하단의 ❶[전체화면 프레젠테이션 버튼(↗)]을 클릭합니다. 프레젠테이션 화면에서 ❷링크가 연결된 요소(예 '비행기')를 클릭하여 정상적으로 이동하는지 확인합니다. 이를 통해 독자는 목차에서 원하는 주제로 빠르게 이동할 수 있습니다.

홈으로 돌아가기 버튼 삽입하기

원하는 주제의 슬라이드를 확인하고 목차로 쉽게 돌아갈 수 있도록 '홈 링크 버튼'을 삽입해보겠습니다.

01 '요소 검색창'에 ❶'홈'을 검색하고 상단에서 ❷[그래픽] 카테고리를 선택합니다. ❸적절한 그래픽을 클릭하여 삽입합니다. 삽입한 그래픽을 우클릭하고 ❹[링크]를 클릭합니다.

 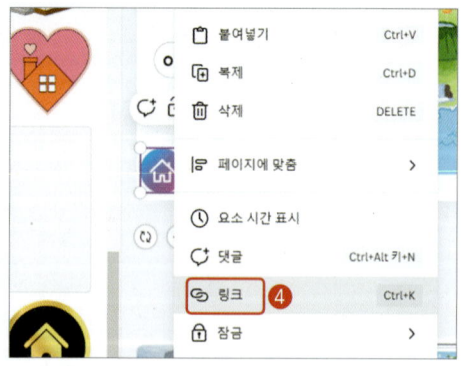

02 표시된 슬라이드 목록에서 ❶목차 슬라이드를 선택하여 연결합니다.

홈 버튼 링크 연결 확인하기

01 편집 화면 우측 하단의 ❶[전체화면 프레젠테이션 버튼(↗)]을 클릭해 프레젠테이션 모드로 전환합니다.

02 삽입한 ❶[홈 버튼]을 클릭하여 정상적으로 ❷목차로 이동하는지 확인합니다.

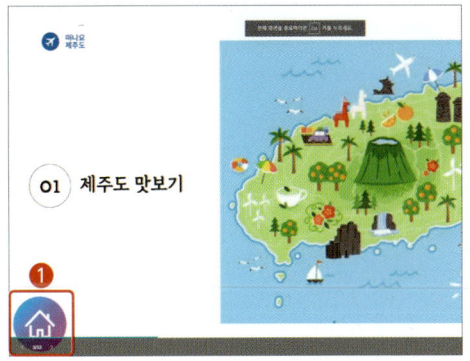 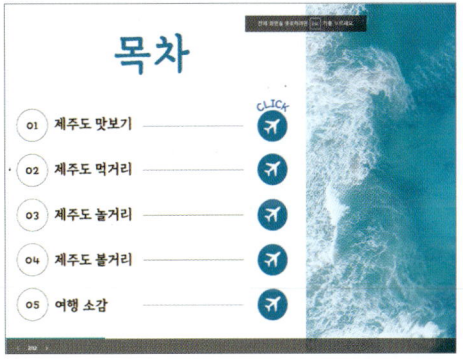

Chapter 02 캔바 디자인과 수업레시피 **227**

홈 버튼 복사하기

01 [홈 버튼]과 목차 슬라이드가 정상적으로 연결된 것이 확인되었으면, 복사할 ❶[홈 버튼]을 우클릭하고 [복사]를 클릭합니다. [홈 버튼]을 삽입할 ❷다른 페이지(예 '슬라이드7-제주도 먹거리')로 이동합니다.

02 페이지의 빈 공간을 우클릭하고 ❶[붙여넣기]를 클릭하여 ❷복사한 [홈 버튼]을 삽입합니다. 필요한 모든 페이지에 동일한 방법으로 홈 버튼을 추가합니다.

민주쌤의 TIP 홈 버튼을 클릭하고 Ctrl+C로 복사한 뒤, 나머지 슬라이드에서 Ctrl+V로 붙여넣기를 하면 빠르게 작업할 수 있습니다.

외부 웹 링크 삽입하기

요소에 외부 사이트와 연결된 링크를 삽입해보겠습니다.

01 ❶웹 링크를 연결할 요소(예'뽀로로 사진')를 우클릭합니다. 목록에서 ❷[링크]를 클릭합니다.

02 ❶'링크를 입력하거나 검색하세요.'란에 연결할 외부 사이트 주소를 붙여넣습니다. ❷[완료]를 눌러 외부 링크 연결을 완료합니다.

웹 링크 연결 확인하기

01 ❶웹 링크가 삽입된 요소(예'뽀로로 사진')를 클릭합니다. 정상적으로 연결된 경우, 상단 도구바에 ❷파란색 글씨로 링크 주소와 ❸[링크 편집 버튼(연필 모양)]이 표시됩니다.

02 우측 하단의 ❶[전체화면 프레젠테이션 버튼]을 클릭합니다. 프레젠테이션 상태에서 ❷링크가 연결된 요소(뽀로로)를 클릭합니다. 링크를 클릭했을 때, 연결한 외부 사이트로 정상적으로 이동되는지 확인합니다.

연결된 링크 수정하기

01 연결된 링크를 수정하려면 다음과 같습니다. ❶링크가 연결된 요소(예 '홈 버튼')를 우클릭합니다. ❷[링크 편집]을 클릭합니다. 또는 요소 상단 도구바의 ❸[링크 편집 버튼(연필)]을 클릭합니다.

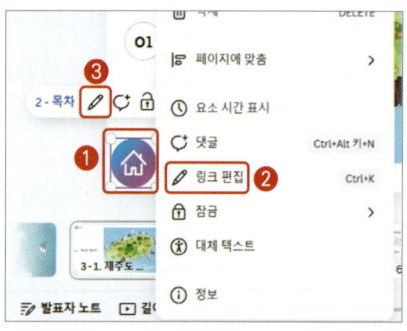

02 '링크를 입력하거나 검색하세요'란에 링크로 ❶연결된 슬라이드 제목(예 '2-목차')이 표시됩니다. 연결된 링크를 수정하려면 입력창을 한 번 클릭하여 나오는 목록에서 ❷새로운 슬라이드(예 '7-제주도 먹거리)를 선택하거나 ❸입력창에 새로운 웹 주소를 입력하고 ❹[완료]를 클릭합니다.

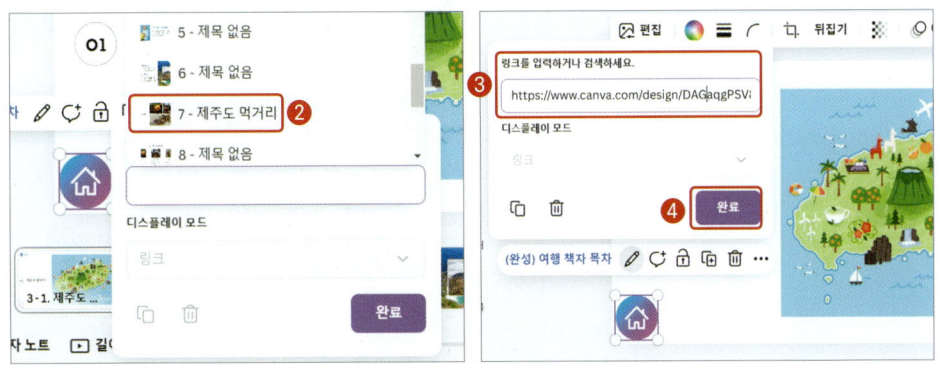

연결된 링크 삭제하기

01 연결된 링크를 삭제하기 위해선 ❶링크가 연결된 요소(예'홈 버튼')를 클릭합니다. ❷상단 도구바의 [링크 편집 버튼(연필)]을 클릭하여 연결된 링크를 ❸[삭제(휴지통 아이콘)]합니다.

02 링크가 삽입된 요소는 클릭하면 상단 도구바에 파란 글씨로 ❶연결된 슬라이드의 제목과 ❷[링크 편집 버튼(연필)]이 표시되지만, ❸링크가 삭제된 요소에는 표시되지 않습니다.

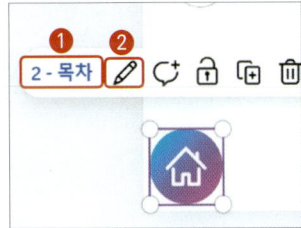 

Chapter 02 캔바 디자인과 수업레시피 **231**

이 장에서는 캔바의 다양한 기능과 AI 도구를 수업에 적용하는 방법을 다룹니다. 예를 들어, **AI가 추천하는 애니메이션과 효과**를 적용하거나, 'Magic Write'를 활용해 학생들이 글을 쓸 때 아이디어를 확장하거나 초안을 빠르게 정리할 수 있으며, 'Magic Studio'를 이용하면 이미지 편집이 쉬워져 시각 자료를 직접 제작하는데 도움을 받습니다. AI기능들을 잘 활용하여 학급 신문 만들기나 상상화 전시 같은 활동에 적용하면, 학생들은 자신의 디자인을 더 창의적으로 표현할 수 있습니다.

C   A   N   V   A

CHAPTER
03

캔바 AI 기능 200% 활용하기

03-01
애니메이션 및 전환 효과 _ 자기소개 프레젠테이션 제작하기

이번에는 '자기소개 프레젠테이션'을 만들면서, 세 가지 종류의 애니메이션과 전환 효과를 적용하는 법을 익히고, AI 기능을 수업에서 효과적으로 활용하는 방법을 연습합니다. 완성된 프레젠테이션은 다음 차시에서 '동영상 제작'에 활용됩니다.

▶ 소스파일
https://m.site.naver.com/1Cpic

▶ 완성 파일
https://m.site.naver.com/1CpiF

'요소 애니메이션' 활용하기

요소 애니메이션은 캔바에서 슬라이드 내 개별 요소(텍스트, 그래픽 등)에 각각 애니메이션 효과를 적용하는 기능입니다. 즉, 각 요소마다 다른 등장, 강조, 퇴장 효과를 설정할 수 있습니다.

동영상 템플릿 이해하기

01 템플릿 썸네일의 좌측 하단에 ❶[재생 표시(▶)]가 있는 경우는 '동영상 템플릿'을 의미합니다. 이 템플릿은 동영상 제작에 특화된 애니메이션이 사전에 적용되어 있으며, 작품을 링크로 공유할 때 기본적으로 동영상 자동 재생 형태로 공유(333 페이지를 참고)됩니다.

> **민주쌤 TIP** 이번 실습에서 완성된 프레젠테이션은 다음 차시에서 '동영상 제작'에 이어서 활용되기 때문에 '동영상 템플릿'으로 실습을 진행합니다.

02 일반 템플릿은 썸네일의 좌측 하단에 ①[재생 표시(▶)]가 없습니다. 또한 링크 공유 시 프레젠테이션 형태로 표시되는 것이 기본입니다. 따라서 수업 진행 시 학생들이 제작한 영상을 자동 재생 형태로 공유하는 것이 목표라면, 동영상 템플릿을 선택하는 것이 적합합니다.

동영상 템플릿과 일반 템플릿 전환하기

01 동영상 템플릿이 아닌 ①일반 템플릿(그림1)을 선택했어도, 슬라이드바 좌측 하단의 ②[길이]를 클릭하여 동영상 템플릿 편집 화면으로 전환하여 작업할 수 있습니다. 동영상 편집 화면에서는 ③[미리보기 버튼], ④[재생바], ⑤[클립 단위의 슬라이드]가 제시됩니다.

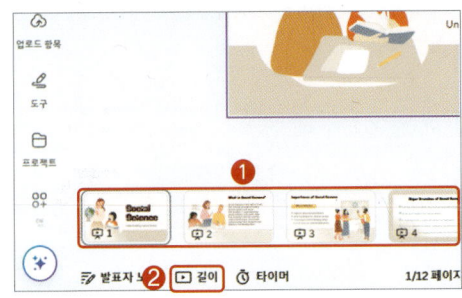

▲ [그림 1] 일반 템플릿 편집 화면

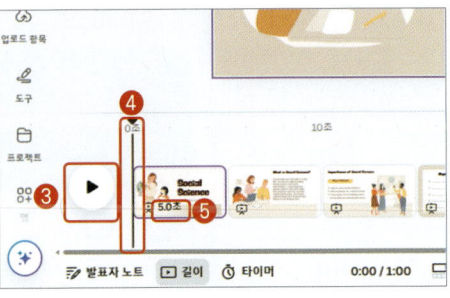

▲ [그림 2] 동영상 템플릿 편집 화면

Chapter 03 캔바 AI 기능 200% 활용하기 **235**

02 [재생 표시(▶)]가 없는 일반 템플릿 디자인(예 'social Sci..')을 동영상 템플릿으로 사용하려면, 선택한 일반 템플릿의 편집 화면 좌측 상단의 ❶[크기 조정]에서 ❷[동영상]을 클릭합니다. 목록에서 동영상 페이지의 ❸규격화된 크기를 선택합니다.

03 크기 조정 시 ❶[복사 및 크기 조정]을 선택하면 원본을 보존하면서 새로운 템플릿이 생성되며, ❷[이 디자인의 크기 조정]을 선택하면 원본 템플릿이 선택한 크기로 변경됩니다.

애니메이션 실습 템플릿 준비하기

01 캔바 메인 홈페이지 좌측 상단의 ❶[디자인 만들기]에서 ❷'동영상' 템플릿을 선택합니다.

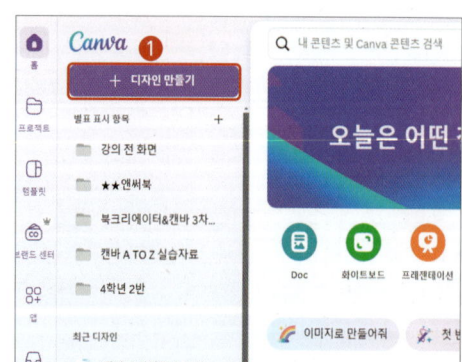

02 또는 템플릿 검색창에 ❶ '소개 동영상'을 입력해 적절한 동영상 템플릿을 선택할 수도 있습니다. 직접 선택하지 않는 경우, 소스 파일에 제공된 '(실습) 자기소개 PPT(그림1)' 템플릿을 준비합니다.

▲ [그림 1]

요소 추가 및 편집하기

01 첫 번째 표지 슬라이드의 요소와 텍스트를 자기소개 영상의 내용에 맞게 수정합니다. 예를 들어, ❶ 기존 작품 제목을 ❷ '김민주를 소개합니다'로 변경하고, 그래픽 요소에서 ❸ '하트'를 검색해 ❹ 페이지에 추가할 수 있습니다. 같은 방법으로 나머지 슬라이드도 원하는 디자인으로 자유롭게 편집합니다.

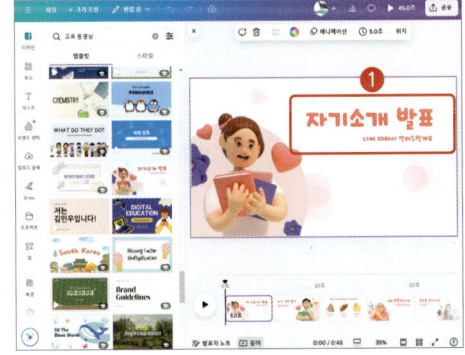
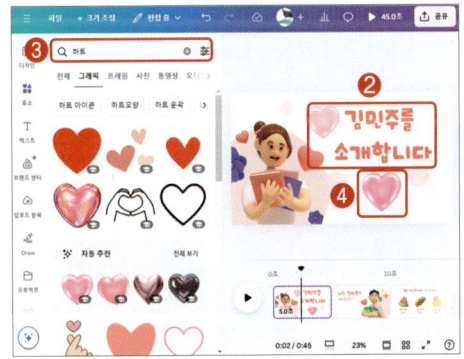

> **민주쌤의 꿀팁** 자기소개에 유용한 인물 그래픽 찾는 방법 3가지

01 기존 템플릿의 ⓐ변경할 요소(예사람 그래픽)를 ⓑ삭제하고 실습을 시작합니다.

방법1 키워드 '아바타' 활용하기

그래픽 요소 검색창에 ⓐ'아바타'를 입력하고 상단의 ⓑ'그래픽' 카테고리를 선택합니다. 다양한 인물 그래픽이 표시됩니다. 그 중 ⓒ원하는 그래픽을 클릭하여 ⓓ페이지에 삽입합니다.

방법2 외형 묘사 키워드 활용하기

ⓐ'단발머리', '파마머리' 등 외형을 묘사하는 키워드를 검색해 ⓑ원하는 스타일의 그래픽(예갈색 단발머리)을 ⓒ삽입합니다.

방법3 실제 사진 활용하기

자기소개 표지 슬라이드에 ⓐ'프레임'을 사용해 실제 사진이 위치할 곳에 배치합니다. 좌측 디자인 메뉴의 ⓑ'업로드 항목'으로 직접 사진을 업로드한 뒤, ⓒ목록에서 필요한 사진을 클릭하여 ⓓ프로필 페이지에 삽입합니다.

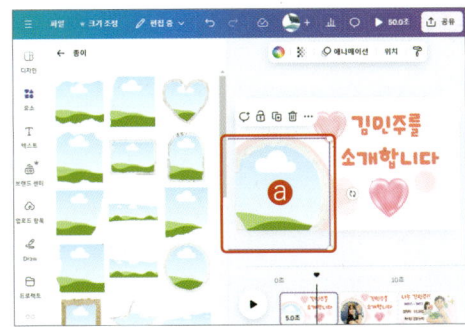

▲ ⓓ실제 사진을 활용한 프로필 표지를 제작

자기소개 템플릿 완성하기

01 남은 슬라이드도 알맞은 요소를 적용하고, ❶기존 페이지의 내용을 ❷자신을 소개하는 내용으로 변경(그림2)하여 자기소개 템플릿을 완성합니다.

▲ [그림 1] 기존

▲ [그림 2] 변경

Chapter 03 캔바 AI 기능 200% 활용하기 239

02 가독성을 높이기 위해 기존 텍스트의 글꼴, 색상, 크기 등의 텍스트 서식을 변경합니다.

03 예제에서 ❶제목 텍스트는 ❷색상(#6a3433)과 ❸크기(121)를 수정했고, ❹내용 문단은 ❺크기(63)와 글꼴('네모라운드')을 변경했습니다.

▲ [그림 1] 기존 텍스트

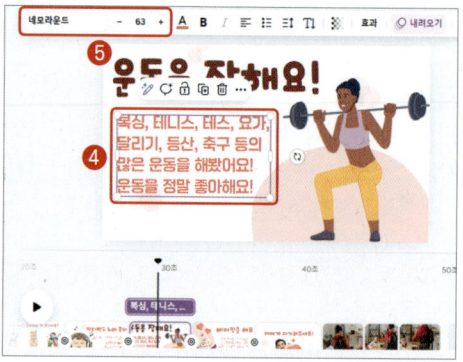

▲ [그림 2] 서식 수정 후 텍스트 추가

요소별 애니메이션 적용하기

01 애니메이션을 적용할 ❶요소('인물 그래픽')를 클릭합니다. 상단 도구바의 ❷[애니메이션]을 선택하면 ❸다양한 애니메이션 효과가 표시된 창이 나타납니다. 목록에서 ❹원하는 효과(🎬'파노라마')에 커서를 올리면, 슬라이드에서 미리보기를 즉시 확인할 수 있습니다.

02 원하는 ❶요소 애니메이션 효과(예)'파노라마')를 클릭하여 적용합니다. 선택한 애니메이션 효과 하단의 옵션을 사용해 ❷애니메이션의 실행 시점, ❸속도, ❹방향 등을 설정할 수 있습니다. 애니메이션 창 하단의 ❺[애니메이션 제거] 버튼을 클릭하면 적용된 요소 애니메이션을 삭제할 수 있습니다.

민주쌤의 TIP 선택한 애니메이션이 적용되면, 요소 상단 도구바의 ⓐ [애니메이션] 버튼 ⓑ [세련됨]과 같이 선택한 애니메이션 이름으로 변경됩니다. '애니메이션' 버튼이 사라졌다고 혼동하지 않도록 주의하세요.

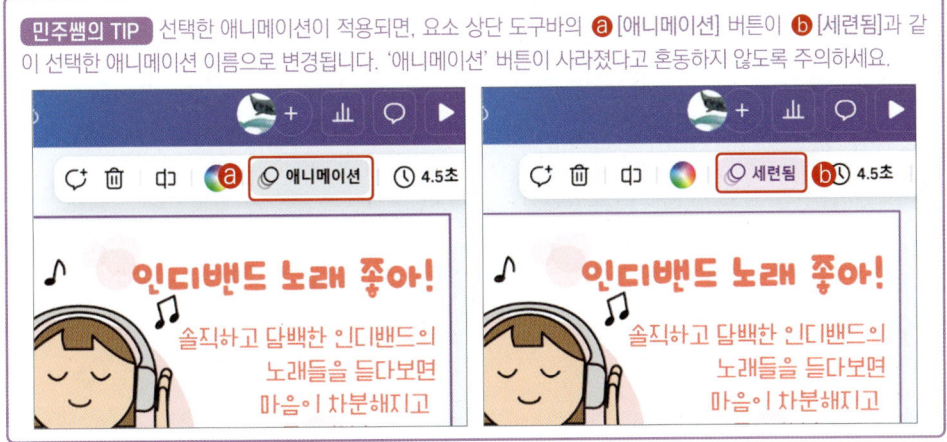

03 ❶텍스트 요소의 애니메이션 창(좌측의 도구창 전체)에는 일반 요소와는 ❷차별화된 텍스트 전용 효과들이 제공됩니다.

Chapter 03 캔바 AI 기능 200% 활용하기 **241**

원하는 경로로 움직이는 요소 애니메이션 적용하기

01 애니메이션을 ❶적용할 요소를 선택합니다. ❷상단 도구바의 [애니메이션]을 클릭하고 좌측 도구창에서 ❸[애니메이션 만들기]를 클릭합니다.

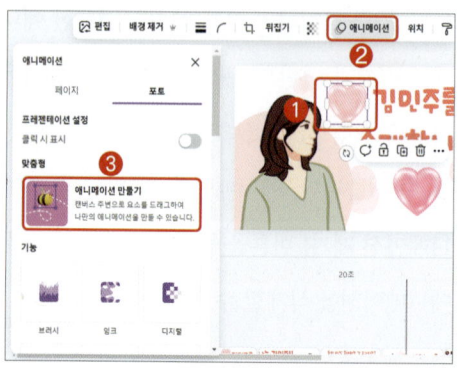

02 ❶적용할 요소를 드래그하여 원하는 ❷움직임 경로(보라색 점선)를 설정합니다. 드래그를 멈추면 경로 지정이 완료됩니다.

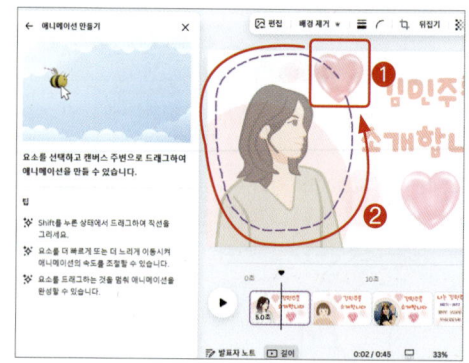

03 좌측 도구창에서 ❶움직임 스타일, 요소 회전, 속도, 프레젠테이션 설정, 추가 효과 등을 조정한 후, ❷[완료]를 클릭하면 설정이 적용됩니다.

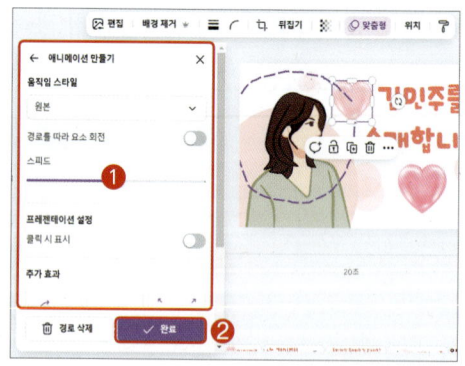

클릭으로 제어하는 애니메이션 효과 설정하기

기본적으로 캔바는 작품 재생 시 슬라이드의 모든 요소 애니메이션이 자동 실행되며 동시에 등장합니다. 만약 특정 요소를 '클릭할 때' 나타나도록 설정하려면 다음 단계를 따릅니다.

01 ❶해당 요소(예 '김민주를 소개합니다')를 선택한 후, 애니메이션 창 상단에서 ❷'클릭 시 표시' 옵션을 체크합니다.

02 ❶[클릭하여 정렬] 기능을 사용해 클릭 시 실행될 애니메이션의 순서를 조정합니다. 정렬 순서를 변경하려면 각 요소 목록 ❷좌측의 이동 핸들(점 6개)을 드래그하여 원하는 순서로 배치합니다.

민주쌤의 TIP ⓐ 목록 상단에 있을수록 클릭 시 먼저 등장하는 애니메이션입니다.

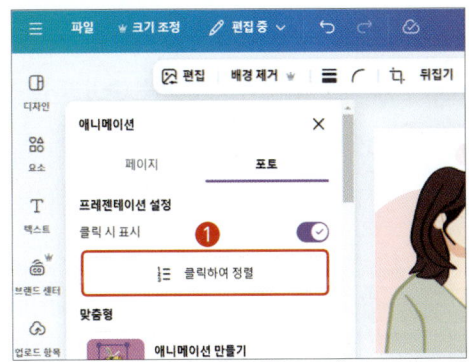 

여러 요소에 동일한 애니메이션 효과 한 번에 적용하기

01 여러 요소를 한 번에 선택하려면 Shift 키를 누른 상태에서 ❶원하는 요소들을 ❷차례로 클릭하거나, ❸마우스로 드래그하여 그룹으로 선택합니다.

▲ ❷

▲ ❸

02 ❶다중 선택한 후, 상단 도구바의 ❷[애니메이션 효과 버튼('유쾌한')]을 클릭하고, ❸애니메이션 창에서 원하는 효과를 선택하면 모든 요소에 동일한 애니메이션이 적용됩니다.

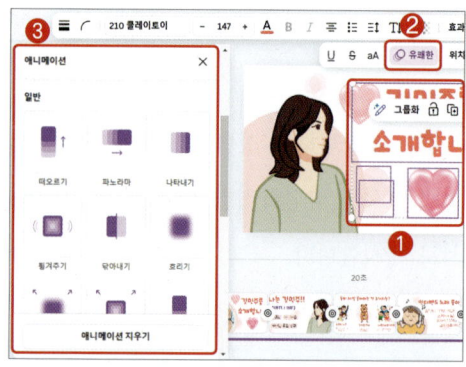

03 적용한 애니메이션의 작동 상태는 슬라이드바 좌측의 ❶[미리 재생 버튼(▶)] 또는 우측 하단의 ❷[전체 화면 프레젠테이션] 버튼으로 확인할 수 있습니다.

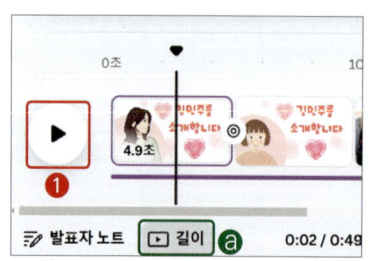

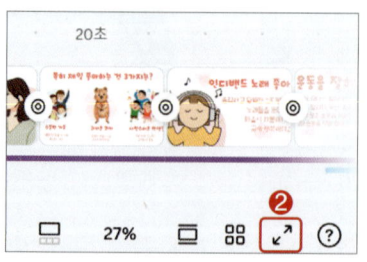

민주쌤의 TIP [미리 재생 버튼(▶)]의 경우 하단의 ⓐ [길이]가 적용된 상태로 편집 화면이 설정되어 있어야 표시됩니다. 자세한 내용은 252 페이지를 참고합니다.

요소 종류에 따른 애니메이션 효과의 차이 이해하기

요소의 종류에 따라 제공되는 애니메이션 효과가 달라집니다. 예시의 ❶사람 모양의 그래픽 요소와 ❷하트 모양의 그래픽 요소는 애니메이션 옵션이 다르게 표시됩니다. ❸일반 요소(사람 그래픽)와 달리 ❹하트 모양 그래픽 요소의 애니메이션 창에는 상단에 ❺'포토' 카테고리가 표시되고, ❻[기능]이라는 추가 효과들이 제공됩니다.

'페이지 애니메이션' 활용하기

페이지 애니메이션은 페이지 내 모든 요소에 동일한 애니메이션 효과를 한 번에 적용하는 기능으로, 각 요소에 개별적으로 다른 애니메이션을 설정하는 '요소 애니메이션'과는 구분됩니다.

페이지 애니메이션 적용 및 삭제하기

01 페이지의 배경을 한 번 클릭한 후, 상단 도구바에서 ❶[애니메이션]을 선택합니다. 좌측 도구창에 ❷제시된 애니메이션 효과 위에 커서를 올려 미리보기를 확인한 뒤, 원하는 효과(예 파노라마)를 클릭합니다.

02 선택한 애니메이션 효과 아래에는 타이밍과 스피드와 같은 ❶옵션이 표시되며, 창의 하단에는 ❷[모든 애니메이션 제거하기] 기능과 ❸[모든 페이지에 적용] 기능이 제공됩니다.

AI Magic Animate 활용하여 페이지 딱 맞는 애니메이션 적용하기

캔바의 'Magic Animate'는 AI를 활용해 전체 슬라이드에 가장 적합한 페이지 애니메이션 효과를 자동으로 적용하는 기능입니다. Magic Animate는 슬라이드 내 요소의 배치, 템플릿의 분위기, 색상 조합, 그리고 디자인의 스타일 등을 종합적으로 고려하여 효과를 추천합니다.

01 페이지의 애니메이션 창 상단의 ❶[Magic Animate]를 클릭합니다. ❷인공지능이 작품의 구성 및 분위기 등을 분석합니다.

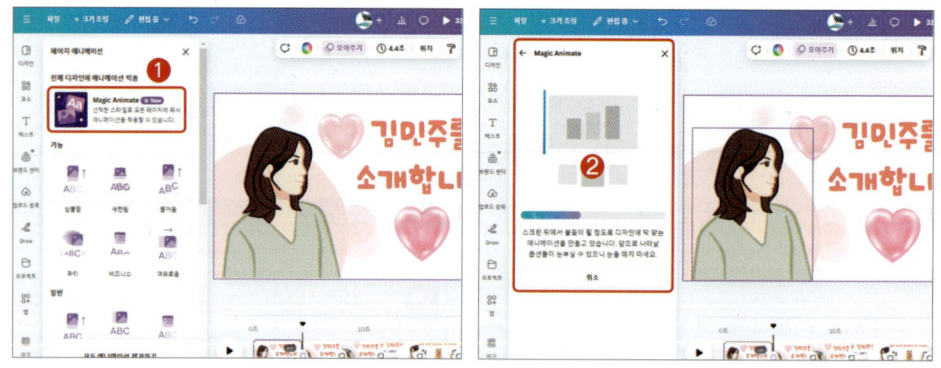

민주쌤의 TIP Magic Animate는 모든 페이지에 적합한 애니메이션을 자동으로 적용하지만, 적용 후에 개별 요소의 애니메이션을 수정 또는 삭제할 수 있습니다.

02 분석한 결과를 토대로 작품의 모든 슬라이드에 일괄 적용할 수 있는 ❶최적의 페이지 애니메이션을 제시합니다. 효과들에 커서를 올려 미리보기 확인 후 클릭하여 적용(🎬) '우아한'합니다. Magic animate 효과는 애니메이션 창 하단의 ❷[Magic Animation 제거]로 일괄 삭제할 수 있습니다.

 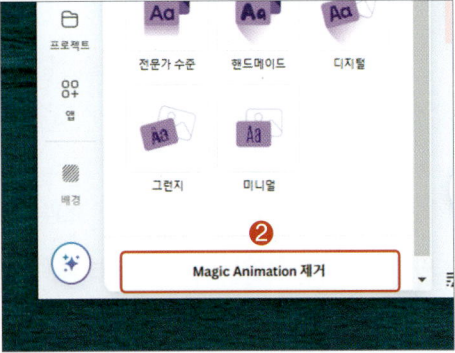

슬라이드 전환 효과 활용하기

　슬라이드 전환 효과는 '요소 애니메이션'이나 '페이지 애니메이션'과 달리 개별 요소와는 무관하게 슬라이드와 슬라이드 사이의 연결을 부드럽게 만드는 기능입니다. 슬라이드 전환 효과를 사용하면 프레젠테이션에서는 슬라이드가 넘어갈 때, 동영상에서는 장면 전환 시 자연스럽고 매끄러운 흐름을 만들어줍니다.

전환 효과 추가하기

01 슬라이드바에서 전환 효과를 추가할 ❶슬라이드(🎬'슬라이드3')를 우클릭하거나 ❷[가로점 세 개] 버튼을 클릭합니다. 나타난 메뉴에서 ❸[전환 효과 추가]를 선택합니다. 또는 슬라이드 사이에 커서를 두면 나타나는 ❹[새 슬라이드 추가 버튼(+)] 아래의 ❺[전환 효과 추가 버튼]을 클릭합니다.

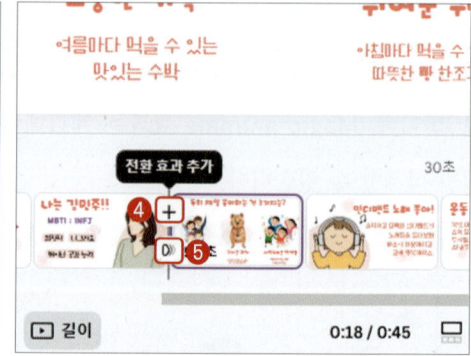

02 좌측 도구창에 제시된 ❶전환 효과 목록에서 원하는 효과를 선택하기 전에 커서를 올려 미리보기로 확인합니다. ❷원하는 효과(예)'선으로 닦아내기')를 클릭한 뒤 나타나는 하단의 효과 옵션에서 ❸전환 재생 시간(시간(초)), ❹방향을 조정합니다. 하단의 ❺[모든 페이지에 적용]을 통해 작품 전체에 동일한 슬라이드 전환 효과를 적용할 수 있습니다.

전환 효과 변경하기

01 전환 효과를 추가한 뒤에는 슬라이드바의 슬라이드 사이에 전환 효과가 적용되었다는 ❶[전환 버튼(◎)]이 생성됩니다. [전환 버튼]을 클릭하면 현재 적용된 ❷전환 효과를 변경할 수 있는 창이 열립니다.

 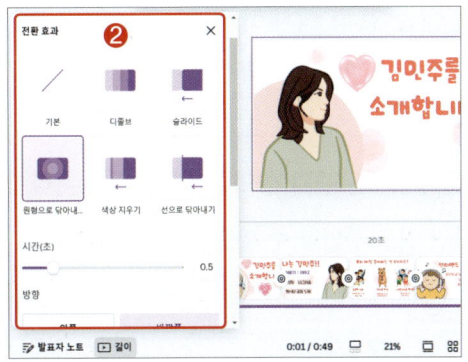

02 또한, 슬라이드바에서 ❶슬라이드(예: 슬라이드1)를 우클릭하거나 ❷[가로점 세 개] 버튼을 클릭한 뒤, 표시된 메뉴에서 ❸ [전환 변경]을 선택하여 효과를 수정할 수도 있습니다.

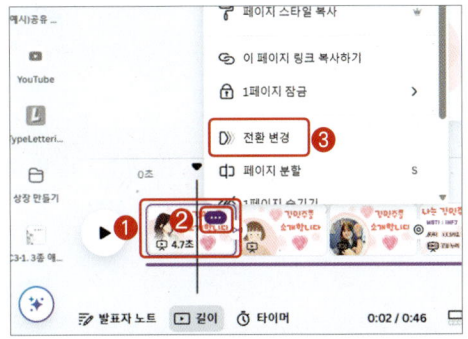

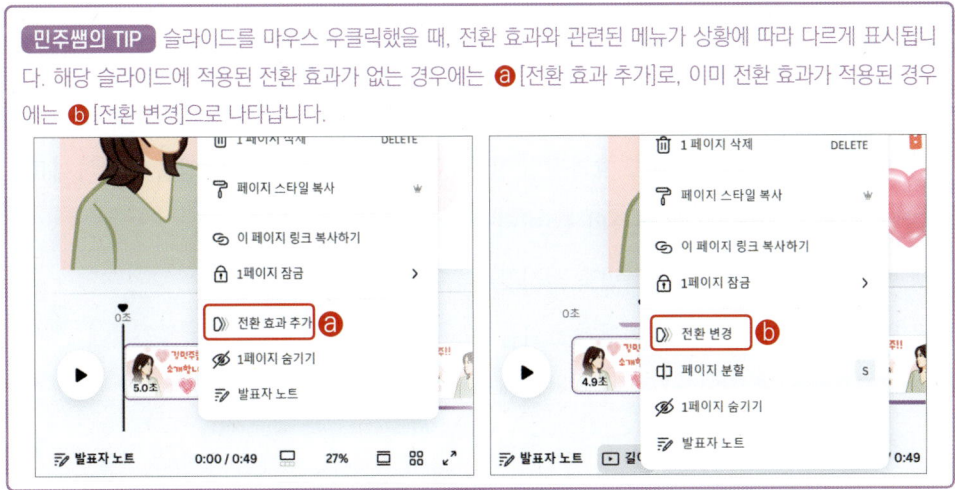

민주쌤의 TIP 슬라이드를 마우스 우클릭했을 때, 전환 효과와 관련된 메뉴가 상황에 따라 다르게 표시됩니다. 해당 슬라이드에 적용된 전환 효과가 없는 경우에는 ⓐ[전환 효과 추가]로, 이미 전환 효과가 적용된 경우에는 ⓑ[전환 변경]으로 나타납니다.

Chapter 03 캔바 AI 기능 200% 활용하기 **249**

전환 효과 삭제하기

전환 효과를 ❶삭제할 슬라이드를 선택하고, '전환 효과창'에서 ❷[기본]을 클릭하면 해당 슬라이드의 전환 효과가 사라집니다. 이어서 하단의 ❸[모든 페이지에 적용]을 클릭하면 작품 내 모든 슬라이드의 전환 효과가 사라집니다. 슬라이드 사이의 ❹[전환 버튼](◎) 도 사라진 것을 확인할 수 있습니다(그림1).

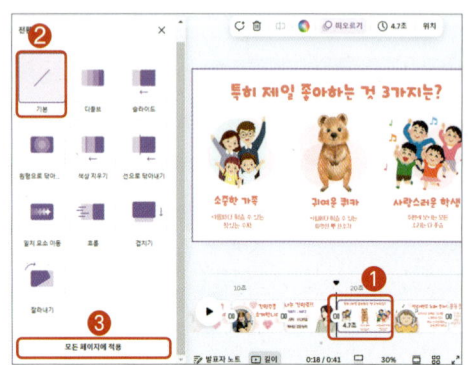
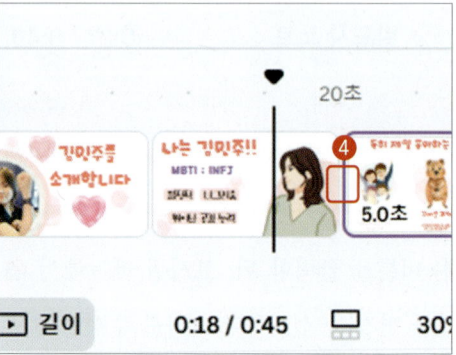

▲ [그림 1]

작품 완성하기

앞서 배운 애니메이션과 전환 효과를 적용하고, 요소와 내용을 수정하여 실습 중이던 자기소개 프레젠테이션을 완성해봅시다. 이 효과들은 단순히 프레젠테이션에서만 활용되는 것이 아니라 동영상 제작 시에도 효과적인 장면 전환 도구로 활용된다는 점을 기억하세요.

작업 중에는 슬라이드바 좌측의 ❶[미리 재생 버튼(▶)]을 사용해 재생 화면을 실시간으로 확인하며, 적절한 애니메이션과 효과를 선택해 적용하면 편리합니다. 완성된 프레젠테이션은 다음 단계에서 동영상 제작과 편집 실습에 활용됩니다. 자세한 내용은 252 페이지를 참고합니다.

동영상 템플릿 작품 재생하기

01 동영상 템플릿의 경우 편집 화면 좌측 하단의 ❶[전체 화면 프레젠테이션 버튼] 또는 우측 상단의 ❷[미리 재생 버튼(46.6초)]를 클릭하면 자동 재생되는 영상을 볼 수 있습니다.

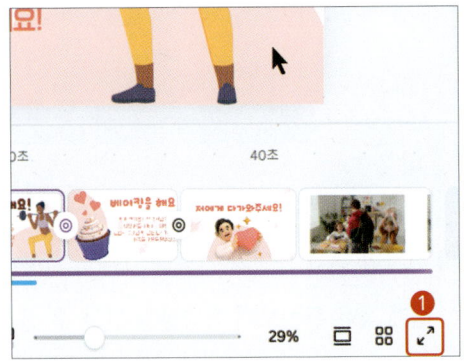

02 만약 동영상 템플릿으로 제작된 작품으로 프레젠테이션을 진행하고 싶은 경우에는 편집 화면 우측 상단의 ❶[공유] - ❷[모두 보기] - ❸[프레젠테이션] - ❹[전체 화면 프레젠테이션]을 통해 가능합니다.

03-02
동영상 제작하기_
자기소개 영상 제작하기

캔바에서 동영상을 제작하는 과정은 기존의 디자인 편집 화면과 기능을 그대로 활용하여 진행됩니다. 이전에 학습한 내용을 응용하면 손쉽게 높은 완성도의 동영상을 만들 수 있습니다. 더불어 캔바는 동영상 편집 과정에서 AI를 활용해 더 효율적인 영상 제작이 가능합니다.

이번에는 이전의 애니메이션 실습에서 작 업한 '자기소개 프레젠테이션'을 활용해 동영상을 제작합니다. 이를 통해 동영상 제작의 기본 과정과 AI를 활용한 편집 방법을 익혀 봅니다.

동영상 편집 화면으로 전환하기

01 캔바의 편집 화면에서 좌측 하단의 ❶[길이] 버튼은 ❷'슬라이드 단위(1,2,3..)'또는 ❸'클립 단위(4.9초, 4초 ..)'로 편집 화면을 전환합니다. [길이]를 클릭하여 동영상 편집에 더 적합한 '클립 단위' 편집 화면으로 설정합니다.

▲ 슬라이드 단위   ▲ 클립 단위

클립 재생 시간 조정하기

01 클립 단위 편집 화면에서 각 클립의 재생 시간을 조정하려면, 슬라이드바에서 ❶ 클립의 오른쪽 또는 왼쪽 끝에 커서를 올립니다. ❷표시되는 세로 핸들을 좌우로 드래그하여 재생 시간을 조정할 수 있습니다.

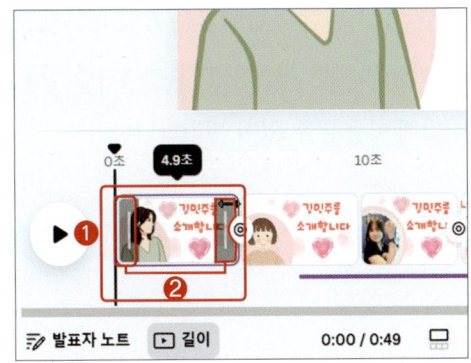

민주쌤의 TIP 슬라이드의 재생 시간을 늘리면 애니메이션이 반복되지 않고, 마지막 장면이 추가된 시간만큼 정지된 상태로 유지됩니다.

02 또는 클립을 클릭한 후, 상단 도구바의 ❶[시간 설정 버튼(4.9초)]을 선택하여 재생 시간을 ❷직접 입력(🎮) '9.5'초)하거나 ❸슬라이더를 이용해 조절할 수 있습니다. ❹[모든 페이지에 적용] 기능을 사용하면 전체 클립의 재생 시간을 동일하게 설정할 수 있습니다.

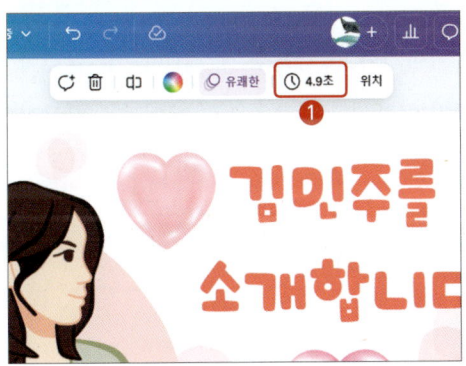 

클립 순서 변경하기

슬라이드바에서 ❶클립을 간단히 드래그하여 순서를 변경할 수 있습니다. 또한, 다중 선택 기능(자세한 내용은 134 페이지를 참고합니다.)을 활용하면 여러 개의 클립을 한 번에 선택해 이동할 수 있어 편리합니다.

클립 도구 목록 활용하기

슬라이드바에서 ❶각 클립(예 클립1)을 우클릭하거나 ❷[가로점 세 개] 버튼을 클릭하면 ❸'클립 도구 목록'이 표시됩니다. 이전에 다룬 기능(자세한 내용은 133 페이지를 참고합니다.) 외의 ❹나머지 기능을 알아보겠습니다.

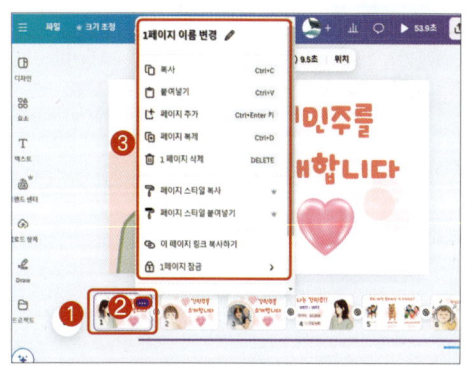 

01 ❶[페이지 스타일 복사]: 선택한 클립의 디자인 스타일과 서식을 복사할 수 있는 기능입니다. 복사한 스타일은 슬라이드 바에서 다른 슬라이드를 우클릭하여 ❷[페이지 스타일 붙여넣기]를 선택해 동일한 스타일로 적용할 수 있습니다.

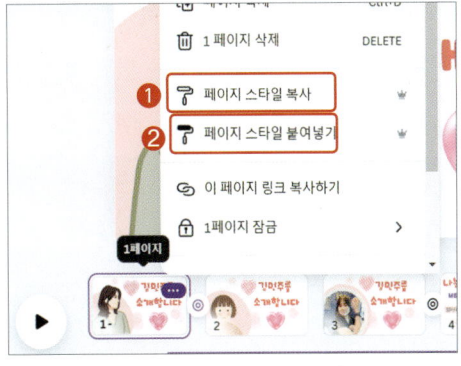

02 ❶[이 페이지 링크 복사하기]: 선택한 클립 페이지로 바로 연결되는 링크를 복사하는 기능입니다. 복사한 링크는 다른 작업물에 삽입하거나 공유용으로 활용할 수 있습니다.

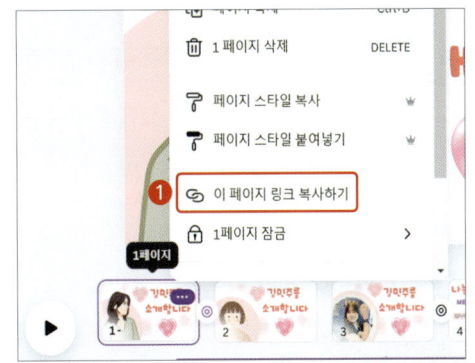

03 ❶[페이지(장면) 분할]: 페이지 분할은 ❷미리보기 재생바가 위치한 지점을 기준으로 클립을 나누는 기능입니다. 이 기능을 사용하면 ❸한 클립을 두 개로 분리하여 각각 독립적으로 편집하거나, 특정 구간에 다른 효과를 적용할 수 있습니다.

04 ❶[페이지 숨기기]: ❷특정 클립을 프레젠테이션이나 동영상 재생 중에 표시되지 않도록 숨깁니다. ❸숨긴 클립은 편집 화면에서는 보이지만, 최종 재생에서는 제외됩니다.

05 ❶[발표자 노트]: 발표 프레젠테이션 대본처럼 활용할 추가 메모를 각 클립에 작성할 수 있는 기능입니다. ❷작성된 발표자 노트는 프레젠테이션 모드에서 발표자만 확인할 수 있습니다.

요소별 타이밍 조정하기

한 클립 내에서 각 요소의 등장과 퇴장 시점을 조정하는 기능입니다. 이 기능을 사용하면 동영상의 흐름에 맞춰 요소들이 자연스럽게 나타나거나 사라지도록 설정할 수 있습니다.

01 조정할 요소(예 사람 그래픽)를 우클릭하여 ❶[요소 시간 표시]를 클릭합니다. 슬라이드바에 해당 요소의 ❷재생 타이밍과 재생 시간을 나타내는 블록이 표시됩니다. 블록의 양

쪽 세로 가장자리에 커서를 올리면 등장, 퇴장 타이밍 및 재생 시간을 조절할 수 있는 ❸세로 핸들이 나타납니다.

02 ❶영상 재생 중 특정 요소(예 사람 그래픽)가 중간에 등장했다가 장면이 끝나기 전에 퇴장하도록 세로 핸들을 조정합니다. 같은 방식으로 원하는 시점에 자막을 표시하거나 특정 효과를 적절한 타이밍에 배치하는 등 다양한 연출이 가능합니다.

03 요소 타이밍 블록은 한 번이라도 조정해야 ❶다른 요소들의 블록과 [그림1]처럼 함께 확인할 수 있습니다. 만약 요소 타이밍 블록의 재생 시간을 조정하지 않은 상태에서 다른 요소를 클릭하면, 기존 요소의 타이밍 블록이 슬라이드바에서 사라지고 ❷새로 선택한 요소 한개의 타이밍 블록만 표시됩니다(그림2).

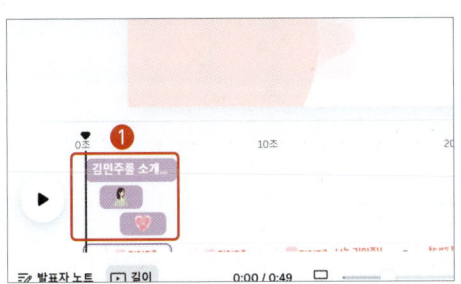

▲ [그림 1]

▲ [그림 2]

민주쌤의 꿀팁 — 타이밍 블록 활용 방법

[꿀팁 1] 위의 [그림1]과 같이 슬라이드바에 요소 타이밍 블록이 여러 개 쌓여 공간이 좁아질 경우, 슬라이드바 상단 가로줄에 ⓐ 커서를 가져가 드래그하면 충분한 작업 공간을 확보할 수 있습니다.

 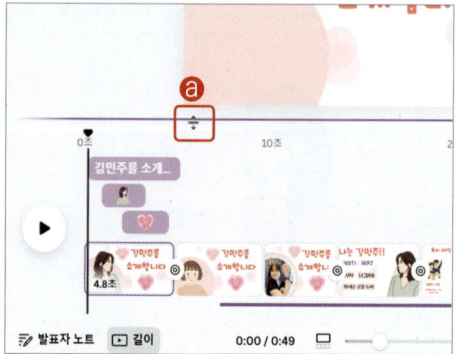

[꿀팁 2] 타이밍 블록으로 요소가 등장하거나 퇴장할 때를 설정한 뒤, 요소 애니메이션 옵션을 활용하면 보다 매끄러운 전환 효과를 만들 수 있습니다.

예를 들어, '사람 그래픽' 요소가 등장하는 효과는 ⓐ 선택한 애니메이션(예'나타내기')의 ⓑ '들어갈 때' 옵션을 선택해 연출할 수 있습니다(그림1). 요소가 사라지는 효과는 ⓒ 선택한 애니메이션(예'흐리기')의 ⓓ '나갈 때' 옵션으로 적용합니다(그림2). ⓔ '모두' 옵션을 선택하면 요소의 등장과 퇴장에 동일한 애니메이션 효과가 적용됩니다.

 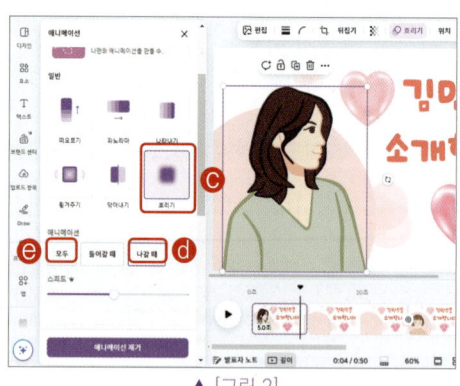

▲ [그림 1]   ▲ [그림 2]

04 타이밍 블록 표시를 숨기려면 페이지에서 요소를 우클릭하고 ❶[요소 시간 숨기기]를 클릭합니다.

영상 클립 만들기

'영상 클립'은 영상 요소가 페이지의 부분으로 삽입되는 것이 아니라, 페이지 자체가 하나의 클립이 되어 작동하는 것을 의미합니다. 함께 알아보겠습니다.

01 페이지에 ❶영상 요소(예 학교 영상)를 추가하거나 업로드합니다. 현재 슬라이드에서 해당 영상은 ❷페이지의 일부 요소로 삽입되어 있습니다.

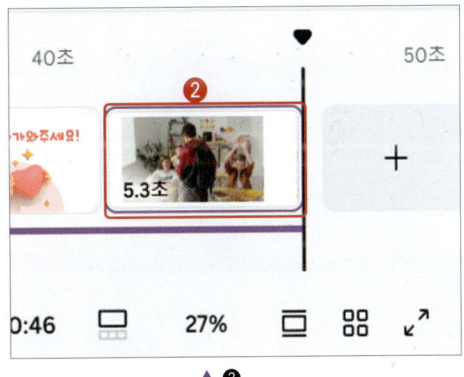

02 영상을 우클릭하고 ❶[동영상을 배경으로 설정합니다.]를 선택합니다.

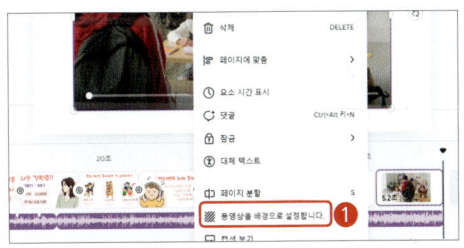

Chapter 03 캔바 AI 기능 200% 활용하기 **259**

03 영상요소에서 슬라이드 자체 영상 클립 배경으로 설정된 것을 확인할 수 있습니다.

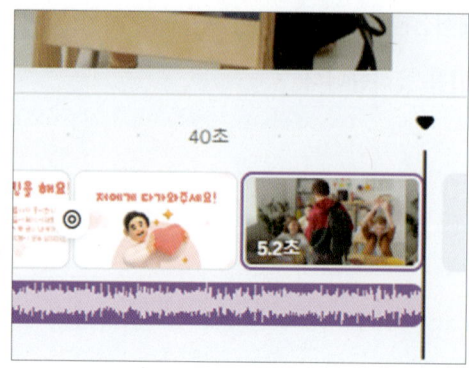

AI로 동영상 편집하기

슬라이드에 ❶영상 요소(예 학교 영상)가 한 개라도 삽입되어 있으면, 슬라이드바에서 ❷해당 슬라이드를 클릭했을 때 ❸상단 도구바에 동영상 편집과 관련된 추가 기능('편집', '조정(가위)', '배경 제거')들이 표시됩니다.

▲ [그림 1]

▲ [그림 2] 영상 요소가 없는 슬라이드를 썸네일에서 클릭했을 때에는 ⓐ상단 도구바 동영상 편집과 관련된 버튼이 표시되지 않음

AI '배경 제거' 알아보기

캔바의 '배경 제거' 기능은 동영상에서 불필요한 배경을 삭제하고, 핵심 인물이나 객체만을 강조할 수 있는 도구입니다. AI 기술을 활용하여 복잡한 배경도 빠르게 제거할 수 있어 편리합니다.

[방법 1] ❶영상이 포함된 페이지를 슬라이드바에서 클릭하고, 상단의 도구바에서 ❷[배경 제거]를 클릭하면 ❸AI가 배경을 제거한 나머지 부분만 재생이 됩니다.

▲ ❸

[방법 2] 상단 도구바의 ❶[편집]을 클릭하고, 좌측 도구창의 ❷[배경 제거]를 클릭합니다. ❸AI가 배경을 제거한 나머지 부분만 재생이 됩니다.

AI '하이라이트' 기능 알아보기

캔바의 '하이라이트(Highlight)' 기능은 동영상 클립에서 중요한 순간이나 특정 구간을 강조하고 구별할 수 있게 해줍니다. 하이라이트 기능을 활용해 불필요한 부분을 삭제하고, 주요 주제나 내용을 기준으로 클립을 분할하여 정리할 수 있습니다.

01 슬라이드바에서 특정 클립(❶ '보라색 영역 클립')을 선택하면 나타나는 상단 도구바의 ❶[편집]을 클릭합니다. 나타나는 좌측 도구창의 ❷'Magic studio' - [하이라이트]를 클릭하여 실행합니다.

02 좌측 도구창에 AI가 하나의 클립 영상 장면을 핵심 주제별로 분할한 ❶하이라이트 목록이 나타납니다. 하이라이트 결과 목록 중 원하는 부분을 선택하면 ❷보라색 영역이 표시됩니다. 선택한 구간이 ❸상단 도구바에도 분할되어 표시됩니다.

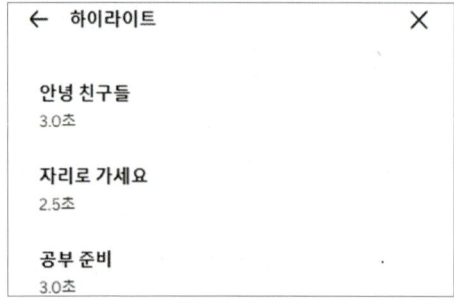

▲ 하이라이트 목록

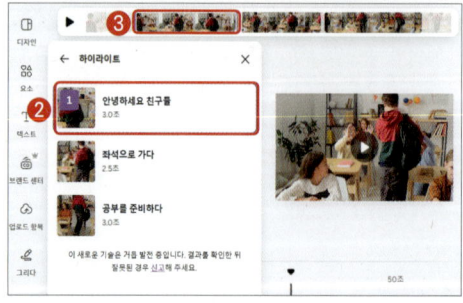

04 ❶하이라이트 목록을 모두 선택한 뒤 ❷[디자인에 선택 사항 추가]를 클릭하면 원래 하나의 클립에서 하이라이트로 선택된 부분을 제외한 나머지 부분은 삭제되고, ❸선택한 구간만 개별 클립으로 나뉘게 됩니다. 이 과정은 페이지 분할 기능과 유사하게 작동하며, 이후 나뉜 클립별로 개별 편집이 가능합니다.

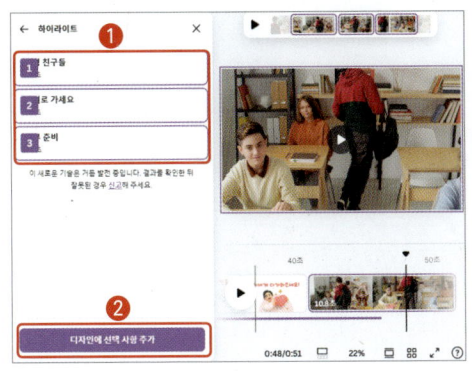 

민주쌤의 TIP 나뉜 클립들은 단순히 해당 부분만 남는 것이 아니라, ⓐ 원래 클립 전체 길이를 유지한 채 ⓑ 특정 부분만 활성화된 상태로 남습니다. 즉, 원본 데이터를 그대로 포함하고 있으며, 필요한 경우 조정하여 조정된 다른 부분을 다시 사용할 수 있습니다.

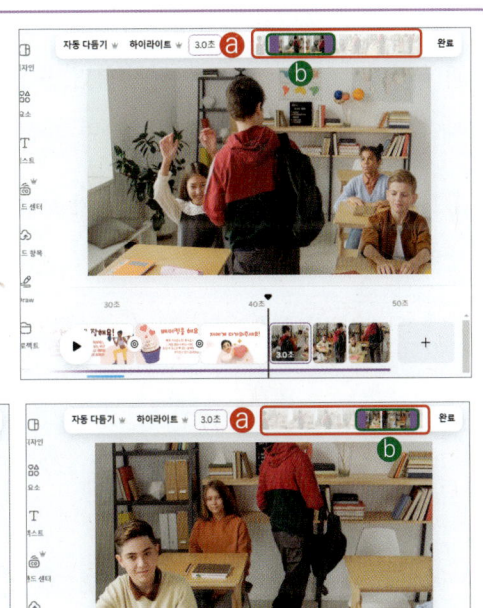

05 상단 도구바의 ①[조정 버튼(가위 모양)]을 클릭해서 ②[하이라이트] 버튼으로 기능을 빠르게 실행시킬 수도 있습니다.

AI '자동 다듬기' 알아보기

캔바의 '자동 다듬기(Trim Automatically)' 기능은 동영상 요소를 더 매끄럽게 편집할 수 있도록 영상 클립의 길이를 자동으로 조정해주는 도구입니다. 이 기능은 동영상의 시작점과 끝점에서 불필요한 공백, 정지 화면, 또는 비활동 구간을 감지하여 제거하거나, 설정된 디자인 또는 템플릿에 맞게 중요한 장면 위주로 영상의 길이를 조정합니다.

01 상단 도구바의 ①[조정 버튼(가위 모양)]을 클릭합니다. ②[자동 다듬기]를 클릭하여 실행합니다.

02 ❶이전의 클립과 ❷'자동 다듬기'가 적용된 클립을 비교합니다. 이전의 클립은 ❸전체 영상 클립을 잘라 특정 부분만 활성화되어 있는 상태입니다. '자동 다듬기' 기능을 적용하자 이전 영상의 원본에서 AI가 필요하다고 인식한 ❹핵심적인 부분을 추가하여 해당 클립의 길이가 길게 조정되었습니다.

03 '자동 다듬기' 기능이 적용된 후에 상단 도구바의 ❶[조정 세로 핸들]을 좌우로 드래그하여 클립의 길이를 원하는 대로 조정할 수 있습니다.

오디오 요소 활용하기

캔바의 오디오 요소는 프레젠테이션과 동영상 제작 시 배경 음악이나 효과음으로 활용할 수 있는 도구입니다. 다양한 길이와 분위기의 음악뿐만 아니라 효과음도 제공되어, 작품의 주제와 맞는 음향을 손쉽게 추가할 수 있습니다. 특히 동영상 편집에서는 배경 음악과 효과음을 통해 장면에 생동감을 더하고, 완성도를 높이는 데 유용합니다.

오디오 요소 검색하기

직접 입력하여 검색하기

❶[요소]-❷[빈 요소 검색창]-❸[오디오]를 선택합니다. '오디오 검색창'에 원하는 오디오를 설명하는 ❹키워드(예'벨소리')를 직접 입력해 검색하여 사용합니다.

추천 목록 활용하기

❶[요소]-❷[빈 요소 검색창]-❸[오디오]를 선택합니다. ❹좌측 도구창에 바로 제시되는 오디오 추천 목록에서 바로 선택하여 사용할 수 있습니다.

오디오 요소 삽입하기

01 ❶'앨범 이미지'를 클릭하면 해당 음원이 미리 재생됩니다. 원하는 음원을 들어본 뒤, ❷[음원의 제목] 부분을 클릭하면 해당 음원이 페이지에 삽입됩니다.

 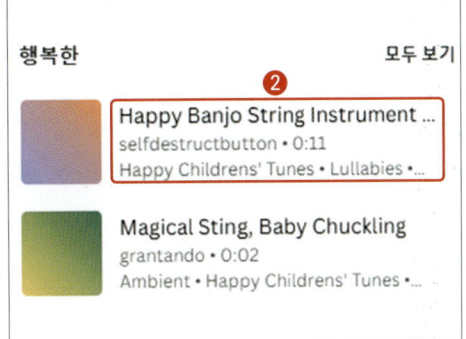

02 음원을 선택하면 ❶**현재 재생바**가 위치한 지점부터 음원이 삽입됩니다. 겹치는 위치에서도 다른 오디오 요소를 추가할 수 있어 ❷**다중 삽입**이 가능합니다. 이를 통해 배경음악과 효과음을 동시에 사용할 수 있습니다).

오디오 요소 편집하기

오디오 재생 시점 설정하기

❶삽입된 오디오 클립을 좌우로 드래그하여 ❷재생 시작점을 변경할 수 있습니다.

 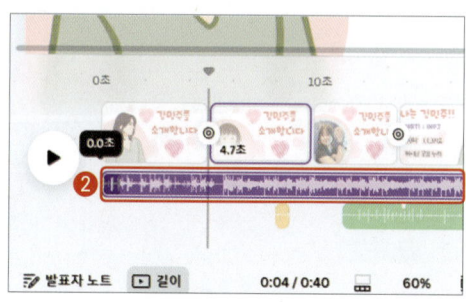

▲ ❷시작점 변경

오디오 재생 길이 조정하기

❶오디오 클립(보라색)을 클릭하면 양쪽 끝에 ❷세로 핸들이 나타납니다. 이 핸들을 드래그하여 클립의 재생 길이를 조정할 수 있습니다.

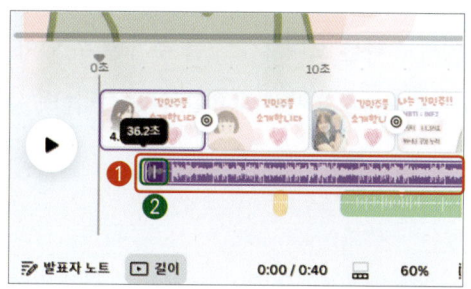

> 민주쌤의 TIP 음원의 최대 길이 이상으로 늘릴 수는 없습니다.

오디오 재생 범위 조정하기

01 ❶오디오 클립(보라색)을 더블 클릭하면 현재 설정된 ❷범위 외의 음원이 표시됩니다. 이 상태에서 클립을 좌우로 드래그하여 범위 내에서 재생될 구간을 변경할 수 있습니다.

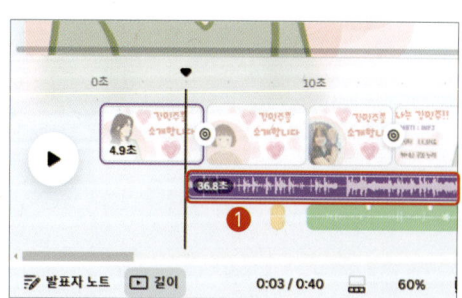 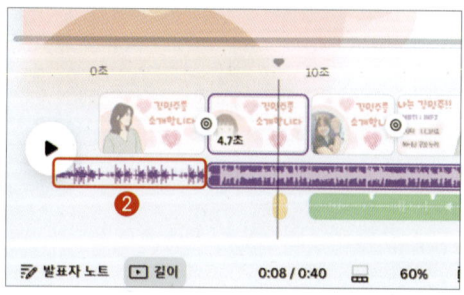

> 민주쌤의 미니 특강

오디오 요소 편집 기능 정복하기

슬라이드바의 오디오 클립을 우클릭하거나 ⓐ[가로점 세 개] 버튼을 클릭하면 다양한 편집 도구를 활용할 수 있습니다. 아래는 각 도구의 핵심 기능과 사용 방법입니다.

❶ **복사/붙여넣기**: 오디오 클립을 복사하여 원하는 위치에 붙여넣습니다.

❷ **트랙 복제**: 오디오 트랙 자체를 복사해 동일한 음원을 추가로 삽입합니다.

❸ **트랙 삭제**: 선택한 오디오 트랙을 삭제합니다.

❹ **조정**: 오디오의 재생 범위를 세부적으로 조정할 수 있습니다.

❺ **페이드**: 오디오 시작 시 음량이 점점 커지고, 종료 시 점점 작아지는 자연스러운 음량 전환 효과를 추가합니다.

❻ (AI!)**beat sync**: Beat Sync는 음악의 박자(비트)를 자동으로 분석하고 각 클립의 재생 시간을 조정하여 음악 박자와 슬라이드 전환이나 애니메이션 효과의 타이밍을 맞추는 기능입니다. 이를 통해 음악의 비트에 맞춰 디자인 요소들이 자연스럽게 전환됩니다.

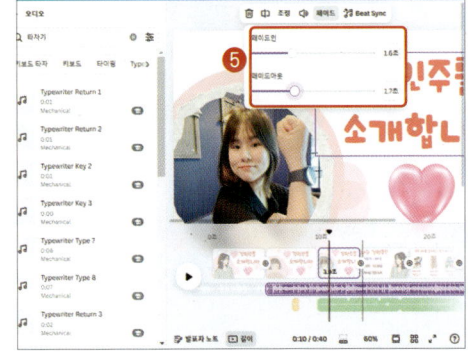

▶ beat sync 활용 방법 1

❶음원 클립을 선택하고 상단 도구바의 ❷[Beat Sync]를 클릭합니다. ❸'지금 동기화'와 '비트 마커 표시하기' 항목을 활성화합니다.

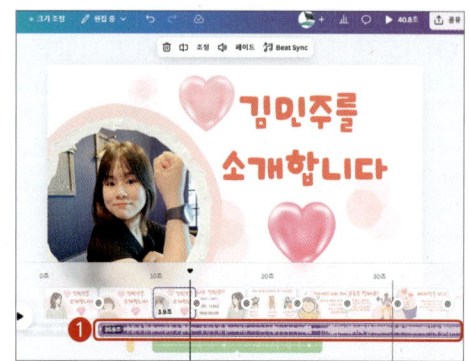 

▶ beat sync 활용 방법 2

❶오디오와 장면 클립의 재생 시간 길이가 ❷조정되면서 ❸기존 비트 마커가 ❹각 장면 클립이 끝나는 지점의 타이밍에 정확히 맞춰집니다. 이를 통해 화면 전환 및 애니메이션 변화가 비트에 맞춰 자연스럽게 나타납니다.

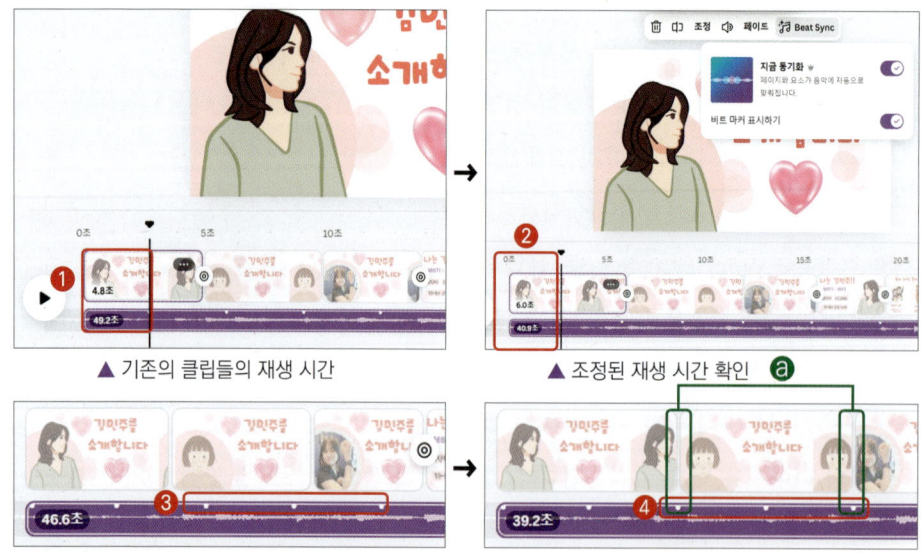

▲ 기존의 클립들의 재생 시간   ▲ 조정된 재생 시간 확인 ⓐ

▲ [기존 비트마커(상단의 하얀 점)와 클립들 위치]   ▲ [적용 후 위치 : ⓐ 슬라이드 끝과 마커가 딱맞음]

❼ **볼륨** : 오디오의 재생 볼륨을 조절할 수 있습니다.

❽ **오디오 분할**

- **효과음을 추가하거나 강조하고 싶을 때** : 동일한 오디오 트랙 중간에 효과음을 삽입하거나, 특정 구간의 음량을 줄이고 싶은 경우, 분할 기능으로 오디오를 나누어 개별적으로 편집할 수 있습니다.
- **다양한 효과를 적용할 때** : 하나의 오디오 트랙에서 구간마다 다른 페이드 효과(시작과 끝 음량 변화)를 적용하거나, 특정 구간만 Beat Sync 기능을 활성화하는 등 세부 조정이 필요할 때 유용합니다.
- **중복 사용 없이 음원 활용을 극대화할 때** : 긴 음원을 분할하여 각각 다른 클립에서 재사용하거나, 한 프로젝트 내에서 다양한 분위기를 연출할 수 있습니다.
- **특정 부분을 제거할 때** : 오디오 트랙 중간의 불필요한 부분을 삭제하고 나머지 구간만 유지하고 싶을 때, 분할 후 해당 구간을 삭제하면 효과적으로 편집할 수 있습니다.

▶ **오디오 분할 활용 방법 1**

01 오디오 클립을 우클릭하거나 ❶[가로 점 세 개] 버튼을 통해 표시된 도구 목록에서 ❷[오디오 분할]을 선택합니다.

Chapter 03 캔바 AI 기능 200% 활용하기 **271**

02 ❶'재생바'가 있는 곳을 기준으로 ❷하나의 오디오 클립이 분할됩니다.

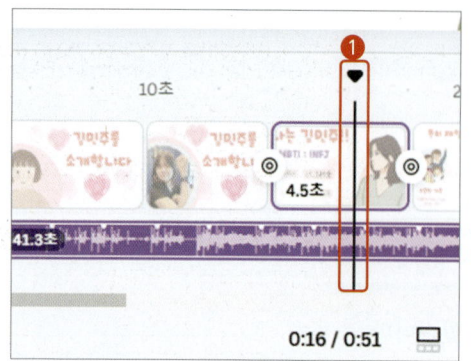 

민주쌤의 TIP 클립을 우클릭하여 제시되는 오디오 도구 ⓐ 기능들 중 일부(예 트랙 삭제, 오디오 분할, 조정, 페이드, beat sync)는 클립을 클릭했을 때 표시되는 ⓑ 상단 도구바에 아이콘 형태로도 표시됩니다.

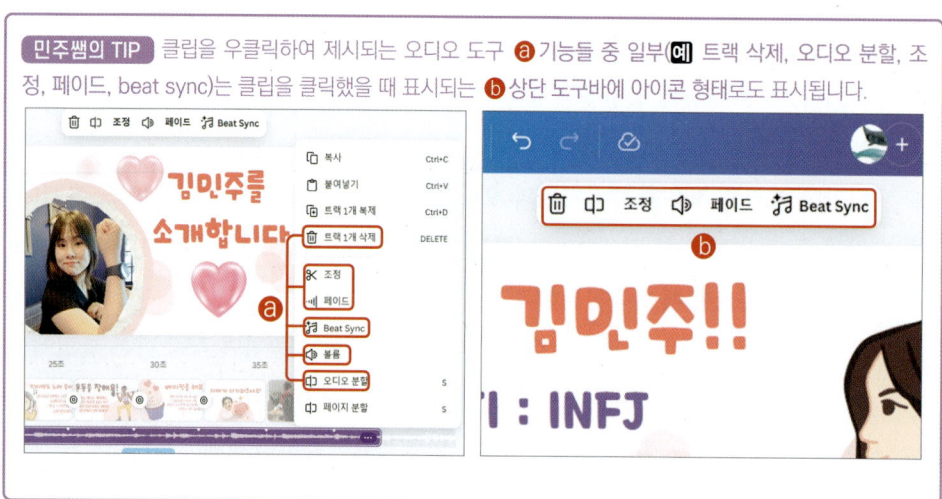

03-03
AI와 영상 촬영을 활용한 콘텐츠 제작하기

'Magic Write'는 캔바의 인공지능 기반 텍스트 생성 도구로, 사용자가 입력한 주제나 키워드에 따라 관련된 문장을 자동으로 생성해 주는 기능입니다. 이 도구를 활용하면 콘텐츠를 빠르게 작성할 수 있어, 대본 작성, 아이디어 정리, 설명문 생성 등 다양한 작업에 유용합니다.

이번 활동에서는 Magic Write를 사용해 미술 작품 모음집을 작성하고 도슨트 영상을 녹화하거나, 뉴스 대본을 작성하여 뉴스 진행 영상을 제작합니다. 또한, 슬라이드에 직접 촬영한 영상을 업로드하거나 프레젠테이션 녹화 기능으로 프레젠테이션을 발표하는 장면을 녹화하는 방법도 함께 배워보겠습니다.

미술 작품 모음집 제작 및 도슨트 되어보기 _ '직접 녹화하기' 기능

▶ 소스파일
https://m.site.naver.com/1Cpmg

▶ 완성 파일
https://m.site.naver.com/1CpmN

템플릿 준비 및 내용 수정하기

01 캔바 메인 홈페이지 검색창에 ❶'미술' 검색 후 ❷템플릿(예 Cream and Bro...)을 선택하여 ❸준비하거나('이 템플릿 맞춤 편집하기') 또는 소스 파일의 '(실습)Magic wrtie 도슨트'를 준비합니다.

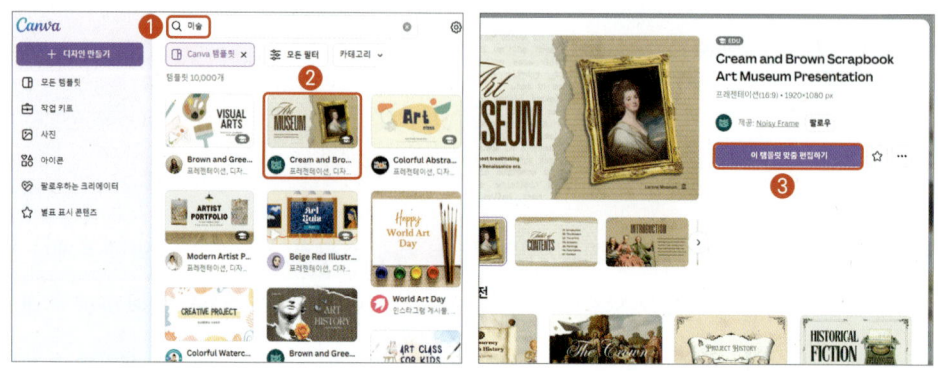

02 기존 템플릿의 내용을 자신이 소개할 미술작품과 화가(예'고흐')에 대한 내용으로 수정합니다. 그 과정에서 제목이나 글꼴, 다양한 요소를 추가하고 수정할 수 있습니다. 자세한 내용은 Chapter 02를 참고합니다.

▲ 기존 템플릿을 자신이 발표할 화가(예'고흐')에 대한 내용으로 수정

03 다른 슬라이드도 모두 자신이 소개할 미술작품과 화가(**CD** '고흐의 작품')에 대한 내용으로 수정합니다.

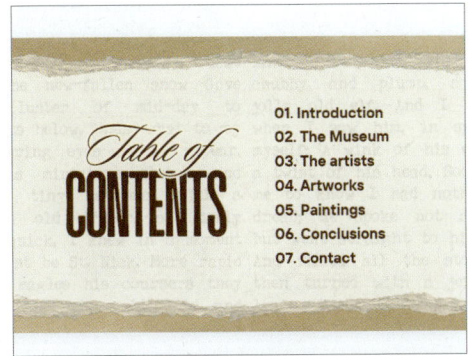 

▲ 기존 슬라이드2 　〈전체 텍스트 변경〉　▲ 내용 수정 슬라이드2

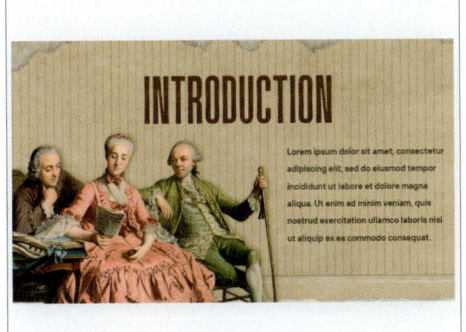 

▲ 기존 슬라이드3 　〈ⓐ요소 및 ⓑ텍스트 수정〉　▲ 내용 수정 슬라이드3

 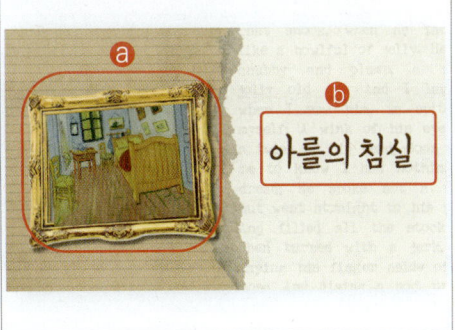

▲ 기존 슬라이드4 　〈ⓐ요소 및 ⓑ텍스트 수정〉　▲ 내용 수정 슬라이드4

AI Magic write를 활용하여 미술 작품 소개하기

Magic write를 활용하여 반 고흐에 대한 간단한 설명을 슬라이드에 삽입해보겠습니다.

01 편집 화면 좌측 하단의 ❶[빠른 작업 버튼] - ❷[Magic Write]를 클릭합니다. ❸글쓰기 창에 원하는 정보에 대한 프롬프트를 입력합니다. [그림1]에서는 '빈 센트 반 고흐에 대해서 초등학생이 이해하기 쉽게 소개해줘'라고 입력했습니다.

▲ [그림 1]

▲ magic write 결과물

> **민주쌤의 꿀팁** 프롬프트를 입력하는 3가지 방법
>
> - 방법 1 문장 묘사 : "빈 센트 반 고흐에 대해서 초등학생이 이해하기 쉽게 소개해줘."
> - 방법 2 키워드 나열 : "빈 센트 반 고흐, 소개글, 초등학생 독자 대상"
> - 방법 3 목록 입력 : "1. 빈 센트 반 고흐에 대해 소개글을 쓸거야. 2. 초등학생이 이해하기 쉽게 소개해줘."

02 Magic write로 작성된 결과창 좌측 하단의 ❶[비슷한 버전]을 클릭하면 ❷동일한 내용을 다른 구조로 바꾸어 제시합니다. 결과창 좌측 하단의 ❸[이대로도 좋지만...]을 클릭하면 기존 결과물에 추가로 프롬프트(예'미술 작품을 소개하는 공식적인 책에 알맞은 말투를 사용해줘.')를 입력해 원하는 결과에 가까워지도록 수정할 수 있습니다.(Tip 참고)

민주쌤의 꿀팁 — 프롬프트 입력 팁

프롬프트 입력 시 말투 수정을 요청하거나, 내용에 추가 또는 삭제할 부분을 제시하거나, 결과물을 목록 형식으로 정리해달라는 요청 등이 가능합니다.

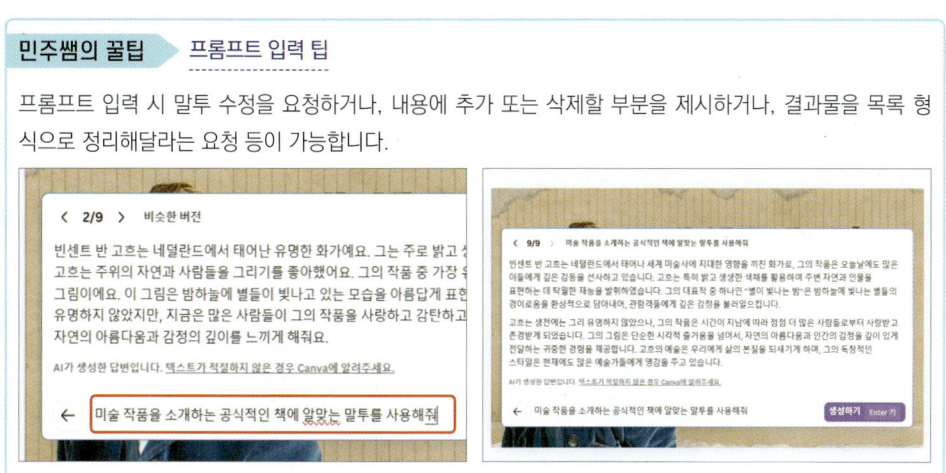

AI Magic write로 생성한 결과물 활용하기

01 Magic write 결과창 우측 하단의 ❶[복사( )] 또는 ❷[삽입]을 클릭합니다. [복사]의 경우, 버튼을 클릭한 뒤, 슬라이드의 여백을 우클릭하여 붙여넣기로 페이지에 삽입할 수 있습니다. [삽입]의 경우 즉시 ❸텍스트 상자가 생성되어 슬라이드에 삽입됩니다.

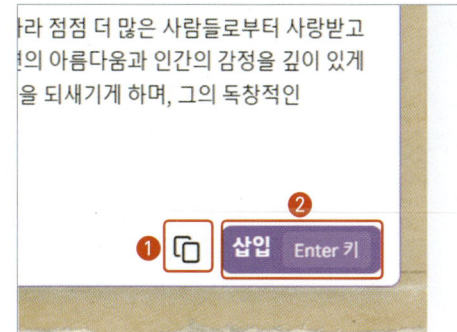
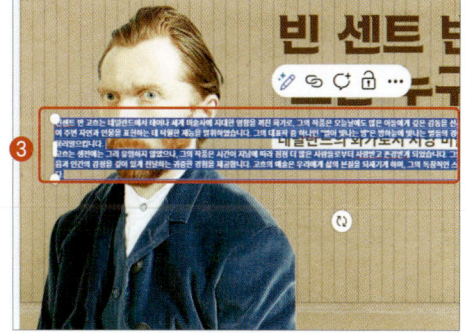

Chapter 03 캔바 AI 기능 200% 활용하기 **277**

02 글꼴, 글씨 크기 등의 텍스트 서식을 조정하여 슬라이드의 알맞은 위치에 배치합니다.

Magic로 생성한 결과물 수정하기

01 ❶삽입된 텍스트 상자를 클릭하고 상단 도구바의 ❷[Magic Write(연필모양) 버튼]을 클릭하면, 선택한 텍스트를 다양하게 수정할 수 있는 ❸옵션 목록이 제공됩니다. 이를 활용하면 작성된 텍스트의 길이, 어조, 표현 등을 상황에 맞게 조정할 수 있습니다.

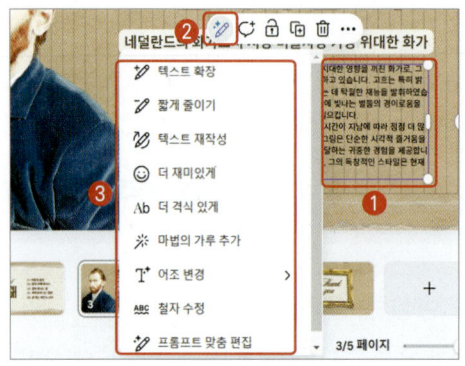

> 민주쌤의 미니 특강

Magic write의 편집 기능 정복하기

1) 옵션 목록

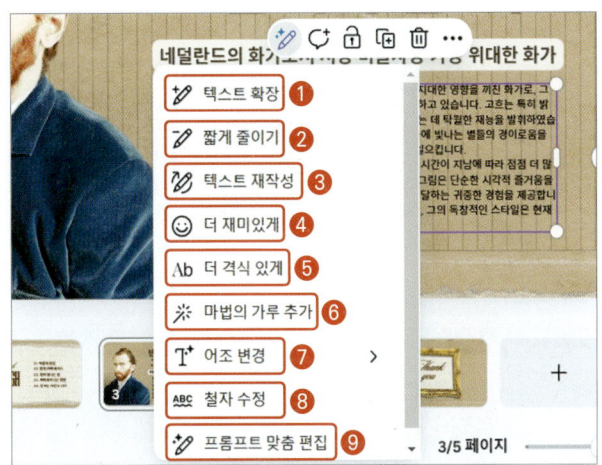

❶ **텍스트 확장**: 내용을 더 길고 자세하게 확장합니다.

❷ **짧게 줄이기**: 불필요한 내용을 제거하고 간결하게 요약합니다.

❸ **텍스트 재작성**: 동일한 의미를 다른 표현으로 새롭게 작성합니다.

❹ **더 재미있게**: 텍스트에 유머나 흥미 요소를 추가합니다.

❺ **더 격식있게**: 문장을 더욱 정중하고 공식적인 어조로 바꿉니다.

❻ **마법의 가루 추가**: 창의적인 문구나 표현을 추가하여 텍스트를 풍부하게 만듭니다.

❼ **어조 변경**: 텍스트의 감정을 바꾸거나 톤을 조정합니다

❽ **철자 수정**: 텍스트 내 철자와 문법 오류를 자동으로 교정합니다.

❾ **프롬프트 맞춤 편집**: 생성된 텍스트에 다른 프롬프트를 추가합니다.(예 '선택한 텍스트를 목록으로 변환')

2) 적용하기

ⓐ 짧게 줄이기

▲ [ⓐ 짧게 줄이기] 적용 그림

ⓑ 프롬프트 맞춤 편집

 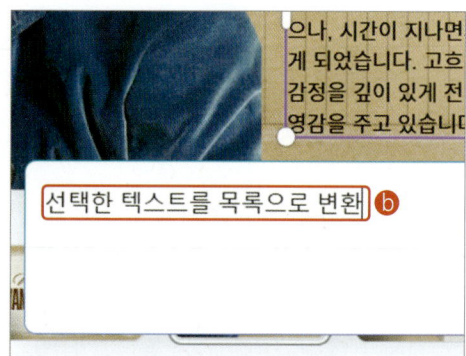

▲ ⓑ '선택한 텍스트를 목록으로 변환' 입력

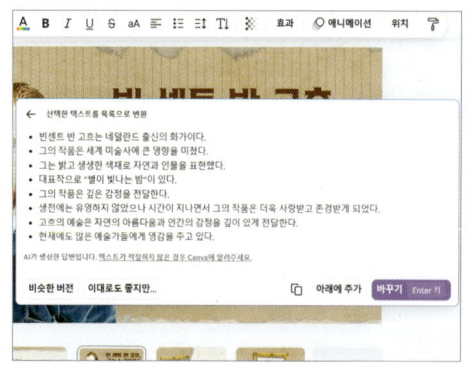 

▲ 결과창   ▲ 페이지에 결과 삽입

02 다른 슬라이드도 ❶같은 방법(빠른 실행 -> 'magic write' 버튼)으로 필요한 내용을 삽입합니다. 예시에서는 ❷'반 고흐 아를의 침실 작품에 대해 쉽게 설명해줘.'라는 프롬프트를 입력했습니다.

 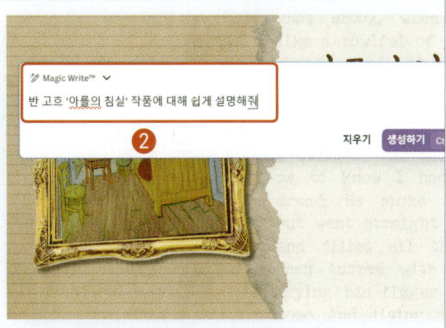

03 생성된 결과를 확인(그림1)하고, 필요시 프롬프트를 ❶수정('비슷한 버전', '이대로도 좋지만...') 하거나, ❷[삽입]을 눌러 페이지에 배치합니다.(그림2)

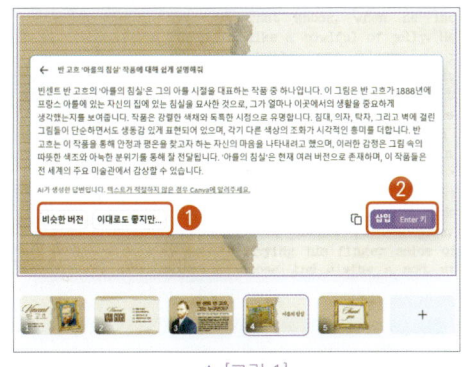 

▲ [그림 1]   ▲ [그림 2]

04 배치 후 텍스트를 후 클릭하고 필요 시 ❶[magic write 버튼]을 눌러 ❷[짧게 줄이기]를 적용합니다(그림1).

▲ [그림 1] 짧게 줄이기 적용 결과물

'직접 녹화하기' 기능으로 도슨트 영상 녹화하기

슬라이드에서 각 미술 작품에 대해 설명해주는 도슨트 영상을 삽입해보겠습니다.

01 먼저, 편집 화면 좌측 하단의 ❶[발표자 노트]를 클릭해 ❷대본을 입력합니다. 입력된 대본은 영상 녹화 중에 보조 메모로 표시되며 발표자만 확인할 수 있습니다.

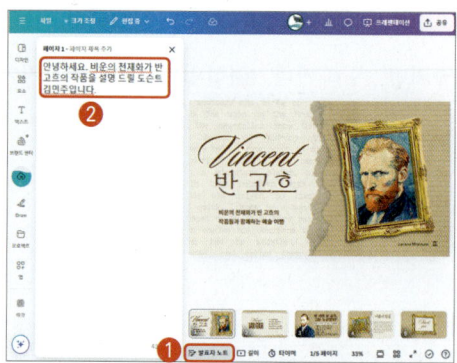

02 좌측 메뉴바의 ❶[업로드 항목]에서 ❷[직접 녹화하기]를 클릭합니다.

03 카메라와 오디오 사용 권한을 ❶[사이트에 있는 동안 허용]으로 설정합니다.

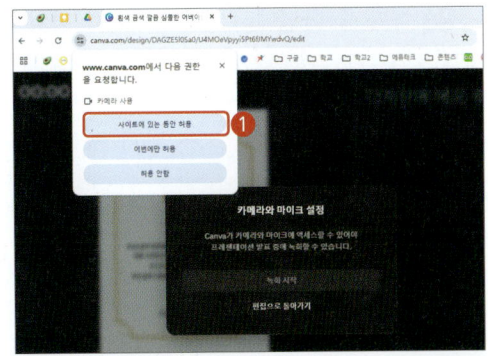

04 녹화 스튜디오에서는 좌측에 입력된 ❶'발표자 노트에 입력한 대본'이 표시되며, 우측에는 ❷녹화 화면(얼굴)과 ❸슬라이드가 함께 나타납니다. 녹화 화면을 클릭하면 나타나는 ❹상단 도구바에서 ❺필터 적용, ❻좌우 반전 등 효과를 설정할 수 있습니다.

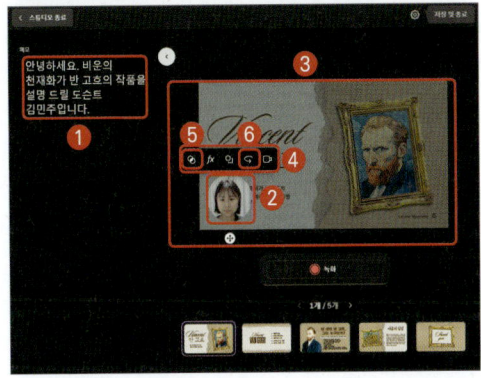

05 ❶[녹화]를 클릭하면 녹화가 시작됩니다. 녹화 중인 스튜디오에는 ❷'녹화 중' 표시(얼굴 위에)와 녹화 ❸[삭제 버튼(휴지통)], ❹[녹화 일시 정지 버튼 및 녹화 시간], ❺[완료] 버튼이 표시됩니다.

 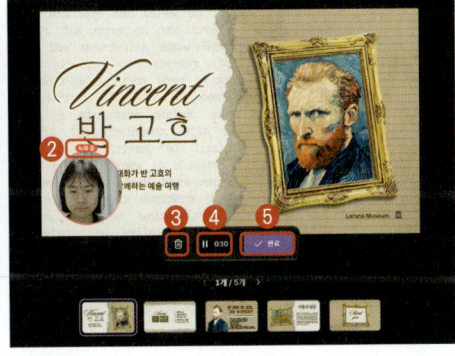

Chapter 03 캔바 AI 기능 200% 활용하기 **283**

06 녹화 중 화면에서 ❶슬라이드를 넘겨 ❷다른 슬라이드(보라색 영역 표시)에 대해서도 녹화를 진행합니다.

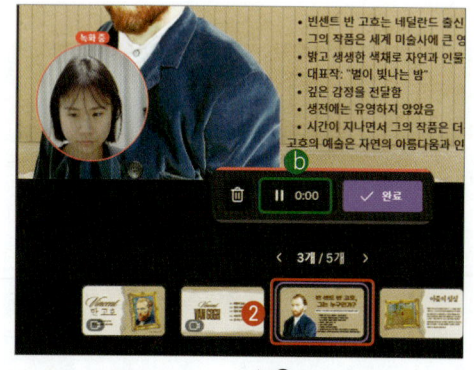
▲ ❷

▲ [그림 1]

민주쌤의 TIP 녹화 중 슬라이드를 이동하면 기존 슬라이드의 ⓐ녹화 시간이 초기화되며, ⓑ이동한 새로운 슬라이드에서 자동으로 새로운 녹화가 시작됩니다. 슬라이드 이동 중 녹화는 하나로 이어지지만, 저장 후에는 전체 녹화 영상이 슬라이드별로 잘라져 삽입됩니다(그림1).

07 녹화가 끝난 후 ❶[완료]를 눌러 미리보기 화면에서 필요 없는 녹화본을 ❷[삭제]하거나 우측 상단의 ❸[저장 및 종료]로 녹화 영상을 슬라이드에 삽입할 수 있습니다.

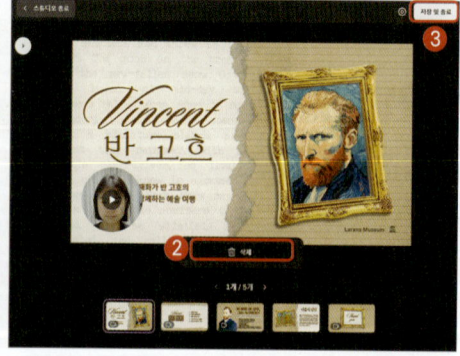

08 ❶각 슬라이드에 삽입된 영상은 슬라이드 내에서 자유롭게 이동하거나 크기를 조정할 수 있으며, ❷[업로드 항목]에 ❸'동영상' 요소로 저장되어 캔바 사용 중 언제든 다시 활용할 수 있습니다.

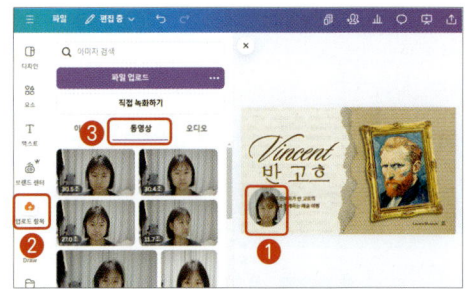

> **민주쌤의 꿀팁** 녹화 영상 프레임 변경
>
> 편집 화면에 삽입된 녹화 영상은 기본적으로 ⓐ 원형 프레임 형태로 삽입됩니다. 만약 다른 모양의 프레임으로 변경하고 싶다면, 녹화된 영상을 마우스 우클릭하여 ⓑ [동영상 분리하기]를 선택하면 됩니다. 이후, ⓒ **원하는 프레임 요소(🎬 TV 프레임)를 선택하여 영상을 재삽입**할 수 있습니다. 프레임 요소에 대한 내용은 186 페이지를 참고하세요.
>
>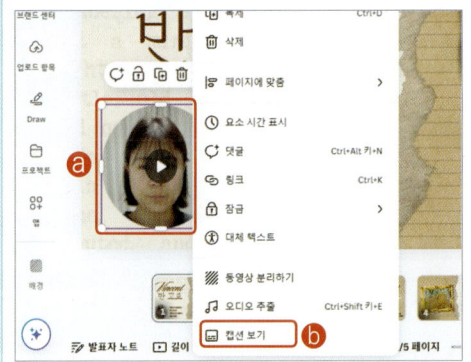

AI 뉴스 제작하기 - '프레젠테이션 녹화하기' 기능

▶ 소스파일
https://m.site.naver.com/1CpnG

▶ 완성 파일
https://m.site.naver.com/1Cpo6

템플릿 준비 및 내용 수정하기

01 캔바 홈페이지에서 ❶'뉴스'를 검색하여 ❷좌측 하단에 재생 표시(▶)가 있는 '동영상 템플릿(🎬 'Dark gree~')'을 ❸선택('이 템플릿 맞춤 편집하기')하거나, 소스 파일의 '(실습) magic write 뉴스'을 준비합니다.

민주쌤의 TIP 템플릿 썸네일에 [재생 표시(▶)]가 있으면 동영상 전용 템플릿입니다. 자세한 내용은 234 페이지를 참고합니다.

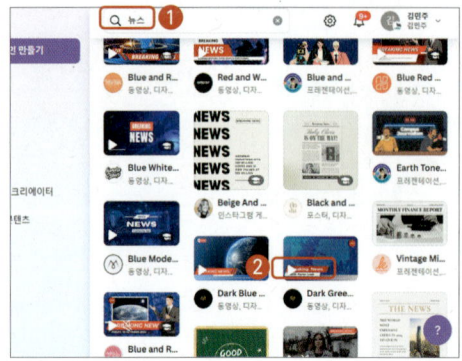 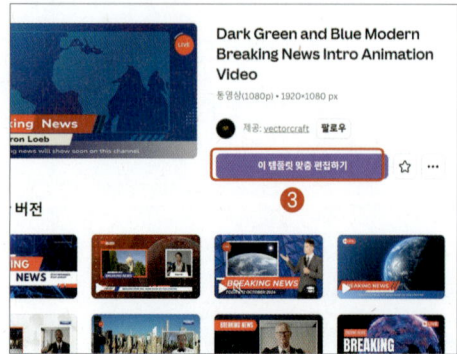

02 '동영상 템플릿'은 기본적으로 편집 화면 좌측 하단의 ❶[길이] 옵션이 활성화 되어 있고, ❷[미리 재생 버튼(▶)] 및 ❸각 클립의 재생 시간(클립 좌측 하단('9.0초')) 등이 표시됩니다.

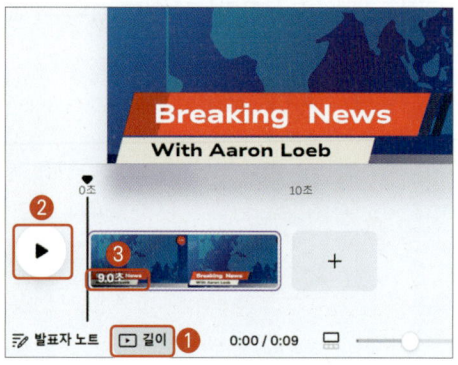

민주쌤의 꿀팁 일반 템플릿을 동영상 템플릿으로 사용하는 방법

일반 템플릿을 동영상 템플릿으로 사용하려면 편집 화면 우측 상단의 ⓐ[크기 조정]에서 ⓑ[동영상]을 선택하면 됩니다. 전환 시 ⓒ[복사 및 크기 조정]을 선택하면 원본을 보존하면서 새로운 동영상 템플릿이 생성되며, ⓓ[이 디자인의 크기 조정]을 선택하면 원본 템플릿이 ⓔ동영상 템플릿으로 변경됩니다.

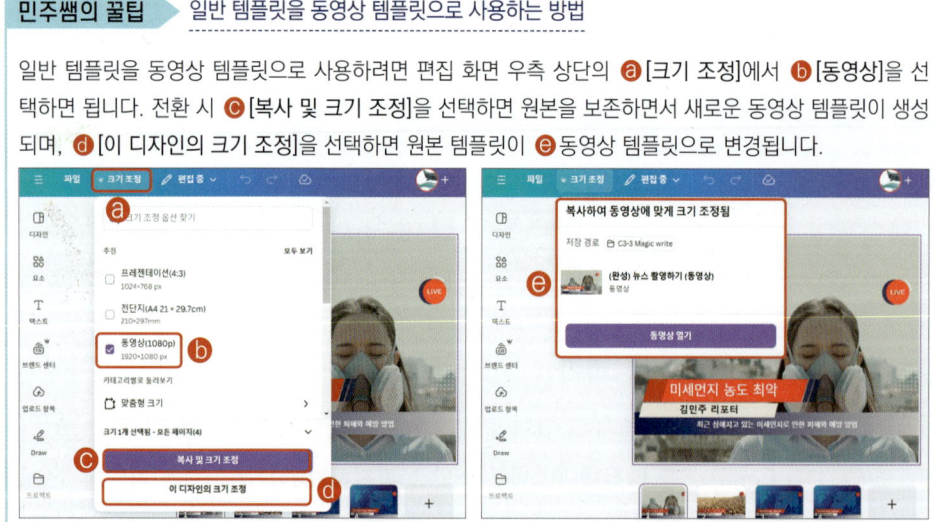

03 기존 템플릿을 뉴스 주제에 맞게 수정하여 활용합니다. 예제에서는 미세먼지의 심각성에 대한 뉴스를 주제로 다루고 있습니다.

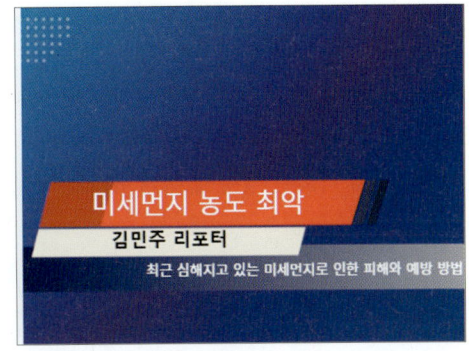

04 ❶ '요소 검색창'에 필요한 동영상 요소(예 '마스크')를 검색하여 ❷ 선택한 뒤, 삽입된 요소를 우클릭하고 ❸ [배경 교체]를 클릭합니다(그림1).

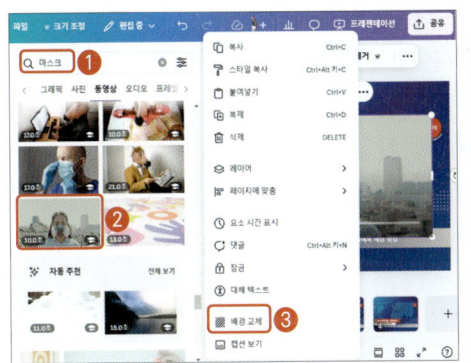 

▲ [그림 1] 배경 교체 적용

05 이 과정을 다른 슬라이드에도 적용하여 일관된 뉴스 진행 화면을 완성합니다.

▲ 다른 슬라이드 텍스트 및 배경 변경

AI Magic wrtie를 활용하여 뉴스 진행 대본 작성하기

01 편집 화면 좌측 하단의 ❶[빠른 작업 버튼]을 클릭합니다. ❷[Magic write]를 선택하고 뉴스 기사 작성을 위한 ❸프롬프트를 입력합니다. 예제에서는 '최근 자료를 기반으로 미세먼지가 악화된 상황에 대해 뉴스를 진행할 거야. 대본을 작성해줘.'로 입력했습니다.

> **민주쌤의 꿀팁**   프롬프트를 입력하는 3가지 방법 적용하기
>
> - 방법 1 문장 묘사 : "최근 자료를 기반으로 미세먼지가 악화된 상황에 대해 뉴스를 진행할 대본을 작성해줘."
> - 방법 2 키워드 나열 : "뉴스 진행 대본 작성, 미세먼지의 심각성에 대해, 최근 자료에 기반"
> - 방법 3 목록 입력 : "1. 뉴스를 진행할 대본을 작성할 거야 2. 주제는 미세먼지의 심각성이야. 3. 근거 자료는 최근 자료에 기반해줘"

02 Magic Write로 작성된 대본은 ❶[복사 버튼]으로 복사한 뒤, 편집 화면의 좌측 하단의 ❷[발표자 노트]를 클릭하여 ❸붙여넣습니다. 이 대본은 프레젠테이션 녹화 시 보조 자료(대본)로 활용됩니다.

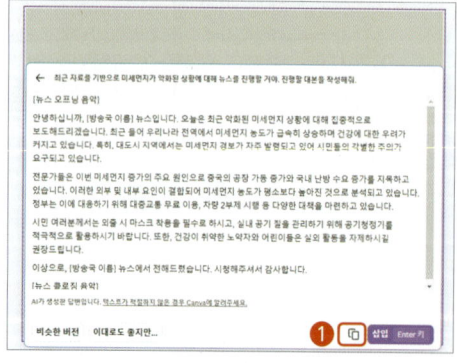 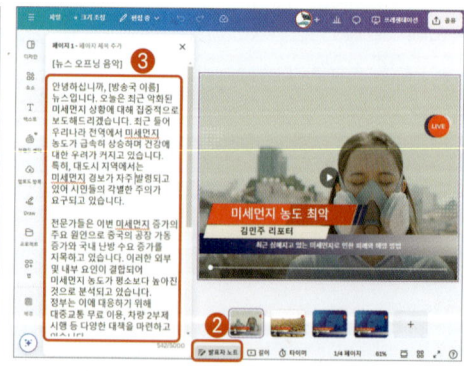

'프레젠테이션 녹화하기' 기능으로 뉴스 녹화하기

01 편집 화면 우측 상단의 ❶[공유] - ❷[프레젠테이션 및 녹화]를 클릭합니다. ❸[녹화 스튜디오 이동]을 클릭합니다.

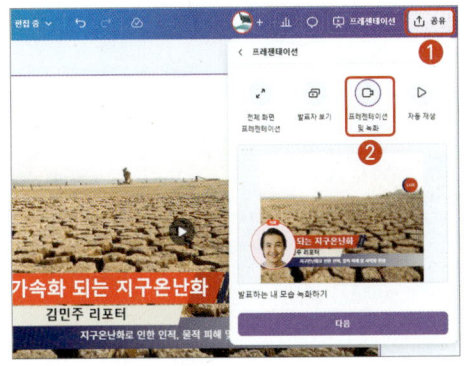 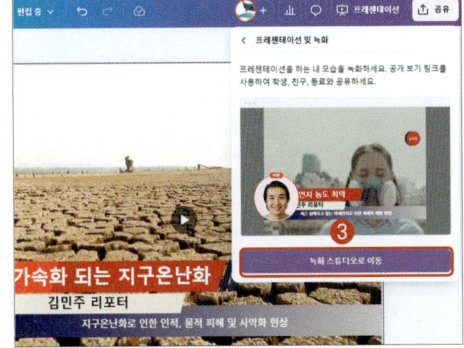

02 카메라와 마이크 설정을 확인합니다. 준비가 되었으면 ❶[녹화 시작]을 클릭합니다.

03 녹화 화면 좌측 상단에 ❶녹화 시간이 표시되며, 우측 상단에는 ❷[일시 중지]와 [녹화 종료]가 나타납니다. ❸선택된 대표 슬라이드의 좌측 하단에 ❹발표자의 영상이 원형 프레임 안에서 녹화됩니다.

Chapter 03 캔바 AI 기능 200% 활용하기 **289**

04 우측에는 ❶[발표자 노트]에 입력한 대본이 보여 진행에 도움을 줍니다. ❷[크기 조정 버튼]으로 대본의 글씨 크기를 조정할 수 있습니다. 또 ❸[수정 버튼]을 통해 실시간으로 대본을 수정할 수 있습니다.

05 대표 슬라이드 화면 양 옆에 슬라이드를 이동할 수 있는 ❶[화살표 버튼 '〈 , 〉']을 클릭하여 프레젠테이션을 진행합니다.

프레젠테이션 녹화 완료 및 저장하기

01 녹화가 끝났다면 화면 우측 상단의 ❶[녹화 종료]를 클릭합니다. 녹화 내용을 다시 촬영해야 한다면 나타난 창(그림1)에서 ❷[삭제 버튼]을 클릭합니다. 녹화본을 저장하고 편집화면으로 돌아가려면 ❸[저장 및 종료]를 선택합니다.

▲ [그림 1]

> **민주쌤의 TIP** '직접 녹화하기(282 페이지)'는 각 슬라이드에 개별 영상이 삽입되는 방식입니다. 반면, 이번에 배운 '프레젠테이션 녹화'는 스튜디오에서 녹화한 전체 장면이 하나의 영상으로 제작되며, 기존 디자인과 별도로 저장되고 슬라이드에 요소로 삽입되지 않습니다.

02 편집 화면 우측 상단 ①[공유] - ②[다운로드(330 페이지 참고)]를 클릭하면 해당 작품을 MP4 확장자의 동영상 파일로 저장할 수 있으며, ③[공개 보기 링크]를 통해 링크로 프레젠테이션과 함께 자동 재생되는 녹화 영상을 공유할 수 있습니다.(333 페이지 참고)

03 완료된 녹화 영상은 편집 화면 우측 상단의 ①[프레젠테이션] - ②[프레젠테이션 및 녹화] - ③[다음]으로 다시 ④[다운로드] 하거나, 공유 링크를 ⑤[복사]해 확인할 수 있습니다. 필요시 ⑥[녹화 삭제]를 클릭하여 새로운 녹화를 진행할 수도 있습니다.

AI Magic Write로 가정통신문 제작 및 PDF 편집하기

캔바에서는 PDF 파일을 업로드하여 기존 파일을 손쉽게 편집할 수 있습니다. 한글 파일로 작성된 통신문을 PDF로 변환 후 업로드하면 기본 틀은 유지한 채 캔바로 PDF파일 수정이 가능합니다. 또한, 'Magic Write'를 활용해 가정통신문의 문구를 자동 생성하거나 수정하여 효율적으로 문서를 완성할 수 있습니다.

이를 활용하여 학부모 상담 주간 및 안전 관련 가정통신문을 제작하는 실습을 통해 Magic Write 기능을 활용해보겠습니다.

▶ 소스파일
https://m.site.naver.com/1CpoB

▶ 완성 파일
https://m.site.naver.com/1FVFZ

PDF 파일 업로드하기

01 메인 홈페이지 좌측 상단의 ❶[디자인 만들기]에서 ❷[업로드]를 클릭합니다. ❸[파일 업로드]를 클릭합니다.

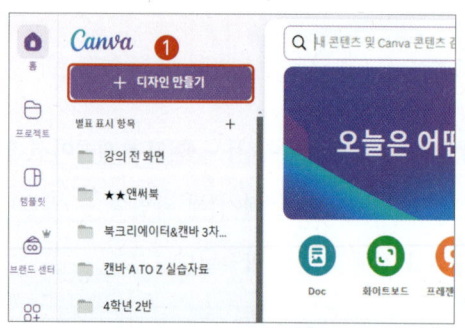

02 ❶PDF 형식의 통신문 파일(예 '학부모 상담주간 안내장')을 ❷업로드(열기)합니다.

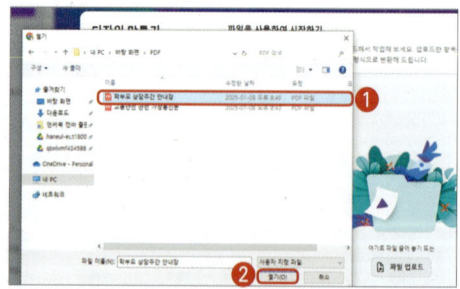

민주쌤의 TIP 한글 문서로 작성된 가정통신문은 좌측 상단의 ❶[파일] → ❷[PDF로 저장]을 선택하면 손쉽게 PDF로 변환할 수 있습니다.

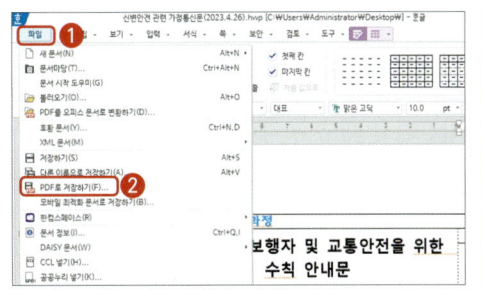

03 캔바 메인 홈페이지의 ❶[최근 디자인] 가장 상단에서 ❷업로드 한 PDF 파일(예 '학부모 상담주간 안내장.pdf')을 확인 후 클릭합니다(그림1).

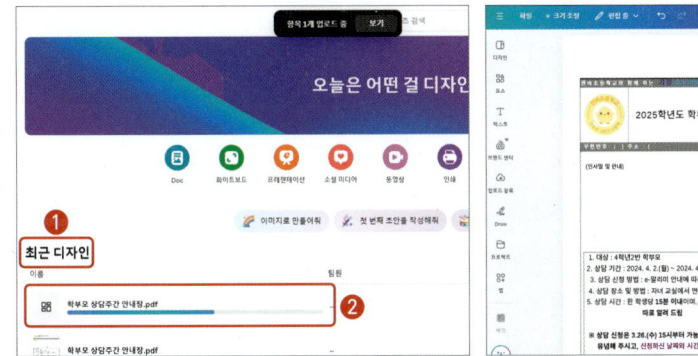

▲ [그림 1] 편집 화면에 PDF 파일이 나타난 그림

04 캔바로의 업로드 과정에서 ❶일부 요소(예 표의 '시간' 부분 튀어나옴)가 변형될 수 있습니다. 이 경우 ❷글자 간격, 줄 간격 등을 조정하여 원래 형태로 복원합니다. 예제에서는 텍스트 상자의 글자 간격(171)과 줄 간격(1.55)을 조정하여 문구를 ❸제자리에 맞게 재배치했습니다.

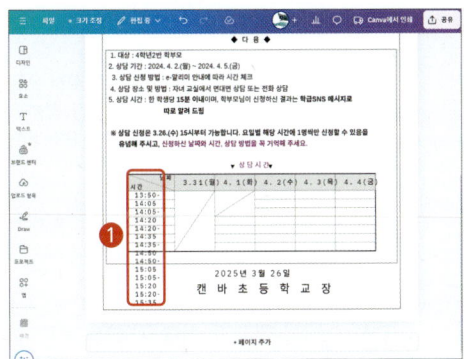
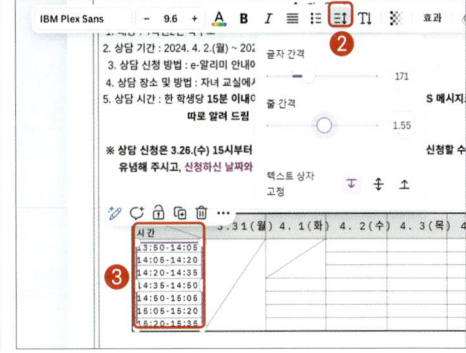

Chapter 03 캔바 AI 기능 200% 활용하기   293

AI Magic write를 활용하여 통신문 문구 생성하기

학부모 상담 기간 안내 통신문 작성하기

01 편집 화면 우측 하단의 [빠른 작업 버튼 ⊙]-[Magic write]를 클릭합니다.

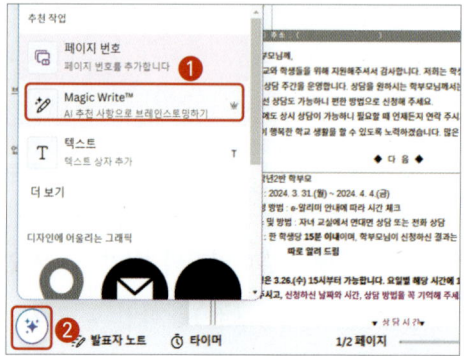

02 학부모 상담 기간 안내를 위한 가정통신문의 인사말을 작성하기 위해 다음과 같이 프롬프트를 입력합니다. 프롬프트 입력 방법은 276 페이지를 참고합니다.

[프롬프트]
1. 초등학교 학부모 대상으로 발송될 가정통신문의 인사말과 안내문을 작성할거야.
2. 첫인사는 '사랑합니다'로 시작해줘.
3. 학부모의 협조에 대한 감사의 말씀, 상담 주간을 운영하고자 하는 일시, 신청 방법, 유선 상담 가능 여부, 상담 기간이 아니어도 상시 상담이 가능하므로 상담 필수 아님에 대한 내용을 넣어줘.

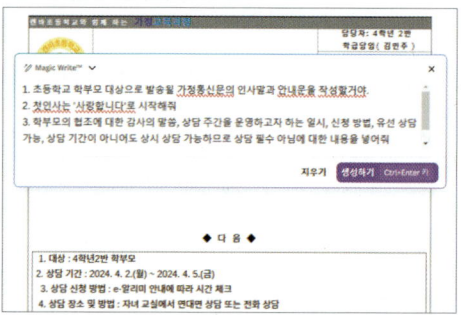

03 생성된 문구를 확인하고, 필요시 ❶[이대로도 좋지만...]을 눌러 ❷'조금 더 짧게'라는 프롬프트를 추가로 입력해 적절한 길이로 조정합니다.

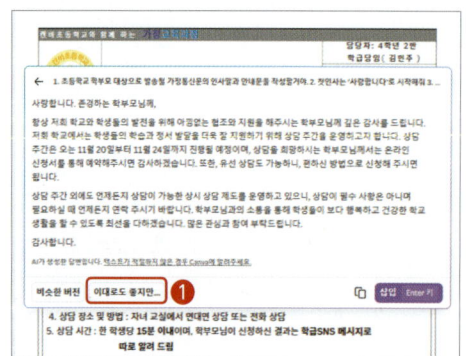
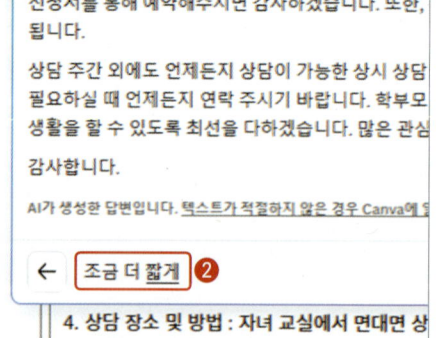

04 완성된 문구를 ❶[삽입(버튼)]하고(그림1) 텍스트 상자의 글자 크기나 간격 등을 조정하여 통신문에 맞게 배치합니다. 예제에서는 ❷줄 간격을 (1.71)로 조정했습니다.

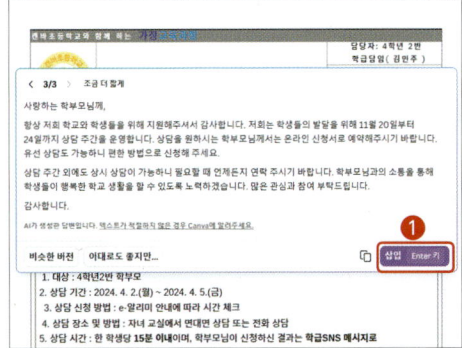

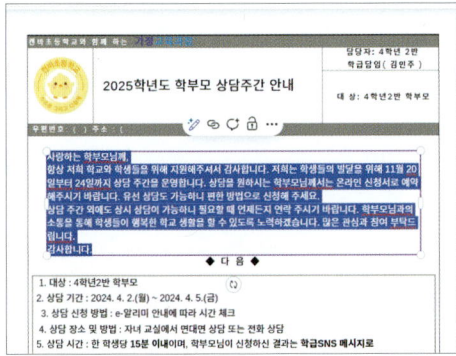
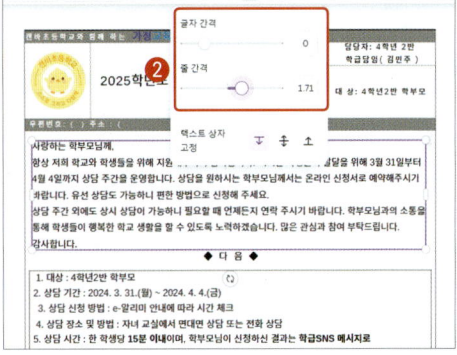

교통 안전 통신문 작성하기

01 메인 홈페이지 좌측 상단의 ❶[디자인 만들기]에서 ❷[업로드]를 클릭한 합니다. ❸[파일 업로드]를 클릭합니다.

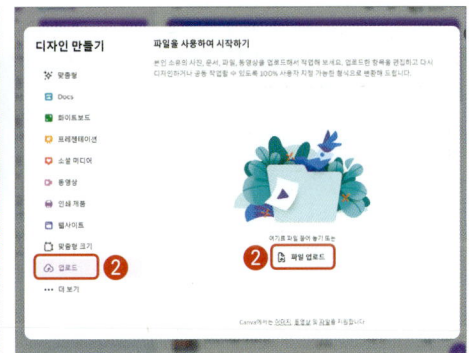

Chapter 03 캔바 AI 기능 200% 활용하기 **295**

02 PDF 형식의 통신문(❶ '교통 안전 통신문') 파일을 ❷ 업로드(열기)합니다(그림1).

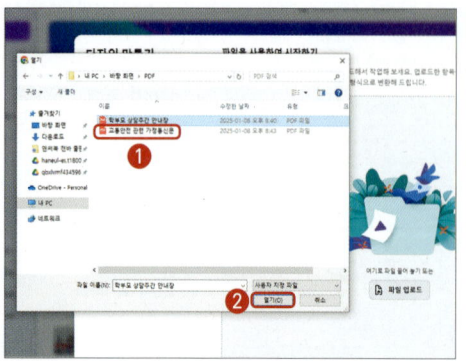
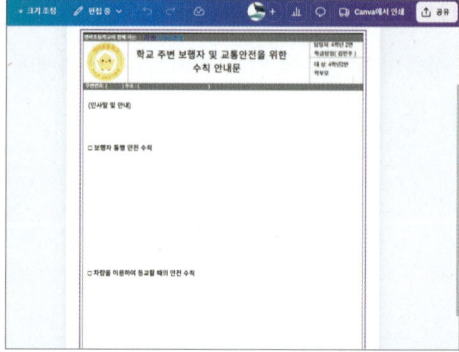

▲ [그림 1] PDF 파일을 업로드 후 나타난 편집 화면

03 Magic write에서 다음과 같이 적절한 프롬프트를 활용하여 '교통 안전 통신문 인사말'을 작성합니다.

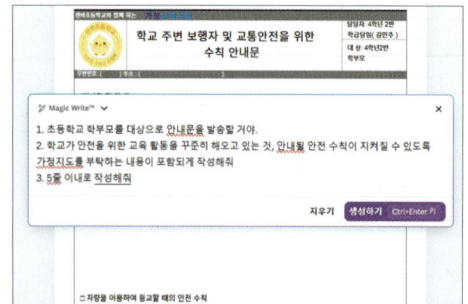
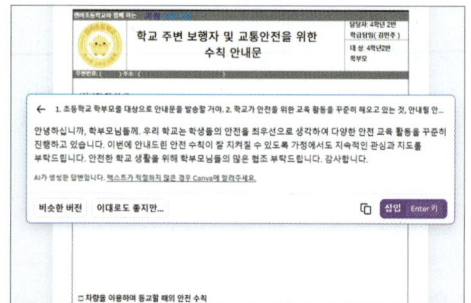

[프롬프트]
1. 초등학교 학부모를 대상으로 안내문을 발송할 거야.
2. 학교가 안전을 위한 교육 활동을 꾸준히 해오고 있는 것, 안내될 안전 수칙이 지켜질 수 있도록 가정 지도를 부탁하는 내용이 포함되게 작성해줘.
3. 5줄 이내로 작성해줘.

04 생성된 텍스트를 삽입하고, 글자 서식(크기, 간격 등)을 조정하여 통신문 위치에 맞게 배치합니다.

05 이번에는 Magic Write를 활용하여 다음과 같이 ❶'보행자 안전 수칙' 프롬프트를 입력하여 문구 생성 후, ❷통신문에 삽입(그림1)하고 가독성을 높이기 위해 서식을 조정합니다.

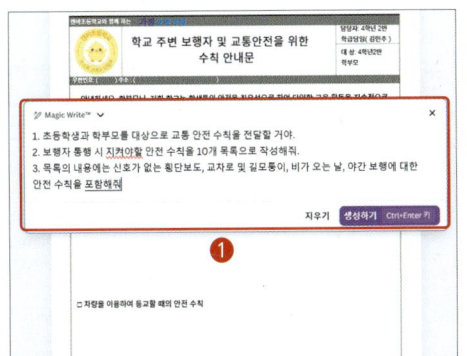

[프롬프트]
1. 초등학생과 학부모를 대상으로 교통 안전 수칙을 전달할 거야.
2. 보행자 통행 시 지켜야할 안전 수칙을 10개 목록으로 작성해줘.
3. 목록의 내용에는 신호가 없는 횡단보도, 교차로 및 길목통이, 비가 오는 날, 야간 보행에 대한 안전 수칙을 포함해줘.

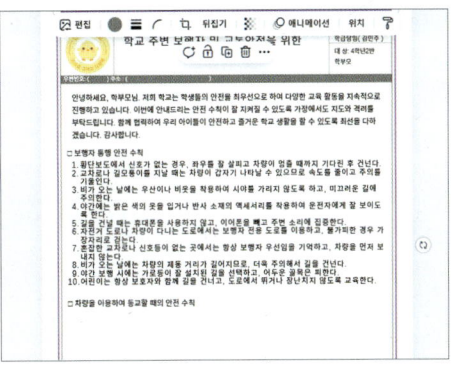

▲ [그림 1] ❷통신문에 삽입

민주쌤의 꿀팁 도형 요소를 활용하여 텍스트 상자의 테두리 만들기

01 좌측 메뉴바의 ❶[요소]-'도형'에서 ❷'정사각형 도형'을 클릭하여 삽입합니다.

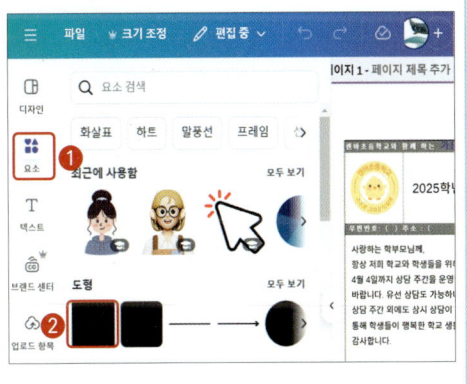

Chapter 03 캔바 AI 기능 200% 활용하기　297

02 페이지의 ❶사각형 도형을 클릭하고 상단 바에서 ❷[색상 버튼]을 클릭 후 좌측 도구창에서 ❸'채우기 색상 없음(⊘)'으로 색상을 제거합니다.

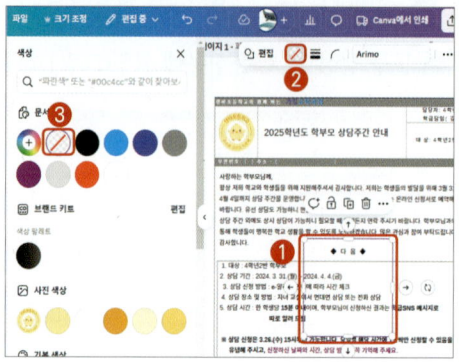

03 다음으로 도형을 클릭하고 상단 도구바에서 ❶테두리 스타일과 ❷굵기(1)을 지정하고, ❸텍스트 상자의 가장자리에 배치하여 테두리 역할을 하도록 조정합니다.

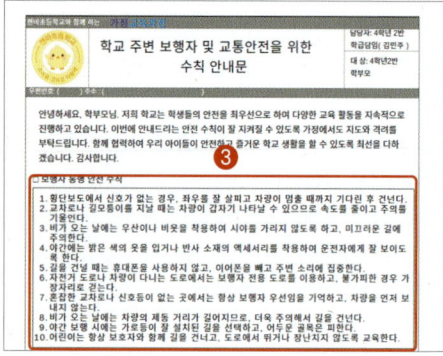

06 동일한 방법으로 Magic write에 '차량을 이용하여 등교시 운전자 안전 수칙'에 대한 다음과 같은 ❶프롬프트를 입력하여 ❷생성된 문구를 가정통신문에 삽입합니다.

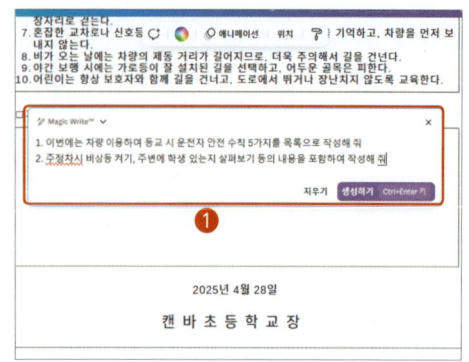
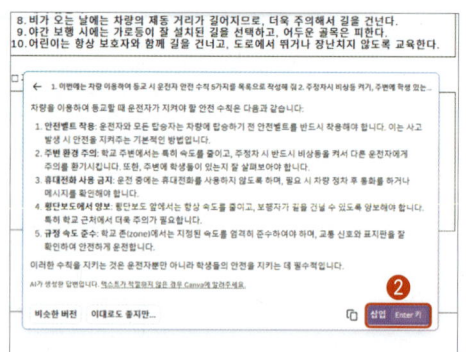

[프롬프트]
1. 이번에는 차량을 이용하여 등교 시 운전자 안전 수칙 5가지를 목록으로 작성해 줘.
2. 주정차시 비상등 켜기, 주변에 학생 있는지 살펴보기 등의 내용을 포함하여 작성해 줘.

07 가독성을 위해 텍스트 서식을 적절맞게 조정하고 텍스트 테두리를 추가할 수 있습니다.

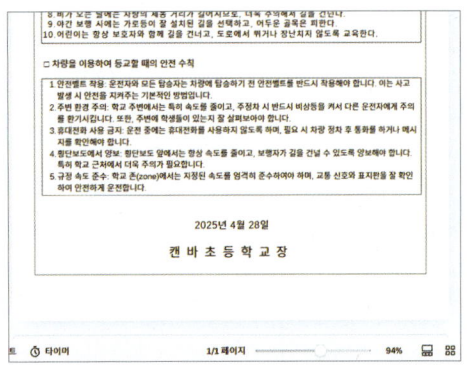

통신문 저장하기

01 완성된 교통 안전 통신문을 저장하기 위해 편집 화면 우측 상단의 ❶[공유] - ❷[다운로드]를 클릭합니다. ❸파일 형식은 'PDF 표준'으로 설정한 뒤 ❹[다운로드]를 진행합니다. 다운받은 통신문 파일을 인터넷으로 게시하거나 인쇄하여 배부할 수 있습니다.

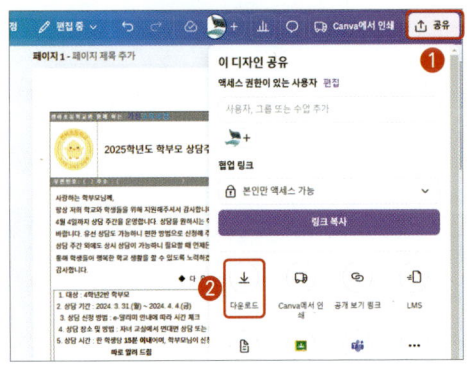 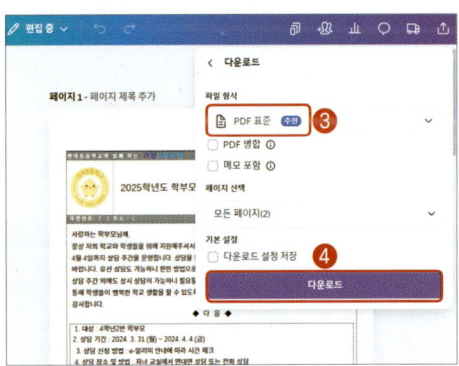

> 민주쌤의 미니 특강

Magic Write의 교육적 활용

'Magic write'는 가정통신문 작성 외에도 교사의 수업 준비를 돕는 도구로 사용할 수 있습니다. 다음은 '수업 아이디어를 얻을 수 있는 프롬프트'의 예시와 결과물입니다.

1. 초등학교 4학년 야외 활동, 미술 '수업 아이디어 추천'

아래는 초등학교 4학년 학생을 대상으로 하는 야외 활동과 미술 수업에 대한 추천 아이디어에 대한 프롬프트와 생성된 결과물입니다.

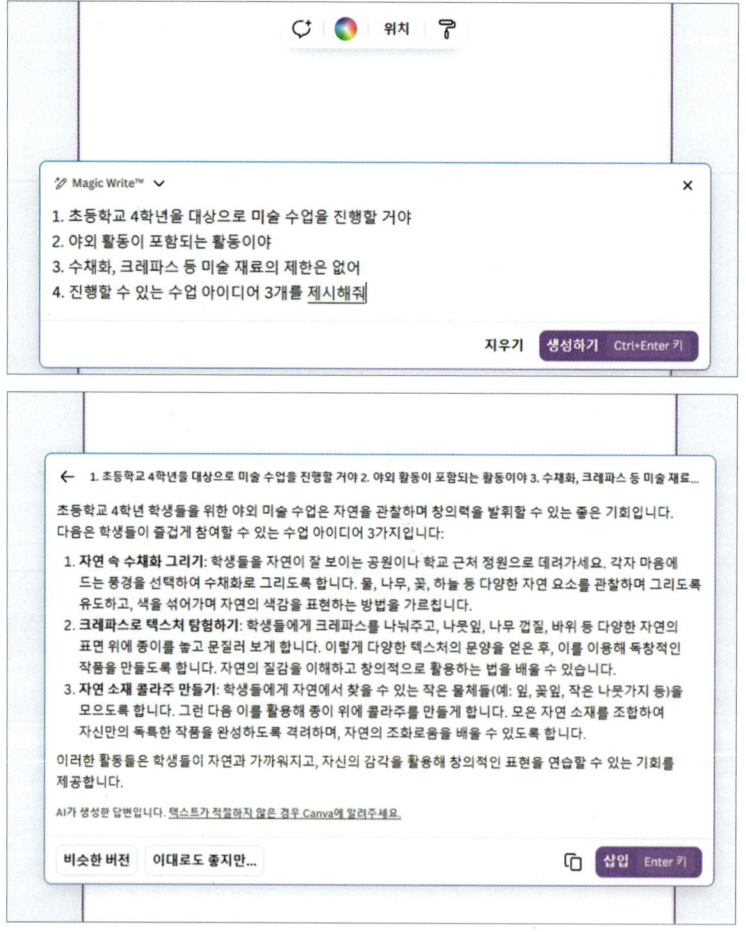

300 선생님을 위한 캔바 수업 활용

2. 6학년을 대상으로 한 민주주의 '수업 과정' 제시

다음은 초등학교 6학년을 대상으로 민주주의에 대한 수업 과정을 위한 프롬프트와 생성된 결과물입니다.

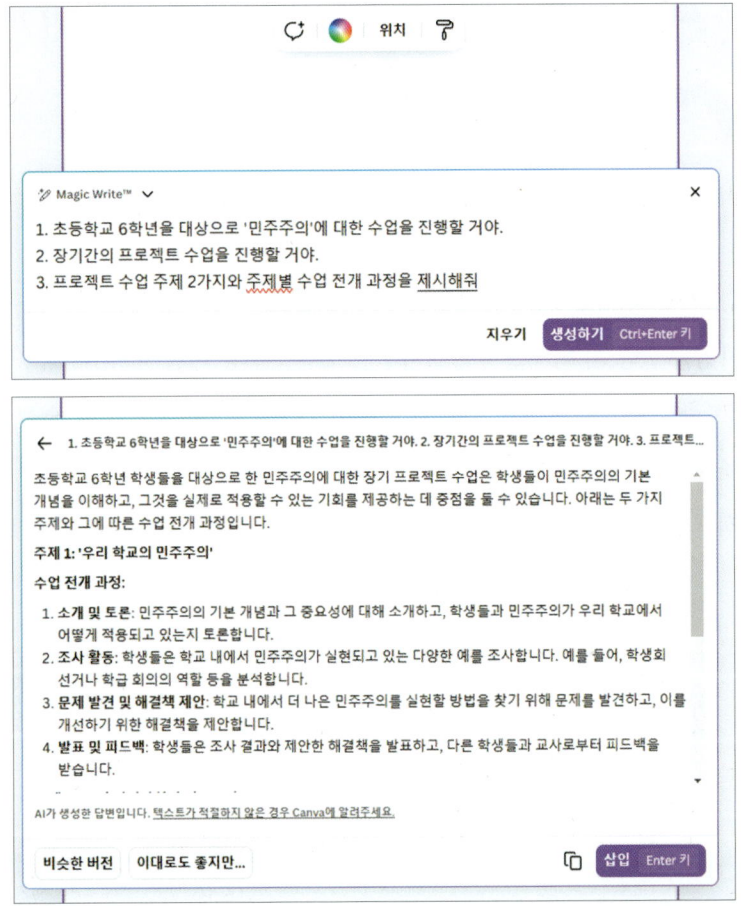

그 밖에도 Magic Write는 다양한 수업에서 실용적으로 활용될 수 있는 도구입니다. 예를 들어, 특정 학년의 수준에 맞춘 수업 아이디어를 추천받거나, 특정 주제를 중심으로 수업 활동을 설계하는 데 도움을 줄 수 있습니다. 또, 학생들이 흥미를 느낄 만한 활동을 제안받아 수업에 적용하거나, 발표나 토론 주제를 작성할 때 활용할 수 있습니다. 또한, 학부모를 위한 안내문이나 학기 초 학급 소개 자료를 빠르게 작성하는 데에도 유용합니다.

03-04
Magic Studio
_ AI로 학급 신문 제작하기

캔바의 'Magic Studio'는 이미지 편집에 AI를 활용해 창의적인 아이디어를 제공하고, 작품의 디자인을 한층 더 다채롭게 만들어주는 도구입니다. 배경 제거, 이미지 확장, 요소 수정, 텍스트 추출 등 Magic Studio의 다양한 AI 기능을 통해 작품을 개성있는 작품을 제작할 수 있습니다.

우리반 학급 신문을 제작하며 'Magic Studio'의 6가지 AI 기능과 활용 방법을 배워보겠습니다.

▶ 소스파일
https://m.site.naver.com/1CpyB

▶ 완성 파일
https://m.site.naver.com/1CpyR

템플릿 준비 및 내용 수정하기

01 소스 파일의 '(실습)Magic studio' 템플릿을 준비하고 기존 내용을 수정하여 우리 반의 학급 신문의 내용을 입력합니다. 필요에 따라 텍스트, 이미지, 그래픽 등 다양한 요소를 추가하여 학급 신문을 완성합니다.

▲ ❶ 기존 내용 표지 　　　　　▲ ❷ 우리 반의 학급 신문 내용으로 변경한 표지

Magic Expand

'Magic Expand'는 사진의 원본에 없던 새로운 부분을 확장하여 생성하는 기능입니다. AI가 이미지의 기존 분위기와 조화를 이루는 확장된 영역을 자동으로 만들어줍니다. 이를 통해 풍경 사진이나 배경을 넓혀 디자인의 비율을 조정하거나 부족한 영역을 보완할 수 있습니다.

이번 실습에서는 'Magic Expand'를 활용하여 학급 신문 표지의 졸업식 사진을 확장하고, 페이지 배경으로 활용할 이미지를 제작해보겠습니다.

Magic expand 접속하기

01 편집할 ❶사진 요소(예 '표지의 졸업 사진')를 클릭한 뒤, 상단 도구바에서 ❷[편집]을 선택합니다. ❸'Magic Studio' 항목 중 ❹[Magic Expand]를 클릭합니다.

> **민주쌤의 TIP** 'Magic Studio'에서 좌우로 이동하는 화살표를 클릭해야 숨겨진 나머지 항목을 찾을 수 있습니다. 'Magic Expand'의 경우 ⓐ를 눌러야 목록에서 확인할 수 있습니다.

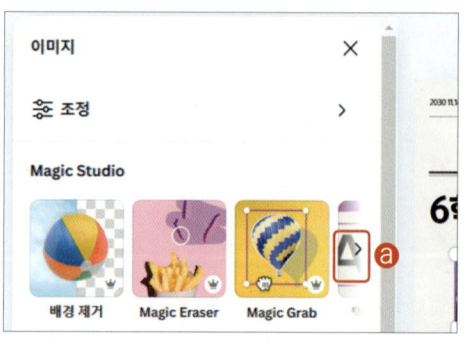

Magic expand 활용하기

01 [Magic Expand]를 클릭하면, 좌측에 ❶'자르기' 도구창이 나타나며, 사진 요소의 가장자리에 ❷ㄱ자 모양의 자르기 핸들이 표시됩니다. 핸들을 사진 바깥으로 드래그(그림1)하여 확장할 영역을 설정합니다. ❸설정이 완료되면 [확장]을 눌러 실행합니다.

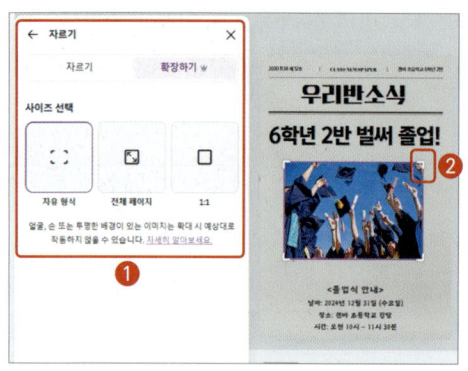
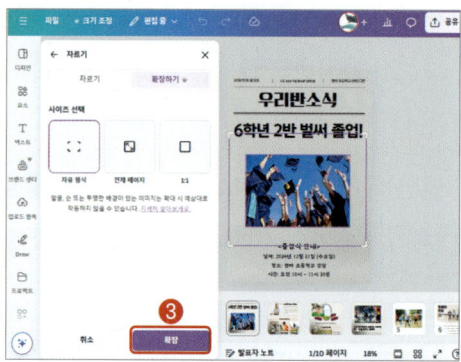

▲ [그림 1]

02 생성된 4개의 확장 결과물 중 가장 자연스러운 ❶결과물(예 3번째)을 선택하고 ❷[완료]를 클릭합니다.

▲ 확장 전

▲ 확장 후

민주쌤의 TIP 확장하는 범위가 넓어질수록 AI가 이미지를 생성하는 데 더 많은 시간이 소요됩니다. 수업 진행 시 작업 효율성을 위해 확장 범위를 지나치게 크게 설정하지 않도록 유의해주세요.

Magic expand 응용하기(확장하여 페이지 배경 제작하기)

01 소스 파일의 템플릿 '❶슬라이드9'로 이동하고 배경으로 사용할 ❷사진 요소(노을과 아이들)를 클릭합니다.

02 표시된 ❶'ㄱ자 모양의 자르기 핸들'을 드래그하여 확장할 영역을 설정(그림1)한 뒤 ❷[확장]을 클릭합니다. 4장의 결과물 중 ❸원하는 사진 요소를 클릭하여 삽입합니다.

▲ [그림 1]

Chapter 03 캔바 AI 기능 200% 활용하기 **305**

03 확장된 이미지를 우클릭한 후, ❶[이미지를 배경으로 설정]을 선택하면 사진이 페이지 전체를 채우는 배경으로 삽입됩니다(그림 1).

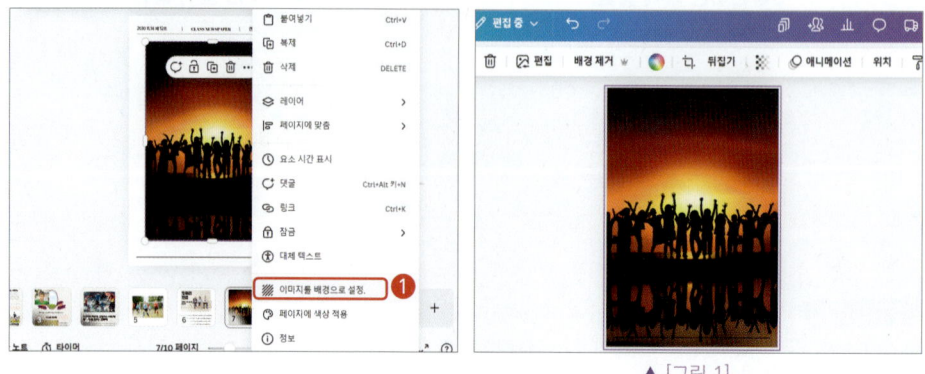

▲ [그림 1]

04 배경이 텍스트와 조화를 이루도록 ❶투명도(▨)를 낮춰(❷50) 옅게 만들고, 텍스트 상자가 돋보이도록 텍스트 배경이 될 ❸도형(▥)'흰색 직사각형') 요소를 추가합니다. 이때, 도형의 ❹투명도를 조정(73)해 배경과의 대비를 자연스럽게 조정합니다.

05 '슬라이드8'에서 '우리반 반가' 텍스트를 복사한 뒤, '슬라이드9'에 붙여 넣습니다.

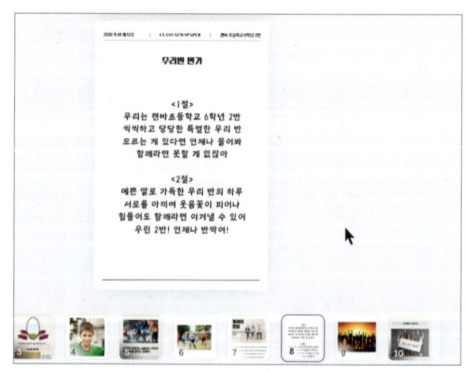

▶ 슬라이드8

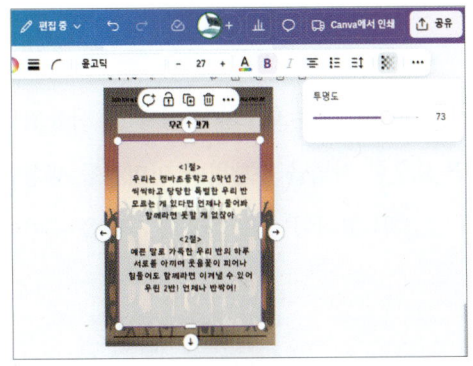
▲ 슬라이드9

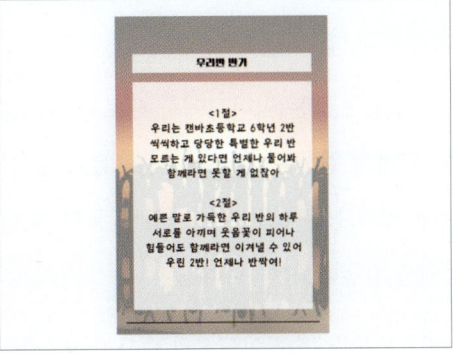
▲ 완성 페이지

배경 제거

'**배경 제거**'는 AI가 이미지의 배경을 자동으로 인식하고 삭제해주는 기능입니다. 인물이나 주요 요소를 배경에서 분리하여 필요한 부분만 사용할 수 있습니다. 이 기능을 사용하여 학급 신문의 '선생님의 한 마디' 코너에 교사 사진을 배경 제거 기능으로 편집하여 삽입해 보겠습니다.

01 템플릿의 '슬라이드 2'로 이동합니다. ❶사진 요소('교사 사진')를 선택한 후, 상단 도구바의 ❷[편집] - ❸[Magic Studio]로 이동합니다. ❹[배경 제거]를 클릭하면 AI가 사진을 분석하여 배경을 자동으로 삭제하고 ❺주요 객체(교사)만 남깁니다(그림1).

▲ [그림 1]

민주쌤의 TIP 배경 제거는 'Magic Studio'로 이동하지 않고도, 사진 요소를 클릭한 뒤 상단 도구바에 표시된 ⓐ[배경 제거] 버튼을 바로 눌러 빠르게 실행할 수 있습니다.

Magic edit

Magic Edit는 이미지에서 새로운 요소를 추가하거나 기존 요소를 수정할 때 사용됩니다. AI에게 원하는 내용을 프롬프트로 입력하면 요구한 작업을 수행하여 이미지를 생성합니다. 이 기능을 활용하여 학급 신문의 '이달의 생일자' 코너에 실릴 학생의 사진을 꾸미는 작업을 진행해보겠습니다.

01 템플릿 '슬라이드4'의 ❶사진 요소(남자 아이)를 선택한 후, 상단 도구바의 ❷[편집] - ❸[Magic Studio]로 이동합니다. ❹ [Magic Edit]를 클릭합니다.

02 ❶추가하거나 수정할 부분을 [브러시] 도구를 사용해 영역으로 설정합니다. 또는 좌측 도구창 상단의 ❷[클릭] 기능을 활용해 AI가 자동으로 인식한 영역을 사용할 수도 있습니다.

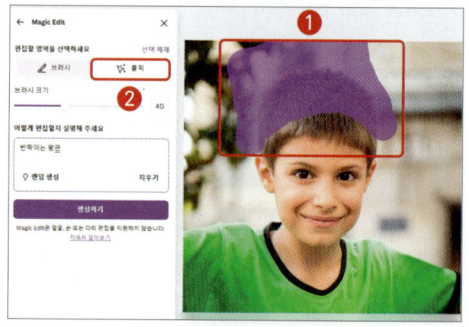

영역 설정 후 변경할 내용을 ❶프롬프트 란에 입력(예'반짝이는 금색 왕관')하고 ❷ [완료]를 클릭하면 AI가 작업을 수행합니다. 예제에서는 생일인 학생 얼굴 사진에 왕관을 추가했습니다.

03 완성된 사진 요소는 '슬라이드3' 학급 신문의 생일자 소개란에 활용할 수 있습니다.

텍스트 추출

캔바의 '**텍스트 추출**' 기능을 사용하여 이미지 속 텍스트를 편집 가능한 형태로 추출할 수 있습니다. 스캔된 문서나 이미지에 포함된 텍스트를 그대로 재사용하거나 수정이 가능한 상태로 추출해주어 디자인을 활용하여 다른 곳에 적용할 때 매우 편리합니다.

이 기능을 사용하여 학급 신문의 '오늘의 영어 단어'란에 있는 텍스트를 추출해 다른 단어로 수정해보겠습니다.

텍스트 추출 활용하기

01 '슬라이드3'로 이동합니다. 텍스트가 포함된 ❶사진 요소(BE PART OF IT)를 선택한 후, 상단 도구바의 ❷[편집] - ❸[Magic Studio]로 이동합니다. ❹[텍스트 추출]을 클릭합니다.

02 추출할 텍스트 상자를 인식하여 자동으로 ❶**영역**이 표시됩니다. 영역 표시된 텍스트 상자 중 추출할 텍스트(❹'BE PART OF IT')을 클릭하고, ❷[**추출하기**]를 선택합니다. 만약 여러 개의 텍스트 상자가 있다면, ❸[**모든 텍스트**]를 클릭한 뒤 ❹[**추출하기**]로 모두 추출할 수 있습니다.

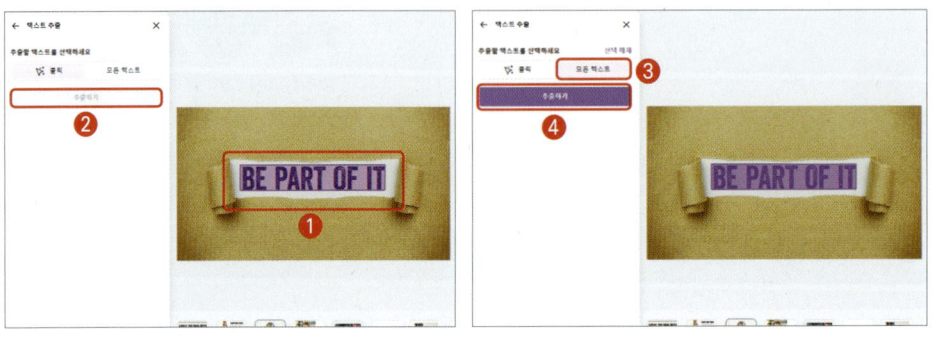

03 텍스트 상자가 추출되면 사진에서 ❶해당 텍스트('BE PART OF IT')가 분리되고, 텍스트가 사라진 자리는 AI가 자동으로 배경을 채웁니다. 추출된 텍스트는 원본에 가까운 글꼴로 설정되며 ❷편집이 가능한 형태가 됩니다(그림1).

▲ [그림 1] 편집이 가능한 텍스트 요소로 추출되어 ⓐ상단 도구바들이 모두 생성된 그림

04 필요에 따라 글꼴이나 서식을 변경하고, ❶원하는 내용의 텍스트('GRADUATE')로 수정합니다.

텍스트 추출 응용하기

텍스트 추출 기능을 활용하여 사진 속 텍스트를 편집 후 새로운 문구로 수정해보겠습니다.

01 '슬라이드10'으로 이동합니다. 텍스트가 포함된 ❶사진 요소를 선택하고, 상단 도구바의 ❷[편집] - ❸[Magic Studio]로 이동해 ❹[텍스트 추출]을 선택합니다.

02 AI가 추출할 텍스트 상자를 인식하여 자동으로 ❶영역(보라색 테두리)이 표시됩니다. 영역 표시된 텍스트 상자 중 ❷추출할 텍스트(❸'Join Our Team!!')을 클릭하고, ❸[추출하기]를 선택합니다.

Chapter 03 캔바 AI 기능 200% 활용하기 **311**

03 추출한 텍스트를 편집하여 ❶원하는 문구(CD "goodbye 6-2")로 수정한 뒤, 이를 다시 사진에 삽입하거나 다른 디자인 요소로 활용합니다. 예제에서는 '텍스트 추출' 기능을 사용해 학급 신문의 마무리 문구가 포함된 이미지를 제작해보았습니다.

Magic grab

'Magic grab'은 이미지에서 특정 요소만 잘라내고, 잘린 자리는 AI가 자연스럽게 채워주는 기능입니다. 개체를 분리하거나 새로운 위치에 삽입할 때 유용합니다. 해당 기능을 활용하여 배경을 손상시키지 않고도 깨끗한 작업을 할 수 있습니다.

01 '슬라이드5'의 ❶사진 요소(축구)를 선택한 후, 상단 도구바의 ❷[편집] - ❸[Magic Studio]로 이동해 ❹[Magic grab]을 클릭합니다.

02 커서를 이동하면 AI가 잘라낼 수 있는 특정 요소의 ❶영역(보라색)이 자동으로 인식됩니다. 영역이 잘 설정되었으면 해당 영역을 클릭하고 ❷[추출하기]를 선택합니다.

03 추출된 요소는 ❶별도의 개체로 분리되며, 이를 삭제하거나 새로운 배경에 삽입할 수 있습니다. 예제(그림1)에서는 추출한 축구 선수 자리에 우리반 학생을 삽입하기 위해 분리된 축구선수 요소는 삭제했습니다(그림2).

▲ [그림 1]

▲ [그림 2]

04 [Magic grab]을 사용하여 '슬라이드 6'에서 ❶원하는 요소(예)'우리반 축구하는 여학생')를 추출합니다.

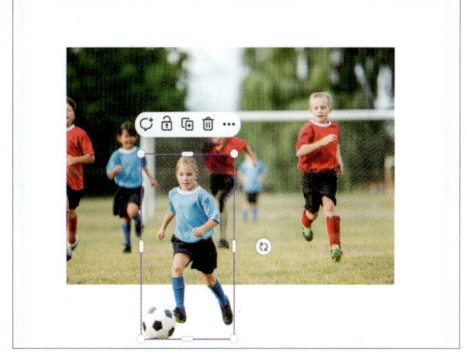

민주쌤의 TIP 추출할 개체를 클릭할 때, 축구공과 학생을 함께 선택해야 두 요소가 동시에 추출됩니다.

05 ❶추출한 요소('우리반 축구하는 여학생')를 복사하여 '슬라이드5'의 사진에 붙여 넣습니다(그림1). 배치된 요소는 요소를 더블클릭하여 실행되는 ❷자르기 도구를 사용해 ❸불필요한 부분을 제거(그림2)해 자연스러운 결과를 완성(그림3)할 수 있습니다.

▲ [그림 1]

▲ [그림 2]

▲ [그림 3]

Magic eraser

'Magic eraser'는 이미지에서 지우고 싶은 부분을 영역으로 설정하면 해당 부분을 지우고, 빈 공간을 AI가 자연스럽게 채워주는 기능입니다. Magic eraser를 활용하여 불필요한 요소를 제거하거나 디자인에 방해되는 부분을 간단히 수정할 수 있습니다.

이 기능을 활용하여 '학급 신문의 동아리 면접 안내' 문구 뒤에 있던 의자를 지워 디자인을 정돈해보겠습니다.

01 '슬라이드7'의 ❶사진 요소(배경)를 선택한 후, 상단 도구바의 ❷[편집] - ❸[Magic Studio]로 이동하여 ❹[Magic eraser]를 클릭합니다.

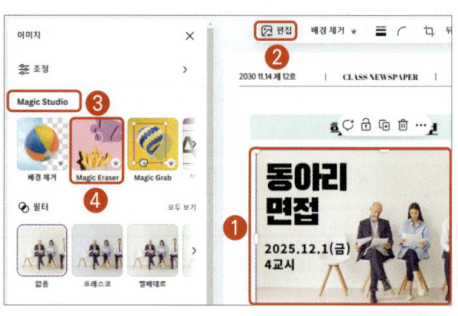

02 AI가 기본적으로 지울 특정 영역을 인식하고, 커서를 사진 위로 이동하면 ❶인식된 영역(의자)이 보라색으로 강조됩니다. 자동으로 인식된 영역이 원하는 부분이 아닐 경우, 좌측 도구바 상단의 ❷[브러시] 도구를 사용해 수동으로 영역을 설정합니다.

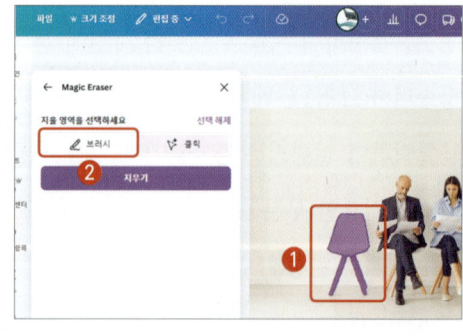

03 영역 설정이 완료되어 ❶[지우기]를 클릭하면 선택된 요소가 삭제되고, 지워진 공간은 AI가 자연스럽게 채운 결과를 확인할 수 있습니다(그림1).

▲ [그림 1]

▲ Magic eraser 적용 전 　　　　　▲ Magic eraser 적용 후

▲ 완성된 학급 신문의 그리드뷰

Chapter 03 캔바 AI 기능 200% 활용하기　315

03-05
Magic Media_
AI 상상화 전시회 진행하기

캔바의 'Magic Media'는 텍스트 프롬프트를 기반으로 AI가 이미지를 생성하는 도구입니다. 이 기능은 간단한 입력만으로 특정 분위기와 스타일을 표현할 수 있는 이미지를 제작해 창의적인 시각 자료를 손쉽게 완성할 수 있게 합니다.

이번 활동에서는 Magic Media를 활용하여 학생들이 자신의 상상력을 표현하는 AI 상상화 전시회를 진행해보겠습니다.

▶ 소스파일
https://m.site.naver.com/1Cpzg

▶ 완성 파일
(완성)Magic media

템플릿 준비하기

01 소스 파일에 포함된 '(실습)Magic media' 템플릿을 준비합니다. 이 템플릿은 학생별로 대량 제작된 상태(그림1)로, 각 학생이 자신의 과제 페이지를 채워나가게 됩니다. 자세한 내용은 86 페이지를 참고합니다.

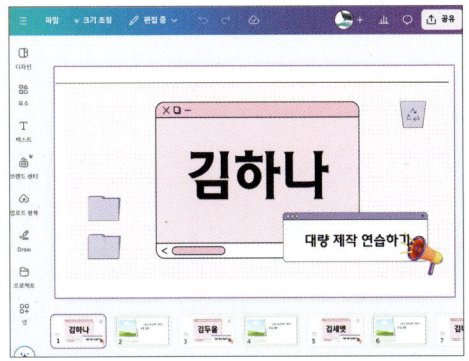 

▲ [그림 1]

나만의 AI 상상화 생성하기

01 상상화를 ❶전시할 슬라이드 (2 페이지)에 위치하고, 좌측 메뉴바의 ❷[요소] - ❸'AI 이미지 생성기' - ❹[나만의 이미지 생성]을 선택합니다.

민주쌤의 TIP 캔바의 AI 이미지 생성은 한 달에 500크레딧(500번) 사용할 수 있습니다.

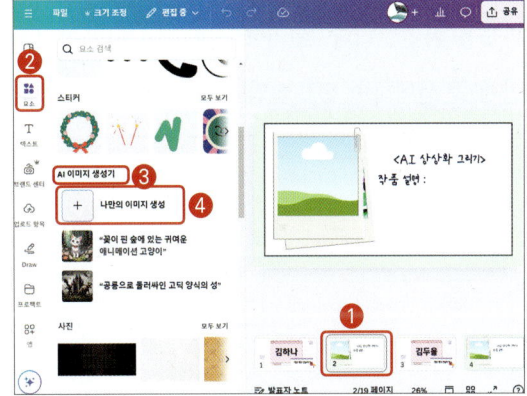

02 Magic Media 창이 나타납니다. ❶'만들고 싶은 이미지를 설명해 주세요'란에 생성할 이미지에 대한 프롬프트를 작성합니다.

민주쌤의 TIP 이미지 생성 프롬프트는 문장으로 묘사하거나 단어를 나열하여 입력합니다. 예를 들어, 문장으로는 "날아다니는 자동차가 있는 우주 도시에서 로봇과 나무, 우주인이 함께 있는 장면", 단어 나열 방식으로는 "우주 도시, 로봇, 날아다니는 자동차, 우주인"과 같은 입력이 가능합니다.

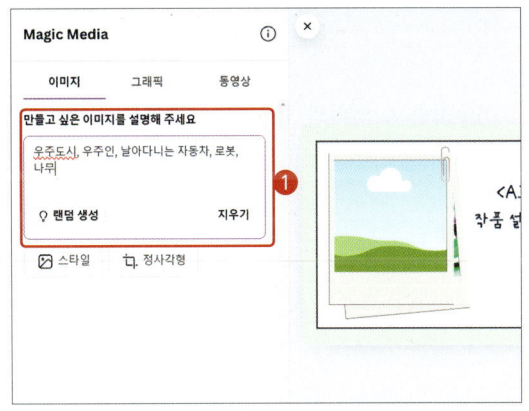

Chapter 03 캔바 AI 기능 200% 활용하기 **317**

03 프롬프트 입력 후 ❶[스타일] 옵션에서 ❷원하는 스타일(예 '몽환적인')을 선택합니다.

> **민주쌤의 TIP** 지정하는 스타일에 따라 프롬프트에 대한 결과물의 느낌과 형태가 많이 다릅니다. 다양하게 스타일을 적용해보며 자신이 상상한 결과물에 가까운 결과물을 찾습니다.

04 ❶프롬프트 입력과 ❷스타일 설정이 완료되면 하단의 ❸[이미지 생성]을 클릭하여 결과물을 확인합니다. AI가 생성한 ❹4개의 이미지를 보여주며, ❺가장 적합한 이미지(예 첫 번째)를 선택하여 ❻프레임에 삽입합니다.

05 작품의 의미와 내용을 설명하는 글도 추가합니다.

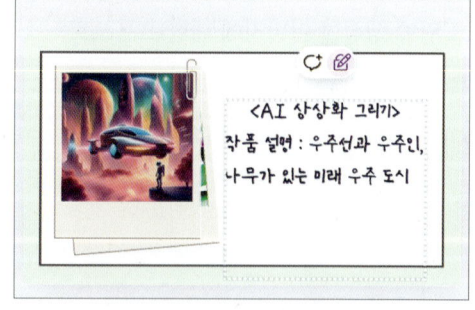

| 민주쌤의 TIP | 만약 생성된 결과물이 기대와 다르다면, ⓐ[다시 생성하기]을 클릭해 다른 결과를 확인하거나, 프롬프트를 더 구체적으로 작성하거나, 표현 방식을 바꿔 입력하면 원하는 결과에 가까워질 수 있습니다.

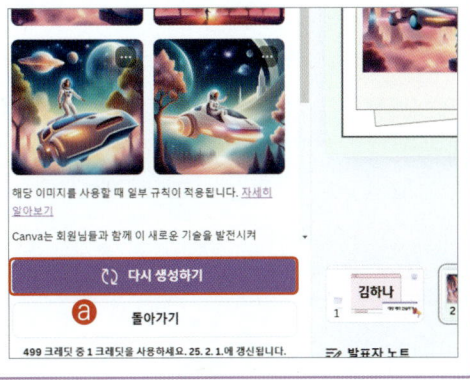

AI 그래픽 생성하기

'Magic Media'를 활용하면 상상한 그래픽 요소도 간편하게 생성할 수 있습니다.

'Magic media' 상단에서 ❶[그래픽] 카테고리을 선택합니다. 이후 이미지 생성과 동일한 방식으로 원하는 그래픽에 대한 ❷프롬프트('묶여있는 하트 풍선 3개')를 입력하고, ❸스타일('3D 크롭')을 지정합니다. ❹생성된 그래픽은 ❺페이지 디자인에 활용하거나 다른 요소와 조합하여 독창적인 작품을 완성할 수 있습니다.

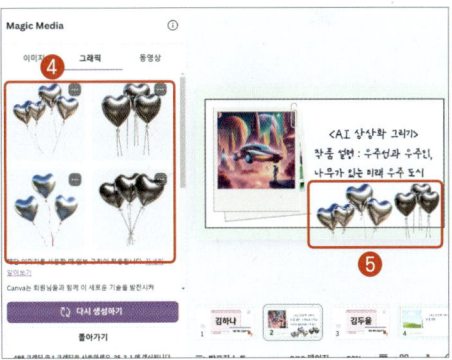

캔바에서 완성한 작품은 다양한 방식으로 활용할 수 있습니다. 해당 챕터에서는 이전 챕터(234 페이지)에서 제작한 〈나를 소개합니다〉 작품을 프레젠테이션으로 활용하고, 다운로드하여 저장하거나, 링크를 통해 공유하는 방법을 다룹니다. 이를 통해 수업 자료로 활용하거나 학생들과 협업 프로젝트를 진행할 때, 그리고 여러 사람과 공유할 때 캔바 작품을 어떻게 효과적으로 사용할 수 있는지 함께 알아보겠습니다.

C A N V A

CHAPTER
04

캔바 완성작
100% 활용하기

04-01
프레젠테이션 진행하기

▶ 소스파일
https://m.site.naver.com/1CpA3

자기소개 실습 템플릿 준비하기

01 Chaper3-1에서 직접 제작한 〈자기소개 동영상(그림1)〉 작품을 편집 화면(그림2) [크기 조정]에서 프레젠테이션(1920x1080)로 조정하거나 소스 파일의 '(실습)완성작 활용' 템플릿을 준비합니다.

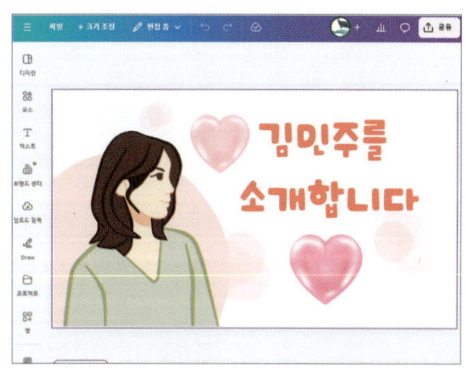

▲ [그림 1] 자기소개 동영상

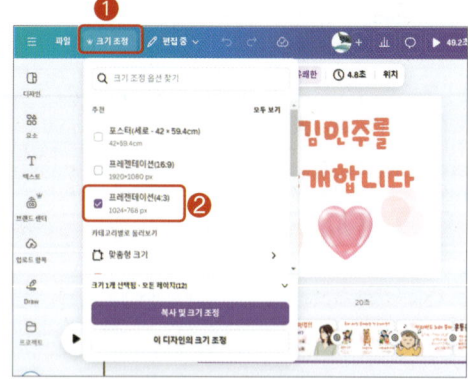

▲ [그림 2] 크기 조정

전체 화면 프레젠테이션 진행하기

01 편집 화면 우측 하단의 ❶[전체 화면 프레젠테이션 버튼]을 클릭합니다.

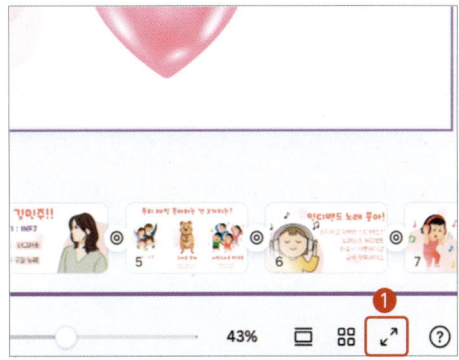

02 또는 우측 상단의 ❶[공유] - ❷[모두 보기] - ❸[프레젠테이션] - ❹[전체 화면 프레젠테이션] - ❺[프레젠테이션]을 클릭합니다.

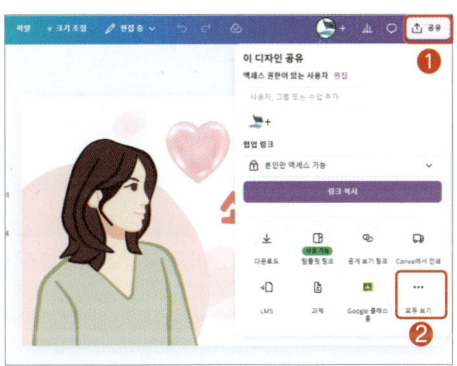

▲ ❶~❷

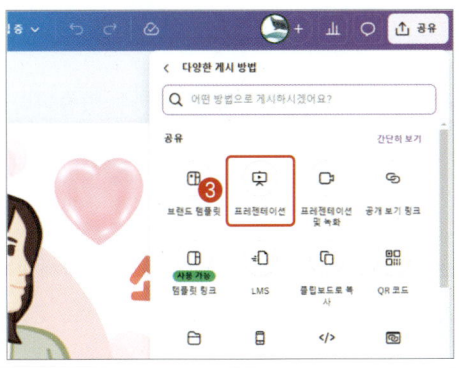

▲ ❸

▲ ❹~❺

Chapter 04 캔바 완성작 100% 활용하기 323

03 전체 화면 프레젠테이션(그림1)의 좌측 하단에선 ❶슬라이드 순서(1/10)와 ❷오디오 요소 볼륨(버튼)을 조정할 수 있습니다. 우측 하단에는 프레젠테이션에서 사용할 수 있는 ❸도구 목록이 있습니다. 좌우 방향키 또는 마우스 클릭을 통해 슬라이드를 넘기며 프레젠테이션을 진행합니다.

▲ [그림 1] 전체 화면 프레젠테이션

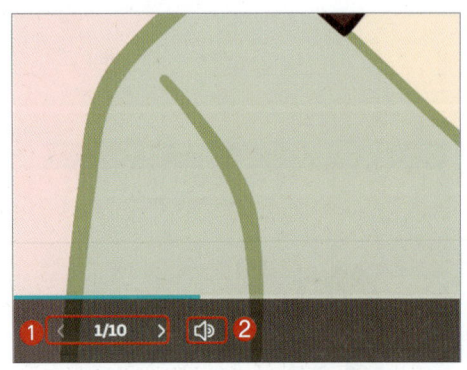

▲ ❶슬라이드 순서(1/10), ❷오디오 요소 볼륨

▲ ❸~❺

프레젠테이션 라이브 활용하기

'캔바 라이브'를 활용하여 캔바의 작품과 교사, 학생이 모두 즐겁게 소통할 수 있습니다.

캔바 라이브 준비하기

01 편집 화면 우측 하단의 ❶[전체 화면 프레젠테이션 버튼]을 클릭합니다. 프레젠테이션 진행 화면 우측 하단의 ❷[캔바 라이브 버튼]을 클릭합니다.

02 캔바 라이브를 시작하기 위해 ❶[새 세션 시작하기]를 클릭합니다.

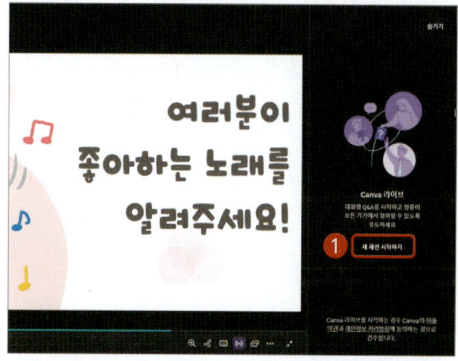

03 좌측 상단에 라이브 방송 입장 ❶QR 코드가 표시됩니다. 학생들은 라이브에 참여하기 위해 스마트기기로 QR코드를 인식합니다.

Chapter 04 캔바 완성작 100% 활용하기　325

04 링크로도 학생들을 초대할 수 있습니다. 학생이 ❶'canva.live'에 접속한 뒤 ❷입장 코드('R4U8 6EX7')를 입력하거나 교사가 우측의 ❸[초대장 복사]를 통해 복사한 초대 링크를 바로 전달할 수도 있습니다.

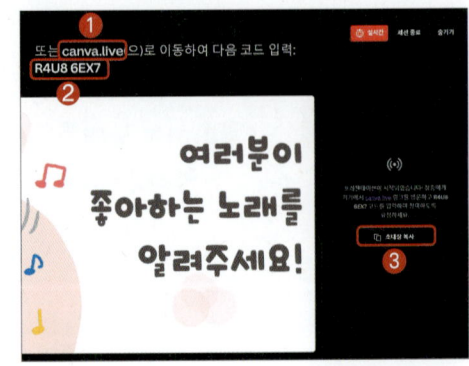

캔바 라이브 진행하기

01 [그림1, 2]은 학생들이 라이브에 접속한 학생들의 스마트기기 화면입니다. 학생들은 하단의 ❶[질문 또는 의견 입력]란을 클릭합니다. ❷자신의 의견(예 '저는 인디음악을 좋아해요!')을 입력하고 ❸전송(화살표 버튼)합니다.

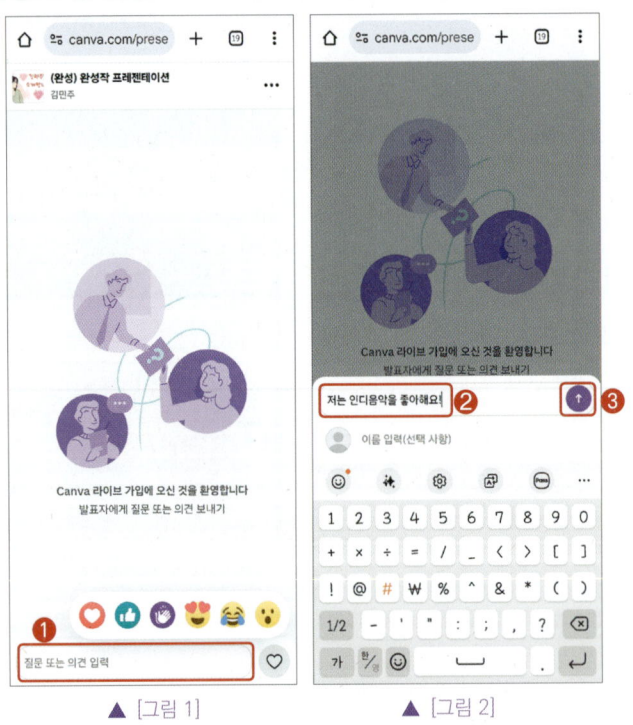

▲ [그림 1]　　▲ [그림 2]

02 ❶전송한 댓글이 '**익명**'으로 학생의 화면에도 표시되고(그림1), 교사의 라이브 방송 대표 화면의 우측에서도 ❷학생의 댓글을 확인할 수 있습니다(그림2).

▲ [그림 1] ❶전송한 댓글이 표시된 학생의 화면　　▲ [그림 2] ❷교사의 라이브 방송 대표 화면

민주쌤의 TIP 라이브를 시작한 후 처음 의견을 전송할 때 기본 설정은 ⓐ'익명'입니다. 학생들과 수업할 때는 다음 단계를 참고하여 실명으로 전환하는 것이 좋습니다.

03 학생들이 '실명'으로 라이브 댓글 활동에 참여하기 위해선 학생들은 다음과 같은 설정을 해야합니다. ❶라이브 의견 입력란(질문 또는 의견 입력란)을 클릭합니다. 입력란 아래의 ❷[이름 입력]창에 자신의 실명(📱'김민주')을 입력합니다. ❸[전송 버튼]을 누르면 실명과 함께 의견이 게시됩니다(그림1, 2).

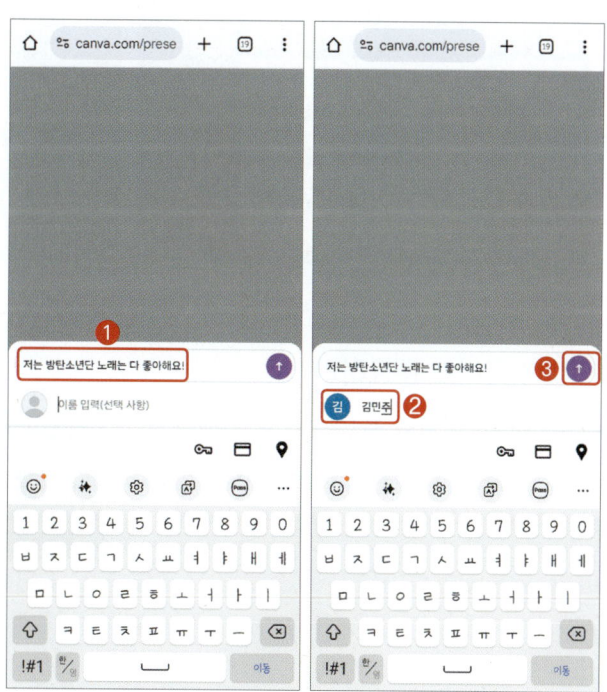

▲ [그림 1] 실명과 함께 의견이 게시됨
(학생의 스마트기기 화면)

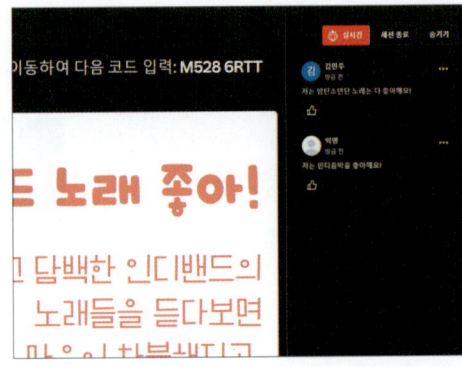
▲ [그림 2] 실명과 함께 의견이 게시됨
(교사의 대표 화면)

04 캔바 라이브가 진행되는 교사의 대표 화면은 [그림1]과 같습니다. 우측의 댓글창에서 교사가 학생의 댓글❶(❹ 김민주 - 저는 방탄소년단 노래는 다 좋아요!)을 클릭하면 [그림2] 와 같이 해당 학생의 댓글을 크게 볼 수 있습니다. 해당 기능은 다양한 학생들의 의견 중 함께 논의해볼 의견을 공유할 때 유용합니다.

▲ [그림 1]

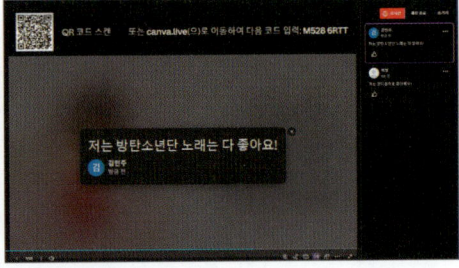
▲ [그림 2]

캔바 라이브 종료하기

라이브 진행 화면 우측 상단의 ❶[세션 종료]를 클릭하여 라이브를 종료합니다.

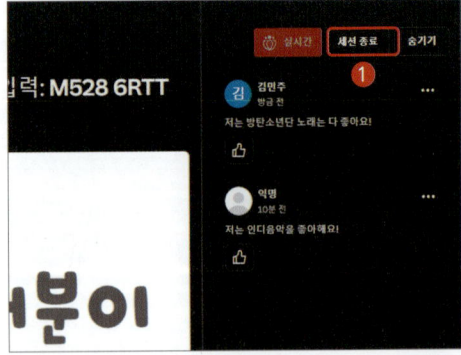

프레젠테이션 타이머 사용하기

01 전체 화면 프레젠테이션 모드에서 키보드의 숫자 키를 아무거나 누르면 화면 우측 상단에 ❶타이머가 표시됩니다. 타이머의 ❷시간 부분('03:00')을 클릭하여 ❸원하는 시간(❹'10:00')을 설정한 뒤 ❹[재생 버튼(▶)]을 누릅니다. 타이머가 작동하며, 슬라이드를 진행하더라도 계속 표시됩니다.

02 타이머를 종료하려면 상단의 ❶[종료 버튼(-)]을 클릭하면 됩니다.

04-02 작품 다운로드 하기

이번에는 캔바로 완성한 작품을 다운로드하는 방법을 알아보겠습니다. 캔바에서는 작품을 PDF, 이미지, 동영상 등 다양한 형식으로 저장할 수 있어 다양한 목적에 맞게 활용할 수 있습니다. 이전에 제작한 〈가을 운동회 포스터〉를 인쇄 가능한 파일 형식으로 다운로드 하는 방법을 익혀보겠습니다.

➡ 소스파일
https://m.site.naver.com/1CpBl

템플릿 준비하기

이전 챕터(157 페이지)에서 직접 제작한 〈가을 운동회 포스터〉 작품 또는 소스 파일의 '(실습) 완성작 다운로드 템플릿'(그림1)을 선택합니다.

▲ [그림 1] '(실습) 완성작 다운로드 템플릿'

작품 다운로드 하기

01 편집 화면 우측 상단의 ❶[공유]-❷[다운로드]를 클릭합니다.

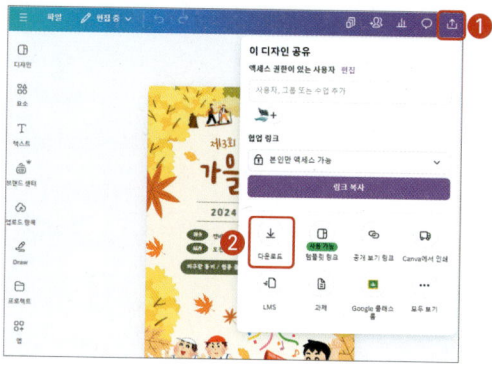

02 ❶[파일 형식 옵션('PNG')]을 클릭하여 다운로드 받을 파일의 형식을 선택합니다. 예제에서는 포스터를 인쇄하기 위해서 ❷[PDF 인쇄]를 선택했습니다.

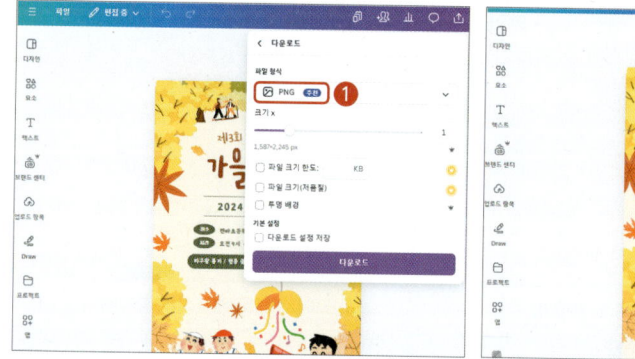 

03 이어, 하단의 ❶'페이지 선택' - ❷다운로드 받을 페이지(❸'1 페이지')를 체크합니다. 전체 페이지 중 원하는 페이지만 선택한 파일 형식으로 다운받을 수 있습니다.

▲ 다운로드 진행 화면

04 기기의 ❶'다운로드' 저장소에서 캔바에서 ❷내려 받은 파일을 확인할 수 있습니다.

▲ 브라우저에서 다운로드 기록 확인하기   ▲ 기기에서 다운로드 기록 확인하기

04-03 링크로 공유하기

마지막으로, 링크를 통해 작품을 공유하는 방법을 소개합니다. 캔바에서는 링크를 활용해 작품을 다양하게 공유할 수 있습니다. '**공개 보기 링크**'를 통해 자동 재생 동영상이나 프레젠테이션 화면을 공유하거나, '**협업 링크**'로 공동 작업자를 초대하여 함께 작업을 진행할 수 있습니다. 또한, '**템플릿 링크**'를 사용해 특정 템플릿의 사본을 간편히 공유하는 것도 가능합니다. 이번에는 이전에 제작한 〈미술 작품 소개〉 프레젠테이션을 활용하여 이 세 가지 공유 방법을 알아보겠습니다.

공개 보기 링크 활용하기

템플릿 준비하기

이전 챕터(273 페이지)에서 제작한 〈미술 작품 소개〉 작품 또는 소스 파일의 '(실습)완성작 링크 공유'을 선택합니다.

▶ 소스파일
https://m.site.naver.com/1CpAq

공개 보기 링크 생성 및 공유하기

'공개 보기 링크'를 활용하면 해당 디자인 완성작을 링크로 손쉽게 전달하고, 링크를 받은 사람은 완성작을 프레젠테이션 형태로 감상할 수 있습니다.

01 우측 상단의 ❶[공유] - ❷[모두 보기]에서 ❸[공개 보기 링크]를 클릭합니다.

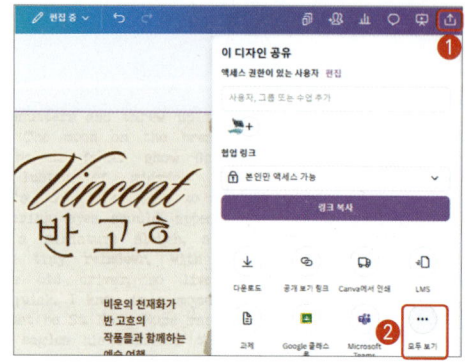 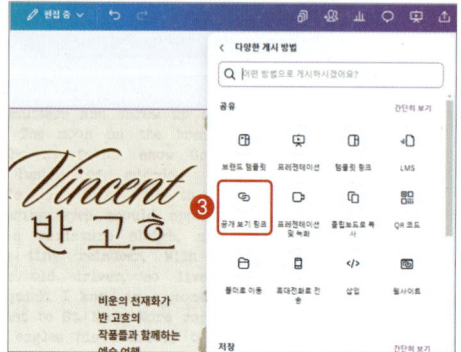

02 ❶[공개 보기 링크 만들기]를 클릭합니다. ❷[링크 복사] 후 공유할 곳에 링크를 전달합니다.

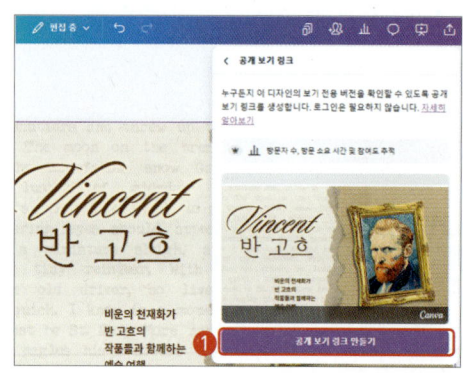 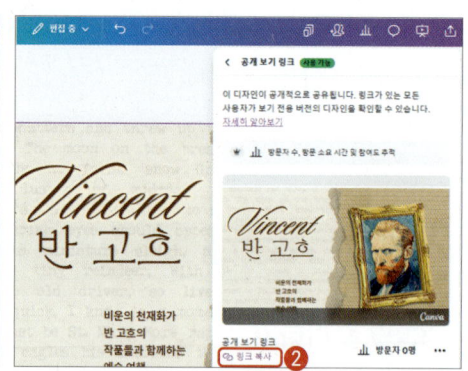

03 공개 보기 링크를 전달받은 사용자의 화면은 [그림1]과 같습니다. 해당 화면은 작품의 공개 보기 링크를 전달받은 사용자가 직접 페이지를 넘기며 감상할 수 있는 프레젠테이션입니다.

▲ [그림 1]

> **민주쌤의 꿀팁** 공개 보기 링크 활용 팁
>
> - 공개 보기 링크는 구글, 캔바 로그인 등의 절차 없이 인터넷이 연결된 스마트기기만 있다면 감상할 수 있습니다.
> - 직접 프레젠테이션하지 않고 캔바로 제작한 안내 책자를 배포하거나, 완성작을 손쉽게 공유할 때 공개 보기 링크를 활용할 수 있습니다.

04 공개 보기 링크를 비활성화하려면 공개 보기 링크 생성창의 ❶[가로점 세 개 버튼] - ❷[삭제]를 클릭합니다.

템플릿 링크 활용하기

'템플릿 링크'는 특정 디자인의 사본을 다른 사람에게 제공할 때 사용됩니다. 이 링크를 통해 받은 사용자는 원본 디자인은 변경하지 않고 사본을 소유하게 되어 자신만의 템플릿 사본으로 새롭게 편집할 수 있습니다.

01 편집 화면 우측 상단의 ❶[공유] - ❷[모두 보기]를 클릭합니다. ❸[템플릿 링크] - ❹[템플릿 링크 만들기]를 클릭합니다.

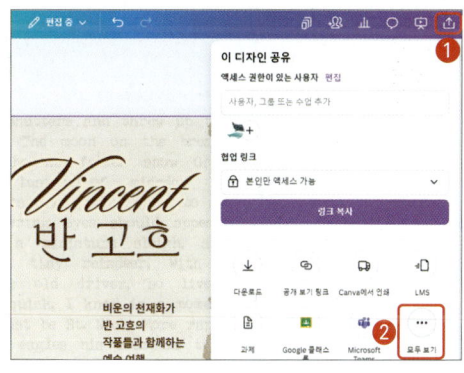

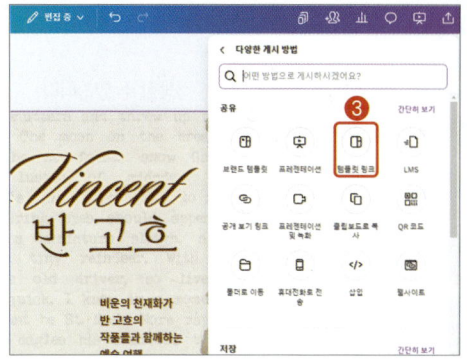
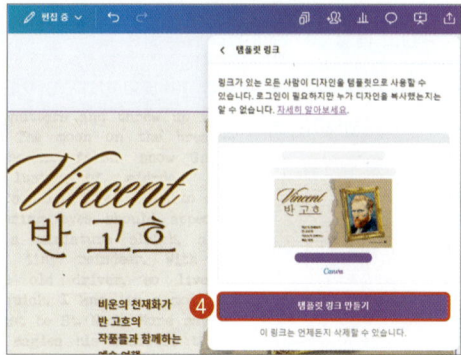

02 생성된 템플릿 링크를 ❶[복사]하여 배포합니다.

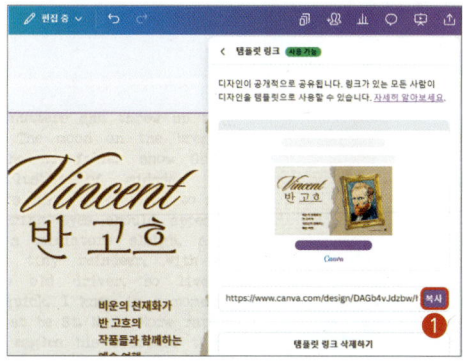

03 템플릿 링크를 공유받은 사용자의 화면에는 [그림1]과 같은 템플릿 미리보기 화면과 함께 ❶[템플릿을 사용해 새 디자인 만들기] 버튼이 나타납니다. 해당 버튼을 클릭하면 **템플릿 편집 화면(그림2)**으로 이동합니다.

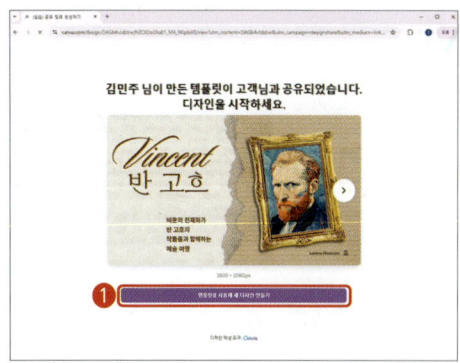

▲ [그림 1]   ▲ [그림 2] 템플릿 편집 화면으로 이동

04 템플릿 링크를 비활성화하려면 템플릿 링크 생성창 하단의 ❶[템플릿 링크 삭제하기]를 클릭합니다.

협업 링크 활용하기

'협업 링크'는 다른 사용자를 공동 작업자로 초대하여 한 작품을 여러 명이 함께 편집할 수 있도록 하는 데 사용됩니다. 이 링크는 협업 수업에서 특히 중요한 역할을 하며, 초대받은 사용자는 소유자의 설정에 따라 편집, 댓글 작성, 보기 등의 정해진 작업을 수행할 수 있습니다.

01 편집 화면 우측 상단의 ❶[공유] 버튼을 클릭합니다. ❷'협업 링크' - [액세스 권한 옵션('본인만 액세스 가능')]을 선택합니다. 생성된 협업 링크를 통해 작업자를 초대하려면, ❸액세스 권한을 '본인만 액세스 가능'에서 ❹'링크가 있는 모든 사용자'로 변경해야 합니다. 만약 팀원만 초대하려면, 액세스 권한을 ❺팀(⑩ '김민주')으로 설정합니다.

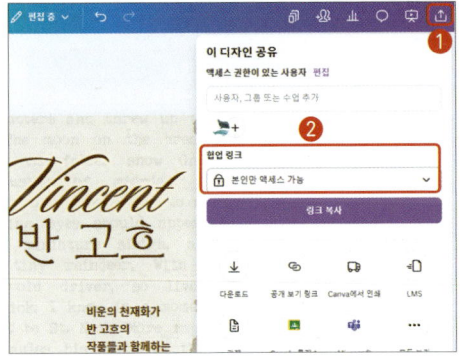 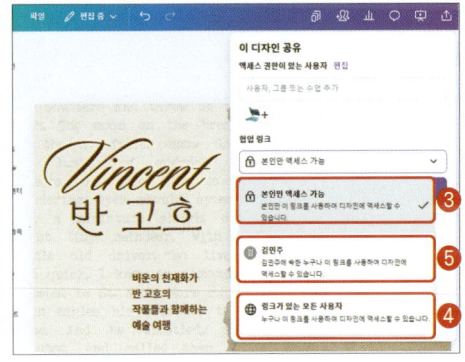

02 협업 링크를 통해 초대될 사용자들의 역할 설정을 진행합니다. ❶[역할 옵션('편집 가능')]을 클릭한 뒤, 해당 사용자의 수업 활동에 적합한 역할을 선택합니다.

역할에 따라 사용자에게 제공되는 기능은 다음과 같습니다.
- ❷**보기 가능**: 초대된 사용자는 편집 화면을 보기만 할 수 있으며, 편집은 불가능합니다.
- ❸**댓글 가능**: 초대된 사용자는 편집은 할 수 없지만, 댓글을 추가할 수 있습니다.
- ❹**편집 가능**: 초대된 사용자는 편집에 참여해 공동 작업이 가능합니다.

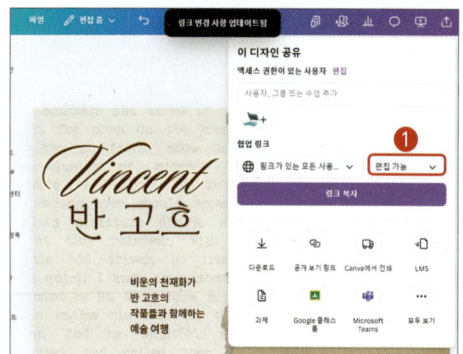 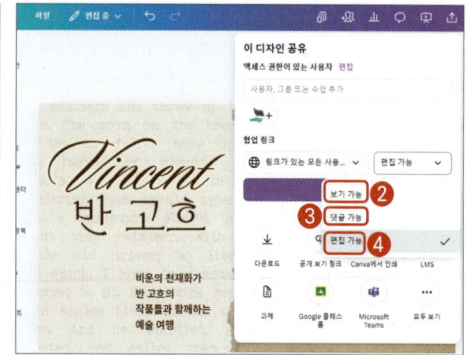

03 액세스 권한 및 역할 설정이 완료되었으면 ❶[링크 복사]를 클릭하여 초대할 공동 작업자에게 전달합니다.

민주쌤의 TIP 협업 링크 전달 이후에 '액세스 권한'과 '역할'을 변경해도 링크가 자동으로 업데이트되므로, 다시 복사하여 전달하지 않아도 됩니다.

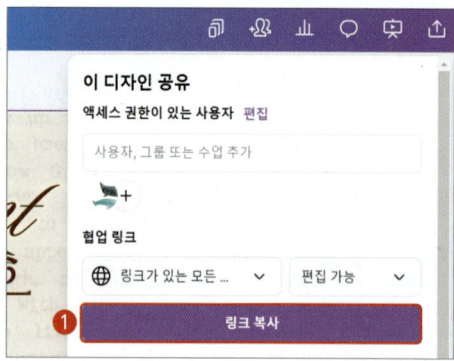

민주쌤의 꿀팁 — 직접 입력하여 공동 작업자 초대하기

01 편집 화면 우측 상단의 ❶[공유]를 클릭합니다. ❷'엑세스 권한이 있는 사용자' 입력창에 초대할 팀원의 이름 또는 그룹 이름을 검색하여 선택(예)'캔바초등학교 1학년 1반')합니다.

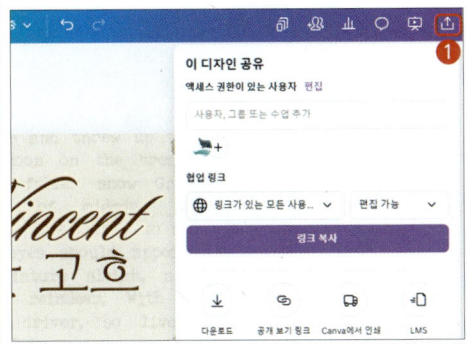 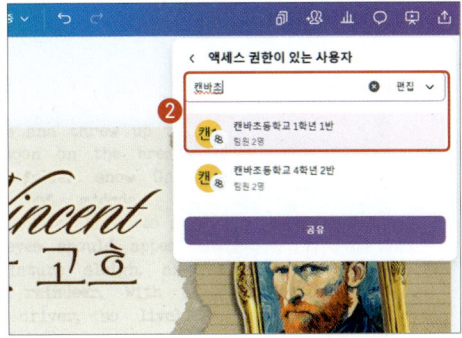

02 초대할 사용자의 ❶역할(예)'편집 가능')을 알맞게 설정합니다. 필요시 ❷'알림 전송하기'에 체크하고 ❸알림 문구를 작성한 뒤 ❹하단의 [공유] 버튼을 눌러 초대를 완료합니다.

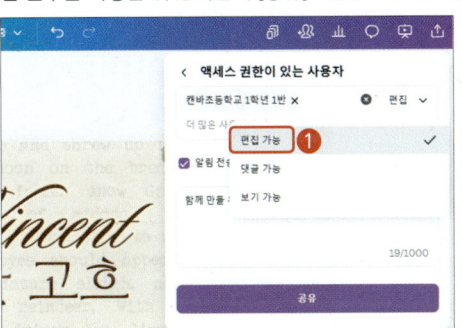 

03 초대된 공동 작업자는 캔바 메인 홈페이지 우측 상단의 ❶[알림 버튼(종모양)]을 클릭하여 초대 메시지를 확인합니다. ❷알림 목록의 초대 메시지(예)'김민주 님이 ~템플릿을 ~님과 공유했습니다.')를 클릭하면 초대된 작품의 편집 화면(그림1)으로 이동할 수 있습니다.

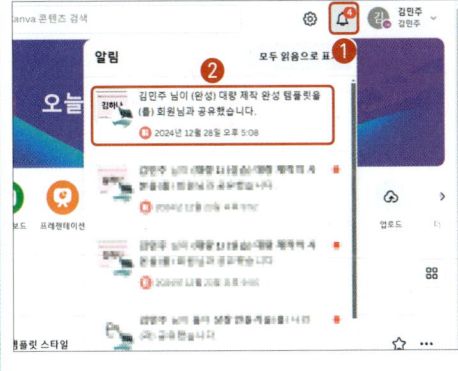 

▲ [그림 1]

교사에게 꼭 필요한 추천 도서

교사를 위한
패들렛 Padlet
기초부터 심화까지 / 학생참여형수업 / 샌드박스 /
패들렛AI / 템플릿 및 기능별 수업 활용 사례
안익재 저 | 197쪽 | 16,800원

교사를 위한 스프레드시트 활용 가이드
구글 시트로 스마트한 학교 만들기
실전기초/행정업무/일정관리/담임업무/학급운영/교수평가
지미정 외 공저 | 400쪽 | 24,400원

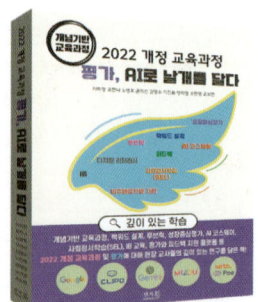

2022 개정 교육과정
평가, AI로 날개를 달다
지미정 외 공저 | 353쪽 | 21,000원

선생님을 위한
노션
실전기초/수업활용/학생관리/업무관리/업무자동화/노션AI
임세범 저 | 318쪽 | 21,800원

교실에서 바로 쓰는
챗GPT 교사 활용법
유수근 저 | 304쪽 | 19,800원

교실에서 바로 통하는
하이테크 에듀테크 미래교육 실전활용법
김병남 외 공저 | 316쪽 | 18,800원